基于特征分解的桥梁监测数据分析

辛景舟　姜　言　唐启智　周建庭　著

科学出版社

北京

内 容 简 介

本书系统论述了作者团队在桥梁健康监测数据挖掘方面所取得的阶段性成果，主要内容包括桥梁健康监测数据分析的基础理论、离散型与连续型缺失监测数据恢复方法、监测数据分离方法、监测数据预测方法，涵盖各类型桥梁监测数据的历史值修复、流式数据解耦、超前预测，可为桥梁监测数据的深度利用提供技术支持。

本书可供从事桥梁健康监测设计、实施和研究的相关人员参考，也可作为高等院校桥梁工程专业研究生及高年级本科生的教学参考用书。

图书在版编目(CIP)数据

基于特征分解的桥梁监测数据分析 / 辛景舟等著. --北京：科学出版社, 2025. 3. -- ISBN 978-7-03-080882-0

Ⅰ. U44

中国国家版本馆 CIP 数据核字第 20242K3M15 号

责任编辑：朱小刚 / 责任校对：彭　映
责任印制：罗　科 / 封面设计：陈　敬

科 学 出 版 社 出版

北京东黄城根北街16号
邮政编码：100717
http://www.sciencep.com

四川煤田地质制图印务有限责任公司 印刷
科学出版社发行　各地新华书店经销

*

2025 年 3 月第 一 版　开本：B5 (720×1000)
2025 年 3 月第一次印刷　印张：16
字数：320 000

定价：168.00 元
(如有印装质量问题,我社负责调换)

前　言

桥梁是交通基础设施的重要组成部分，是交通路网的关键节点与咽喉工程。据不完全统计，截至 2023 年底，我国公路、铁路桥梁总数已超过 120 万座，是当之无愧的桥梁大国。为保证如此庞大体量桥梁的运营安全，桥梁健康监测系统应运而生，自 1997 年香港青马大桥安装的首套桥梁健康监测系统投用以来，桥梁健康监测系统开始逐渐发展。2021 年，我国交通运输部出台《公路长大桥梁结构健康监测系统建设实施方案》，进一步推动了大规模的桥梁健康监测系统建设。桥梁健康监测不仅可以对桥梁结构的工作状态进行监测与评估，还可以对现有桥梁的设计理论进行验证、改进现有的设计规范，是促进桥梁工程稳步发展的强大驱动力。

桥梁健康监测系统在运行过程中产生大量的监测数据，其中蕴含了表征桥梁结构状态的重要信息。因此，监测数据的处理分析是实现结构损伤识别与安全评估等目标的重要基础，成为发挥监测系统预期功能的重要一环。但是由于交通荷载、服役环境、结构损伤的耦合影响，桥梁监测数据表现出复杂的非平稳性、非高斯性。此外，桥梁监测数据容易出现异常、缺失等情况，加之监测数据量较大，其处理分析是一项复杂的工作，涉及信号处理、统计理论、数值分析等多学科知识。面向桥梁健康监测系统的可持续发展目标，如何精准可靠地进行数据处理与分析，成为亟待解决的重大科技难题。

本书聚焦桥梁缺失监测数据恢复、多效应监测数据分离及监测数据超前预测等三项核心任务，从信号特征分解的角度化繁为简，将复杂的监测信号处理转换为单一特征信号的分析，通过对单一特征信号进行可靠处理，有效挖掘桥梁监测数据的深层次信息，形成基于特征分解的桥梁监测数据分析方法，为桥梁监测数据处理提供新思路。同时本书结合大量的实际案例，对特征分解方法在桥梁监测数据分析中的具体应用进行深入研究，验证特征分解方法的有效性和实用性，为类似工程提供重要参考。

本书的研究工作先后得到了国家自然科学基金项目(52278292、52108475、52408314)、重庆市杰出青年科学基金项目(CSTB2023NSCQ-JQX0029)、重庆市技术创新与应用发展专项重点项目(CSTB2022TIAD-KPX0205)、重庆市交通科技项目(2022-01)、贵州省交通运输厅科技项目(2023-122-001)等科研项目的支持，在此表示感谢。重庆交通大学、山区桥梁及隧道工程国家重点实验室、林同棪国际工程咨询(中国)有限公司等单位对本书撰写提供了大量的原始素材，在此一并表示感谢。

本书内容是作者及其指导的研究生，包括李双江、周朝营、唐浩杰等的知识积累和学术成果的总结。黄磊、王晨、陈明阳、谭正、常龙飞、莫星晨、陶光炯、王云来等博士生与硕士生参与了书稿的整理与校对工作，在此向他们表示诚挚的感谢。

本书总结了作者团队基于特征分解的桥梁监测数据分析的相关理论和方法成果，提出了一些较前沿的研究思路和方向，其中部分观点仅代表作者当前对上述问题的认识，有待进一步补充、完善和提高。限于作者水平，书中难免有不足之处，敬请读者批评指正。

目　　录

第1章　绪论 ··· 1

1.1　桥梁健康监测的意义 ··· 1

1.2　桥梁健康监测系统构成 ·· 3

1.3　桥梁健康监测数据分析现状 ·· 5

参考文献 ··· 6

第2章　桥梁监测数据特征与分析理论 ······························· 10

2.1　桥梁监测数据特征分析 ·· 10

2.1.1　非平稳性 ··· 14

2.1.2　非高斯性 ··· 16

2.1.3　多尺度特征 ··· 18

2.1.4　相关性分析 ··· 19

2.2　信号分解理论 ·· 27

2.2.1　经验模态分解 ·· 27

2.2.2　变分模态分解 ·· 28

2.3　信号冗余判别理论 ·· 30

2.3.1　能量熵增量 ··· 30

2.3.2　排列熵 ·· 31

2.3.3　Kullback-Leibler散度 ··· 31

2.4　信号特征提取理论 ·· 32

2.4.1　卷积神经网络 ·· 33

2.4.2　全卷积网络 ··· 35

2.4.3　长短期记忆神经网络 ·· 36

2.4.4　时序卷积网络 ·· 38

2.5　本章小结 ··· 40

参考文献 ·· 40

第3章　桥梁监测数据恢复方法 ··· 42

3.1　引言 ·· 42

3.2　基于LSTM的随机缺失数据恢复方法 ····························· 43

    3.2.1   恢复方法步骤 ·· 43

    3.2.2   实例分析 ··· 46

  3.3 基于 TVFEMD 和 ED-LSTM 的连续缺失数据恢复方法 ·············· 50

    3.3.1   恢复方法步骤 ·· 50

    3.3.2   实例分析 ··· 54

  3.4 基于 SVMD-TCN-MHA-BiGRU 的连续缺失数据恢复方法 ·········· 62

    3.4.1   恢复方法步骤 ·· 62

    3.4.2   实例分析 ··· 67

  3.5 基于 MVMD 和 FCN 的连续缺失数据恢复方法 ···················· 75

    3.5.1   恢复方法步骤 ·· 75

    3.5.2   实例分析 ··· 78

  3.6 基于时空相关性的 LSTM 多变量数据恢复方法 ···················· 85

    3.6.1   恢复方法步骤 ·· 86

    3.6.2   实例分析 ··· 88

  3.7 本章小结 ··· 98

  参考文献 ··· 99

第 4 章   桥梁监测数据分离方法 ·· 101

  4.1 引言 ··· 101

  4.2 基于 VMD-KLD 的监测数据温度效应分离方法 ················· 101

    4.2.1   分离方法步骤 ·· 102

    4.2.2   实例分析 ·· 103

    4.2.3   小结 ·· 113

  4.3 基于 IVMD-KLD 的监测数据温度效应分离方法 ················· 114

    4.3.1   分离方法步骤 ·· 114

    4.3.2   实例分析 ·· 119

    4.3.3   小结 ·· 145

  4.4 基于 TVFEMD-PE-KLD 的监测数据温度效应分离方法 ············ 146

    4.4.1   分离方法步骤 ·· 146

    4.4.2   实例分析 ·· 147

    4.4.3   小结 ·· 160

  4.5 基于 VNCMD-PCA-FastICA 的监测数据温度效应分离方法 ········ 160

    4.5.1   分离方法步骤 ·· 161

    4.5.2   实例分析 ·· 166

    4.5.3   小结 ·· 179

  4.6 基于 TVFEMD-IMF 能量熵增量的监测数据噪声分离方法 ········· 179

    4.6.1   分离方法步骤 ·· 180

    4.6.2   实例分析 ··· 180

    4.6.3   小结 ··· 189

  4.7   本章小结 ··· 189

  参考文献 ··· 190

第5章   桥梁监测数据预测方法 ··································· 193

  5.1   引言 ··· 193

  5.2   基于 EEMD-LSSVM-KL 的桥梁外部作用确定性预测方法 ········· 194

    5.2.1   预测方法步骤 ·· 194

    5.2.2   实例分析 ··· 196

    5.2.3   小结 ··· 203

  5.3   基于 RVMD-LSSVM-DFS-MEM 的桥梁外部作用概率性预测方法 ······ 203

    5.3.1   预测方法步骤 ·· 204

    5.3.2   实例分析 ··· 207

    5.3.3   小结 ··· 214

  5.4   基于 Kalman-ARIMA-GARCH 的桥梁结构响应确定性预测方法 ········ 215

    5.4.1   预测方法步骤 ·· 215

    5.4.2   实例分析 ··· 218

    5.4.3   小结 ··· 226

  5.5   基于 IVMD-CKDE 的桥梁结构响应概率性预测方法 ················ 226

    5.5.1   预测方法步骤 ·· 227

    5.5.2   实例分析 ··· 230

    5.5.3   小结 ··· 243

  5.6   本章小结 ··· 243

  参考文献 ··· 245

第6章   结论与展望 ··· 246

  6.1   结论 ··· 246

  6.2   展望 ··· 247

第1章 绪 论

1.1 桥梁健康监测的意义

桥梁是交通运输互联互通的关键节点，在国民社会经济发展中发挥着重要的作用。在大力推进交通强国战略和经济高速发展的历史机遇下，我国以公路桥梁为典型的基础设施建设取得长足发展。截至 2023 年底，我国现有公路桥梁 107.93 万座，总里程达 9528.82 万延米。大规模桥梁基础设施的基本建成，标志着我国进入桥梁养护高速发展阶段。

随着桥梁服役时间的延长，其不可避免地会受到结构自然老化的影响，以及车辆荷载、温度荷载、风荷载等复杂服役环境的作用，从而产生结构材料性能劣化、损伤开裂、钢结构锈蚀等病害。这些损伤或病害积累到一定程度时会造成桥梁结构的安全储备降低，使桥梁结构的承载能力和耐久性发生退化。如果不能及时发现并给予维护，当桥梁承载超过实际负荷能力时，就容易出现桥梁垮塌等灾难性的突发事故。

图 1.1 给出了典型的桥梁垮塌事故。图 1.1(a) 的吊杆拱桥垮塌主要是由于主跨 11 号吊杆下锚头钢绞线严重锈蚀，残余强度无法承受负载导致断裂；图 1.1(b) 的斜拉桥垮塌主要是由于桥体长期处于近海环境，钢筋长期暴露使得锈蚀加快，承载能力降低，长期缺乏养护管理，直接缩短了桥梁的使用寿命；图 1.1(c) 中桥面塌陷的主要原因是过桥车辆严重超载；图 1.1(d) 的连续刚构桥垮塌主要原因是缺乏定期的检查、维护和必要的修复，小问题累积成大问题，最终在暴雨影响的加持下 9 号桥墩位置处发生断裂。以上灾难性的桥梁垮塌事故带来了极大的经济损失和人员伤亡。这些事故可以反映出，经济水平的飞速发展给交通运输业提出了越来越高的要求，桥梁时常承受远大于设计值的荷载作用，构件的损伤速度可能远超出设计预期，可能还未达到设计基准期就发生灾难性的损坏。

为保障桥梁安全运营，从 20 世纪 90 年代起，我国拉开了建立大跨径桥梁健康监测系统的序幕[1]。桥梁健康监测系统既要求具有大容量的信息采集和传输能力，又要求对结构整体行为进行实时监控，从而对结构状态进行智能评估[2]。我国最早使用复杂监测系统的桥梁是香港青马大桥，该系统包含数据的采集、传输及储存管理[3]，但是不具备完善的响应数据分析功能，导致积累的监测数据信息内涵未能得

(a) 台湾宜兰县吊杆拱桥垮塌　　　　　　(b) 意大利莫兰迪斜拉桥垮塌

(c) 长春荣光大桥桥面塌陷　　　　　　　(d) 陕西柞水大桥垮塌

图 1.1　典型的桥梁垮塌事故

到充分解读。目前，桥梁结构健康监测系统能够通过通信传感设备实时自动采集运营桥梁的响应信号，根据采集的信号反演出桥梁的工作状态和健康状况[4]，识别出可能的结构损伤部位及其损伤程度[5]，并在此基础上进行桥梁的安全可靠性评估，实现特殊气候、特殊交通条件或运营状况下异常行为的及时预警[6]，为桥梁维护、维修和管理决策提供依据和指导。2020 年，交通运输部发布《关于进一步提升公路桥梁安全耐久水平的意见》，提出"到 2025 年实现跨江跨海跨峡谷等特殊桥梁结构健康监测系统全面建立"目标，桥梁监测系统由探索尝试阶段和全面发展阶段进入大规模建设阶段。图 1.2 给出了部分具备健康监测系统的代表性长大桥梁。

　　研究与发展桥梁结构监测系统，除了可以实现实时的损伤检测和状态评估外[7,8]，其对于大跨度桥梁的设计验证与研究发展也具有重要意义[9]。大跨度桥梁

(a) 青岛海湾大桥　　　　　　　(b) 东海大桥　　　　　　　　(c) 杭州湾跨海大桥

　　(d) 港珠澳大桥　　　　　　　(e) 海南海文大桥　　　　　(f) 平潭海峡公铁大桥

图 1.2　部分具备监测系统的长大桥梁

的设计通常依赖于理论分析和试验，并时常以诸多假定条件为前提，通过桥梁监测获得的数据是验证模型和计算假定合理性的重要途径。同时，桥梁健康监测信息反馈于结构设计更深远的意义在于：结构设计方法与相应的规范标准等将得以改进。在桥梁抗风、抗震等领域的研究成果及新材料新工艺的出现，不断推动着桥梁工程的发展，大跨度桥梁的设计中还存在众多未知情形和理论假定。在自然环境下对桥梁真实行为的揭示是未来桥梁设计的基础，桥梁结构的健康监测可能成为桥梁研究的"现场实验室"[10]，为桥梁工程理论发展提供足尺寸、真实环境的试验条件。

　　桥梁健康监测为桥梁工程中的未知问题和超大跨度桥梁的研究提供了新的契机，由运营中的桥梁结构及其环境获得的信息不仅是理论和试验研究的补充，还能提供有关结构行为和环境规律最真实的信息。发展监测数据分析方法，更进一步挖掘监测数据中的规律并获取有价值的信息，是结构健康监测亟待解决的技术难题之一。

1.2　桥梁健康监测系统构成

　　桥梁健康监测系统融合了物联网、传感技术、网络通信技术、信号处理技术与分析、数据与挖掘、结构分析和预测理论等多个领域的知识。一个典型的桥梁健康监测系统主要包括以下四个部分。

　　(1) 传感器子系统。作为硬件系统，其功能为感知结构的荷载和效益信息，并以电、光、声、热等物理量的形式传递给数据采集与传输子系统。它是健康监测系统最基础和最前端的子系统，传感器选型和布设位置的合理性都将对监测工作产生影响。

　　(2) 数据采集与传输子系统。由数据采集单元和数据传输网络两大类设备组成，用于信号的采集、处理、缓存和传输，通过该子系统将传感器子系统传入的光、电信号转换为模拟信号，并存储于数据处理与管理子系统中。

（3）数据处理与管理子系统。采用高性能的计算机系统，用于数据处理、采集控制、数据库管理与查询等，该系统的核心是数据库。桥梁设计施工及运营资料、硬件系统的各项参数、系统采集到的海量数据和处理后的结果都保存在数据处理与管理子系统中。

（4）结构健康评估及预警子系统。配备适当软件工具的高性能计算机系统，是整个健康监测系统的核心，用于有限元分析、模型修正、结构特征及响应分析、诊断与预测分析和结构安全评估。利用可分析诊断的软件对接收到的数据进行诊断分析，判断结构是否受到损伤，以及损伤位置和损伤程度等，对桥梁整体行为和结构状况进行评估。若发现异常，则发出报警信号。

完整的桥梁健康监测系统可以通过采集桥梁关键部位的结构和环境数据，对桥梁结构的工作状态、使用性能进行实时监测和分析评估，根据系统采集的关键数据，为桥梁在特殊气候、交通状况或桥梁运行中的严重异常状况触发预警信号，为桥梁的维护维修和管理决策提供依据与指导，以保证桥梁在营运期间的安全性。桥梁健康监测系统基本架构如图 1.3 所示。

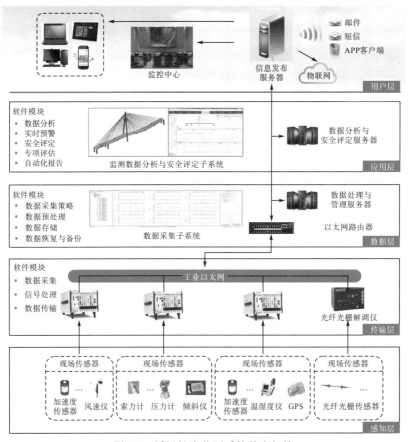

图 1.3　桥梁健康监测系统基本架构

1.3　桥梁健康监测数据分析现状

　　桥梁结构行为监测信息是桥梁系统微观复杂力学机制的宏观体现，蕴含了结构内部力学演化信息[11]。随着大量理论研究的推进，监测数据分析方法得到了进一步发展，为后期揭示结构长期服役性能、推动桥梁健康监测系统实现由"监测响应"到"监测性能"发展奠定了坚实的基础。

　　桥梁结构暴露在野外环境中，长期受到不稳定的环境激励，且数据采集系统无法一直保持稳定运行，因此传感器捕捉到的信息经常糅杂部分噪声[12]，影响真实响应的获取。在利用监测数据进行分析时，通常先对监测数据进行降噪处理，传统的数据信号去噪手段包括傅里叶变换、小波分析和小波包分析法，能够将有效信息从复杂的含噪信号中提取出来，从而更准确地掌握信号的局部变化特征与整体的变化趋势[13]。近年来，关于降噪的研究集中于解决既有降噪方法精度有限，以及传统信号处理方法存在模态混叠和端点效应等问题[14]。

　　通常来说，为实现基于监测数据的桥梁状态精准感知，持续有效的数据获取是关键。由于安装不当、环境噪声、恶劣天气等，监测数据可能出现丢失。常见的监测数据恢复方法基于数据驱动展开研究，能够规避复杂结构行为的内在演化机理，并利用实际结构宏观响应信息恢复缺失部分数据。该类方法已成为结构智能动态控制的有效手段。围绕此类方法，国内外学者开展了大量的有益探索：①基于压缩感知的桥梁监测数据恢复方法，根据信号的稀疏性质[4,15]，将数据恢复问题转换为求解稀疏解的线性规划问题，即将含有大量缺失数据的不完整数据集看成一个稀疏向量，利用凸优化类等重构算法，依托少量已知数据完成对数据集的补全；②基于统计插值的桥梁监测数据恢复方法，根据已知数据点(条件)来预测未知数据点，通过数据拟合后的模型实现缺失数据的恢复[16]；③基于深度学习的桥梁监测数据恢复方法[17-21]，充分挖掘数据的潜在特征，其深度学习模型在经过大量学习与训练后即可用于恢复缺失的监测数据[22]。

　　同时，挠度、应变、索力等类型的连续有效的监测数据不会由单一荷载作用引起，还可能包括混凝土收缩徐变、温度荷载等作用因素。以挠度为例，移动荷载引起的挠度变化是桥梁微观复杂力学机制的宏观表达，包含内在的力学演化过程。然而，由于温度效应的影响，荷载引起的桥梁挠度往往被覆盖，影响桥梁结构性能的评估与病害发生机理的判断[23]。因此，研究者往往希望分离桥梁监测数据中的温度效应，获取荷载引起的真实挠度变化，以便准确掌握桥梁健康状态、预测结构行为演化趋势。针对这一问题，现有研究大致可以分为两类。第一类是基于结构响应与温度效应相关性分析的方法，根据实际温度条件，利用所建立的数学模型计算温度效应，从而实现监测数据中温度效应的分离[24,25]。不同结构型式的力学演化机制不同，使得该类方法的普适性不强。此外，由于大型桥梁结构的复杂性、服役环境的不确定性及荷载作用的随机性影响，精确关联模型的建立难度较大。第二类研究立足不同挠度数据组成成分的周期差异，通过信号分解的方式，可以更好地解离出挠度的多尺度信息[26-29]。但在信号处理时，存在小波基函数难以确定和易产生模态混叠、分解误差等缺陷。在分解的同时，往往还伴随着真假本征模态函数分量的产生，在准确剔除虚假本征模态函数分量方面，目前还存在一定的难度。

相比于传统桥梁结构状态检测，基于桥梁监测系统的结构状态评估已实现自动化，具备实时性，但从桥梁管养部门的角度出发，往往希望得到超前的结构状态预测，以便在结构出现问题之前做出相应准备。因此，基于实时监测数据对未来结构变化做出预测对评估桥梁性能具有重要意义[30]。过去几十年已发展了基于力学机理模型和基于数据驱动模型的结构变形预测[31]，其中，力学机理模型要求先验特征，强调外部激励和结构变形之间的可解释性[32-34]。由于复杂的服役环境、不成熟的混凝土本构理论、不明确的材料劣化机理等[35]，结构变形预测方法普适性相对较差。相比而言，数据驱动模型只针对变形数据，具有很高的实用性，可以有效避免从力学角度解释复杂的因果关系[36]。近年来，随着测量技术的发展，这些模型得到了越来越多的关注。一般来说，这些模型可能只适合解释具有某类数据特征的变形数据，如线性或非线性[37]。为了进一步描述随机干扰，相关学者建立了贝叶斯动态线性模型进行桥梁极值应力的预测，得到了令人满意的结果[38]。除了上述数据特征外，由于桥梁服役环境的复杂性，变形数据还可能包含其他数据特征(如非平稳性或非高斯性数据)。在这种背景下，简单的数据驱动模型在实践中可能并不适用。为了更细致地挖掘数据特征，特别是对于非平稳性较强的数据，基于分解的方法由于其优越性而受到广泛关注。

针对以上数据分析处理的热点问题及现有研究的不足，作者团队围绕桥梁健康监测数据分析的基础理论、缺失监测数据恢复方法、监测数据分离方法、监测数据预测方法展开大量研究。本书将系统论述作者及其团队在桥梁健康监测数据分析方面取得的阶段性成果，以期为相关研究和教学提供参考。

参 考 文 献

[1] Wang Z, Ren W, Chen G. Time-frequency analysis and applications in time-varying/nonlinear structural systems: A state-of-the-art review[J]. Advances in Structural Engineering, 2018, 21(10): 1562-1584.

[2] Yan W, Zhao M, Sun Q, et al. Transmissibility-based system identification for structural health monitoring: Fundamentals, approaches, and applications[J]. Mechanical Systems and Signal Processing, 2019, 117: 453-482.

[3] Wong K Y, Chan W Y K, Man K L, et al. Structural health monitoring results on Tsing Ma, Kap Shui Mun, and Ting Kau Bridges[C]//Nondestructive Evaluation of Highways, Utilities, and Pipelines IV, Bellingham, 2000: 288-299.

[4] Bao Y, Beck J L, Li H. Compressive sampling for accelerometer signals in structural health monitoring[J]. Structural Health Monitoring, 2011, 10(3): 235-246.

[5] Sun L, Shang Z, Xia Y, et al. Review of bridge structural health monitoring aided by big data and artificial intelligence: From condition assessment to damage detection[J]. Journal of Structural Engineering, 2020, 146(5): 04020073.

[6] Bao Y, Chen Z, Wei S, et al. The state of the art of data science and engineering in structural health monitoring[J]. Engineering, 2019, 5(2): 234-242.

[7] Sen D, Erazo K, Zhang W, et al. On the effectiveness of principal component analysis for decoupling structural damage and environmental effects in bridge structures[J]. Journal of Sound and Vibration, 2019, 457: 280-298.

[8] Bao Y, Li H, An Y, et al. Dempster-Shafer evidence theory approach to structural damage detection[J]. Structural Health Monitoring, 2012, 11(1): 13-26.

[9] 王凌波, 王秋玲, 朱钊, 等. 桥梁健康监测技术研究现状及展望[J]. 中国公路学报, 2021, 34(12): 25-45.

[10] Wu Z, Ghosh K, Qing X, et al. Structural health monitoring of composite repair patches in bridge rehabilitation[C]//Smart Structures and Materials 2006: Sensors and Smart Structures Technologies for Civil, Mechanical, and Aerospace Systems, San Diego, 2006: 670-678.

[11] Li H, Ou J. The state of the art in structural health monitoring of cable-stayed bridges[J]. Journal of Civil Structural Health Monitoring, 2016, 6(1): 43-67.

[12] Jeong S, Ferguson M, Hou R, et al. Sensor data reconstruction using bidirectional recurrent neural network with application to bridge monitoring[J]. Advanced Engineering Informatics, 2019, 42: 100991.

[13] Li H, Li Z, Mo W. A time varying filter approach for empirical mode decomposition[J]. Signal Processing, 2017, 138: 146-158.

[14] Jiang Y, Liu S, Zhao N, et al. Short-term wind speed prediction using time varying filter-based empirical mode decomposition and group method of data handling-based hybrid model[J]. Energy Conversion and Management, 2020, 220: 113076.

[15] Bao Y, Li H, Sun X, et al. Compressive sampling-based data loss recovery for wireless sensor networks used in civil structural health monitoring[J]. Structural Health Monitoring, 2013, 12(1): 78-95.

[16] Yang Y, Nagarajaiah S. Harnessing data structure for recovery of randomly missing structural vibration responses time history: Sparse representation versus low-rank structure[J]. Mechanical Systems and Signal Processing, 2016, 74: 165-182.

[17] Lei X, Sun L, Xia Y. Lost data reconstruction for structural health monitoring using deep convolutional generative adversarial networks[J]. Structural Health Monitoring, 2021, 20(4): 2069-2087

[18] Fan G, Li J, Hao H, et al. Data driven structural dynamic response reconstruction using segment based generative adversarial networks[J]. Engineering Structures, 2021, 234: 111970.

[19] Oh B K, Glisic B, Kim Y, et al. Convolutional neural network-based data recovery method for structural health monitoring[J]. Structural Health Monitoring, 2020, 19(6): 1821-1838.

[20] Moon H S, Ok S, Chun P J, et al. Artificial neural network for vertical displacement prediction of a bridge from strains (part 1): Girder bridge under moving vehicles[J]. Applied Sciences, 2019, 9(14): 2881.

[21] Tang Q, Jiang Y, Xin J, et al. A novel method for the recovery of continuous missing data using multivariate variational mode decomposition and fully convolutional networks[J]. Measurement, 2023, 220: 113366.

[22] Tang Q, Xin J, Jiang Y, et al. Dynamic response recovery of damaged structures using residual learning enhanced fully convolutional network[J]. International Journal of Structural Stability and Dynamics, 2025, 25(1): 2550008.

[23] Zhou Y, Sun L. Insights into temperature effects on structural deformation of a cable-stayed bridge based on structural health monitoring[J]. Structural Health Monitoring, 2019, 18(3): 778-791.

[24] Rohrmann R, Baessler M, Said S, et al. Structural causes of temperature affected modal data of civil structures obtained by long time monitoring[C]//Proceedings of the 18th International Modal Analysis Conference (IMAC), San Antonio, 2000: 1-7.

[25] Sohn H, Dzwonczyk M, Straser E G, et al. An experimental study of temperature effect on modal parameters of the Alamosa canyon bridge[J]. Earthquake Engineering & Structural Dynamics, 1999, 28(8): 879-897.

[26] Li S, Xu H, Zhang X, et al. Automatic uncoupling of massive dynamic strains induced by vehicle-and temperature-loads for monitoring of operating bridges[J]. Mechanical Systems and Signal Processing, 2022, 166: 108332.

[27] Chen C, Wu W, Liu C, et al. Elimination of environmental temperature effect from the variation of stay cable force based on simple temperature measurements[J]. Smart Structures and Systems, 2017, 19(2): 137-149.

[28] Wu W, Chen C, Jhou J W, et al. A rapidly convergent empirical mode decomposition method for analyzing the environmental temperature effects on stay cable force[J]. Computer-Aided Civil and Infrastructure Engineering, 2018, 33(8): 672-690.

[29] Delgadillo R M, Casas J R. Bridge damage detection via improved completed ensemble empirical mode decomposition with adaptive noise and machine learning algorithms[J]. Structural Control and Health Monitoring, 2022, 29(8): e2966.

[30] Xin J, Jiang Y, Zhou J, et al. Bridge deformation prediction based on SHM data using improved VMD and conditional KDE[J]. Engineering Structures, 2022, 261: 114285.

[31] Liu W, Pan J, Ren Y, et al. Coupling prediction model for long-term displacements of arch dams based on long short-term memory network[J]. Structural Control and Health Monitoring, 2020, 27(7): e2548.

[32] Yang N, Bai X B. Forecasting structural strains from long-term monitoring data of a traditional Tibetan building[J]. Structural Control and Health Monitoring, 2019, 26(1): e2300.

[33] Meng Q, Zhu J, Wang T. Numerical prediction of long-term deformation for prestressed concrete bridges under random heavy traffic loads[J]. Journal of Bridge Engineering, 2019, 24(11): 04019107.

[34] Fan X, Liu Y. Use of monitored daily extreme stress data for performance prediction of steel bridges: Dynamic linear models and Gaussian mixed particle filter[J]. Mechanical Systems and Signal Processing, 2019, 121: 841-855.

[35] 宗周红, 钟儒勉, 郑沛娟, 等. 基于健康监测的桥梁结构损伤预后和安全预后研究进展及挑战[J]. 中国公路学报, 2021, 27(12): 46-57.

[36] Kang F, Liu J, Li, et al. Concrete dam deformation prediction model for health monitoring based on extreme learning machine[J]. Structural Control and Health Monitoring, 2017, 24(10): e1997.

[37] Polepally G, Pasupuleti V D K, Kalapatapu P. Model-driven structural health assessment of masonry bridge: A preliminary study[J]. Procedia Structural Integrity, 2024, 52: 280-292.

[38] Fan X. Bridge extreme stress prediction based on Bayesian dynamic linear models and non-uniform sampling[J]. Structural Health Monitoring, 2017, 16(3): 253-261.

第 2 章 桥梁监测数据特征与分析理论

　　桥梁监测系统通过对桥梁结构在运行过程中产生的各种物理量，如位移、应变、索力等数据进行收集和分析，从而识别出结构状态和潜在的隐患。通常来说，数据信号可能具有随机性、趋势性和周期性，对桥梁监测数据特征展开分析，掌握其变化规律、统计特征、不同类型监测数据之间的内在联系，明确监测数据特征，可为选择合理的桥梁监测数据分析方法提供思路。在此基础上，可进一步借助预测、分离等手段开展桥梁监测数据隐藏的结构信息挖掘工作。

　　鉴于此，本章将总结不同桥型、不同类型监测数据的变化特征和统计特征，对可能具备自相关性、空间相关性的桥梁监测数据展开相关性分析；针对监测数据特征，梳理常用的桥梁监测系统信号分解理论、信号冗余判别理论和信号特征提取理论，为进一步结构状态分析提供前期基础。

2.1 桥梁监测数据特征分析

　　本节选取具有代表性的四类桥梁——重庆市某悬索桥、斜拉桥、拱桥及连续刚构桥作为研究对象，采用时频分析法进行桥梁监测数据特征分析，总结不同结构类型桥梁各类监测数据的动态响应规律。

　　选取 2024 年 7 月 1 日至 7 月 7 日悬索桥、斜拉桥、拱桥跨中桥面的风速监测数据，取其 10min 均值，构成共 1008 个数据点的数据集，时程图如图 2.1 所示。由图 2.1 可知，各桥型风速具有以下特征：①随外界环境激励表现出无规律变化，呈现一定的随机分布特性；②以重庆市某悬索桥为例，桥址远离台风作用中心，大部分时段日平均风速及其变化率普遍较小；③日常风速测量值集中在 1～8m/s，1～5 级风。

　　选取 2024 年 7 月 1 日至 7 月 7 日各桥型 1/4 跨的索(吊杆)力实测监测数据，取其 10min 均值，构成共 1008 个数据点的数据集，时程图如图 2.2 所示。由图 2.2 可知，各桥型索(吊杆)力具有以下特征：①以日为单位呈周期性变化；②在荷载作用下，围绕成桥索力上下波动；③由于斜拉桥的拉索承担了大部分荷载，其索力在数值上远大于悬索桥和拱桥。

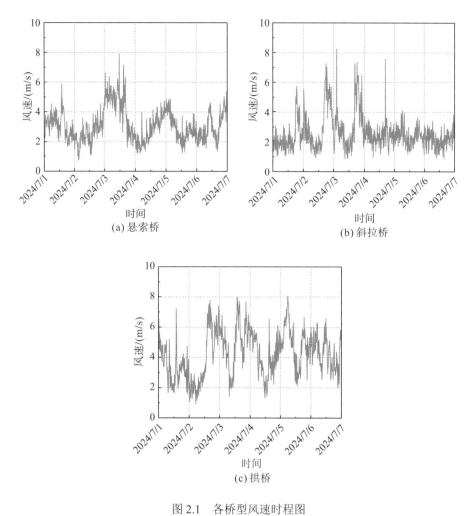

图 2.1 各桥型风速时程图

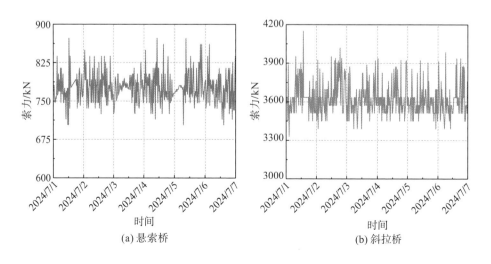

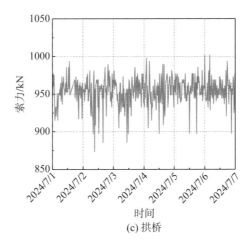

(c) 拱桥

图 2.2   各桥型索(吊杆)力时程图

选取 2024 年 7 月 1 日至 7 月 7 日各桥型主跨跨中的梁底应变实测监测数据,取其 10min 均值,构成共 1008 个数据点的数据集,时程图如图 2.3 所示。由图 2.3 可知,各桥型跨中梁底应变具有以下特征:①以日为单位呈现近正弦规律变化;②相比于其他桥型,悬索桥应变数值波动幅度较大。

选取 2024 年 7 月 1 日至 7 月 7 日各桥型主跨跨中的挠度实测监测数据,取其 10min 均值,构成共 1008 个数据点的数据集,时程图如图 2.4 所示。由图 2.4 可知,各桥型跨中挠度具有以下特征:①以日为单位呈现近正弦规律变化;②相比于其他桥型,悬索桥跨中挠度更大;③相比于其他桥型,拱桥跨中挠度波动幅度较小。

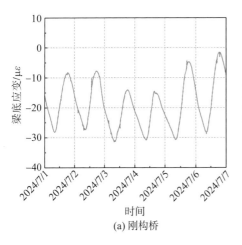

(a) 刚构桥

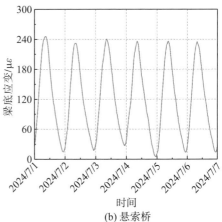

(b) 悬索桥

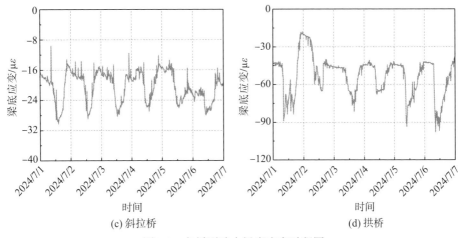

(c) 斜拉桥

(d) 拱桥

图 2.3　各桥型跨中梁底应变时程图

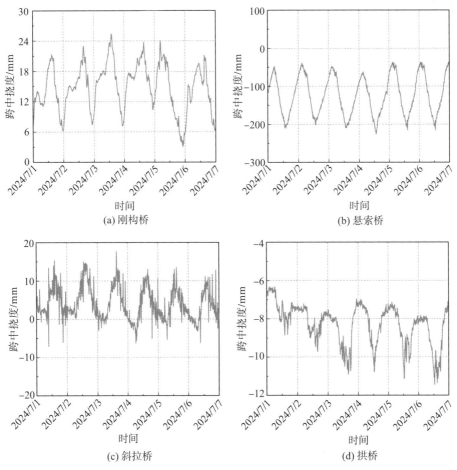

(c) 斜拉桥

(d) 拱桥

图 2.4　各桥型跨中挠度时程图

2.1.1 非平稳性

桥梁监测数据具有鲜明的时序特征，时间序列可以分为平稳性和非平稳性两大类。平稳时间序列具有恒定的统计特性(均值、方差、协方差)，且统计特性与时间无关；非平稳时间序列不具备恒定的统计特性。

平稳性可以通过视觉评估时间序列图的稳定性和统计方法检查。其中，图示法通过评估时间序列图的稳定性进行判别，非平稳时间序列呈现一定的趋势性或周期性，具有明显上升或下降的趋势，平稳时间序列通常只含有随机成分，时间序列图表现为围绕某固定值上下波动，几乎不呈现趋势性和周期性。图 2.5(a) 展示了一个非平稳时间序列图，可以看出其具有明显的上升和下降趋势；图 2.5(b) 为图 2.5(a) 经过一阶差分后的平稳时间序列图，可以看出差分值随时间变化稳定在 0.0mm 附近，偶尔有上下波动，但没有趋势性和周期性。

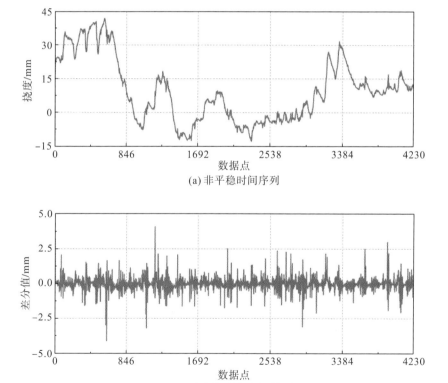

(a) 非平稳时间序列

(b) 一阶差分后的平稳时间序列

图 2.5   非平稳时间序列与平稳时间序列示例

　　图示法并不是非常严格的平稳性检验方法，最常用的统计方法是增广迪基-富勒检验(augmented Dickey-Fuller test，ADF 检验)。在一个自回归过程 $y_t = by_{t-1} + a + \varepsilon_t$ 中，如果滞后项系数 $b=1$，则称系数 b 为单位根。当单位根存在时，自变量和因变量之间的关系具有欺骗性，残差序列的任何误差都不会随着样本量的增大而衰减，即模型的残差是永久的，自回归过程是一个随机漫步。ADF 检验通过判断序列是否存在单位根来判断序列的平稳性，非平稳序列存在单位根，平稳序列不存在单位根。

　　利用 MATLAB 进行 ADF 检验，假设不存在单位根，若返回 t 值(stat)小于显著性水平临界值(cValue)，则接受原假设，不存在单位根；若返回 p 值(pValue)小于显著性水平(0.05)，则拒绝原假设，存在单位根。此时，时间序列为非平稳时间序列。

　　对悬索桥一周风速的监测数据进行 ADF 检验，返回值 pValue = 0.0062 < 0.05，stat = −2.7477 < cValue(−1.9415)，即风速监测数据具有良好的平稳性。

　　对悬索桥一周的索力监测数据进行 ADF 检验，返回值 pValue = 0.4288 > 0.05，stat = −0.6082 > cValue(−1.9411)，即悬索桥索力监测数据具有非平稳性。

　　对连续刚构桥、悬索桥、斜拉桥、拱桥各类型监测数据进行 ADF 检验，汇总如表 2.1 所示。

表 2.1　不同桥型各类监测数据平稳性特征汇总

桥型	数据类型	p	t	显著性水平临界值(5%)	平稳性
连续刚构桥	跨中应变	0.3529	−0.8157	−1.9413	非平稳
	跨中挠度	0.6734	0.0591	−1.9141	非平稳
悬索桥	桥面风速	0.0062	−2.7477	−1.9415	平稳
	跨中应变	0.7743	0.3343	−1.9414	非平稳
	跨中挠度	0.5734	−0.2138	−1.9413	非平稳
	索(吊杆)力	0.4288	−0.6082	−1.9411	非平稳
斜拉桥	桥面风速	0.0010	−4.2613	−1.9415	平稳
	跨中应变	0.3715	−0.7649	−1.9413	非平稳
	跨中挠度	0.0781	−1.7378	−1.9415	非平稳
	索(吊杆)力	0.4753	−0.4809	−1.9413	非平稳
拱桥	桥面风速	0.0222	−2.2775	−1.9415	平稳
	跨中应变	0.3125	−0.9265	−1.9416	非平稳
	跨中挠度	0.4010	−0.5402	−1.9415	非平稳
	索(吊杆)力	0.5389	−0.3074	−1.9413	非平稳

　　值得注意的是，风速监测数据与季节、天气相关，具有较强的随机性。由于样本桥址均为重庆市，远离台风作用中心，且检验数据取值范围内无明显天气波动，风速样本监测数据表现出平稳性，在更长时间跨度或者川藏地区等严酷服役环境下，风速监测数据表现为明显的非平稳性。

2.1.2　非高斯性

在统计学中，许多随机现象理论上可以近似为正态分布，高斯性是最常见的假设，高斯性数据具有以均值为对称轴的钟形概率分布。然而，现实世界中的数据往往受到多种因素的影响，可能会呈现出偏斜、长尾、多重峰或其他非对称形态，使得数据是非高斯性的。处理这类数据时，传统的基于均值和标准差的统计方法可能不再有效，需要采用更适合非高斯性数据的模型，如 t 检验代替 z 检验，或者使用描述性和非参数方法(如中位数、四分位距、箱线图)，以及机器学习算法中的一些非线性模型。

以悬索桥为例，取 2024 年 7 月 1 日至 7 月 7 日整周监测数据，各类型监测数据频数分布直方图及其对应的正态分布曲线如图 2.6 所示。

以风速为例，频数分布直方图表现出近似正态分布的钟形分布，大致符合正态分布左右对称的特征，Q-Q 图(分位数-分位数图)的散点近似在一条直线上，峰

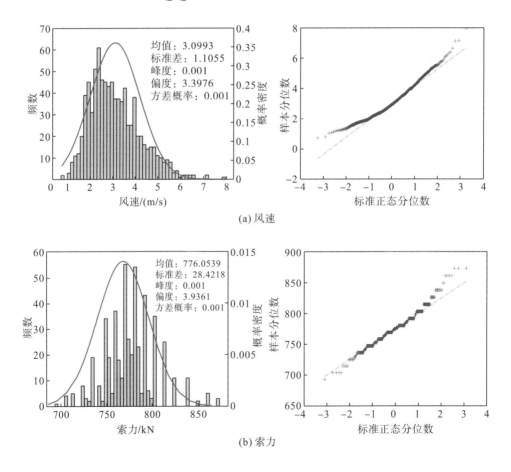

(a) 风速

(b) 索力

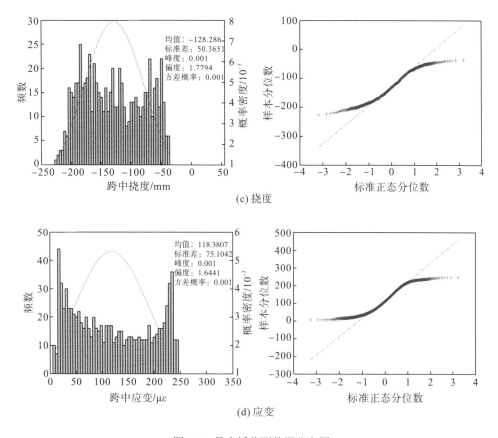

(c) 挠度

(d) 应变

图 2.6　悬索桥监测数据分布图

度和偏度绝对值较小，可粗略接受为正态分布，但其方差概率小于显著性水平(0.05)，严格检验为非正态分布，展现出非高斯性。

悬索桥索力数据与风速数据类似，大致符合正态分布以均值为对称轴左右对称的特征，但在某些值附近出现了明显的数据集中，Q-Q 图的散点近似在一条直线上，峰度和偏度绝对值较小，可粗略接受为正态分布，但其方差概率小于显著性水平(0.05)，严格检验为非正态分布，展现出非高斯性。

悬索桥跨中挠度和应变频数分布直方图离散程度较大，没有出现以均值为对称轴的对称钟形分布，Q-Q 图的散点与直线有一定的偏差，不符合正态分布特征，方差概率小于显著性水平(0.05)，严格检验同样为非正态分布，展现出非高斯性。同时，跨中挠度和应变数据的峰度和偏度绝对值较小，且频数分布直方图呈现不止一个峰值，后期数据分析可尝试用双变量正态分布进行拟合。

对斜拉桥、拱桥、连续刚构桥的监测数据进行高斯性检验，结果汇总如表 2.2 所示。

表 2.2   不同桥型各类监测数据分布特性汇总

监测数据	连续刚构桥	悬索桥	斜拉桥	拱桥
桥面风速	—	非高斯性	非高斯性	非高斯性
跨中应变	非高斯性	非高斯性	非高斯性	非高斯性
跨中挠度	非高斯性	非高斯性	非高斯性	非高斯性
索(吊杆)力	—	非高斯性	非高斯性	非高斯性

2.1.3 多尺度特征

在运营状态下，桥梁结构承受包含温度荷载、自重恒载、车辆荷载、风荷载在内的各类荷载的共同作用，这些成分在频域上表现为不同频率的正弦信号，索力、位移、应变等监测数据本质上是不同频率正弦信号的合成。将信号从时域转换为频域，以便观察信号在不同频率上的成分，通过对长期监测数据的频谱分析，可得到监测数据在多时间尺度上的数据特征。

将斜拉桥 2023 年全年索力、挠度、应变、风速监测数据转换至频域进行分析，取每 15min 的均值，全年监测数据频谱特征如图 2.7 所示。

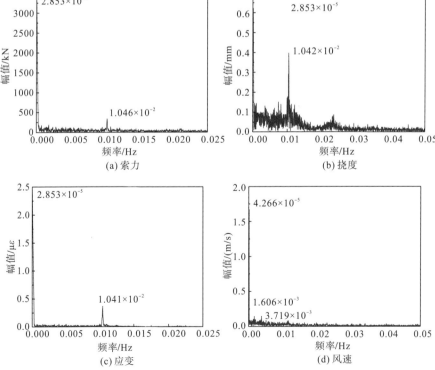

图 2.7 斜拉桥全年监测数据频谱特征

由图 2.7 可知，在取值间隔为 15min 的情况下，斜拉桥的索力、挠度、应变、风速频率主要分布在 0.5Hz 的低频范围内，在 2.853×10^{-5}Hz、1.041×10^{-2}Hz 存在明显的频率幅值集中，其中，2.853×10^{-5}Hz 对应的时间尺度为 15min×96 次/d×365d，对应索力、位移、应变数据的年变化成分，1.041×10^{-2}Hz 对应的时间尺度为 15min×96 次/d，对应索力、位移、应变数据的日变化成分。

此外，频谱中还存在一些相对比较高频的成分，这些频率成分代表车辆荷载、风荷载等快变成分。获取以 2min 为间隔的连续刚构桥监测数据、以 10min 为间隔的悬索桥监测数据、以 1h 为间隔的拱桥监测数据，各桥型监测数据多尺度特征汇总如表 2.3 所示。由表 2.3 可知，应变、挠度、索力都表现出了明显的年周期和日周期，风速监测数据在 0.5Hz 以下有明显的高频成分，但不对应挠度、应变、索力监测数据中的高频成分。

表 2.3　不同桥型各类监测数据多尺度特征汇总

监测数据	连续刚构桥	悬索桥	斜拉桥	拱桥
桥面风速	—	3.972×10^{-5} 1.116×10^{-3} 4.624×10^{-3}	4.266×10^{-5} 1.606×10^{-3} 3.719×10^{-3}	3.726×10^{-5} 1.116×10^{-3} 6.936×10^{-3}
跨中应变	3.805×10^{-6} 1.387×10^{-3}	9.513×10^{-6} 3.472×10^{-3}	2.853×10^{-5} 1.041×10^{-2}	1.114×10^{-4} 4.167×10^{-2}
跨中挠度	3.805×10^{-6} 1.381×10^{-3}	9.513×10^{-6} 3.472×10^{-3}	2.853×10^{-5} 1.042×10^{-2}	1.114×10^{-4} 4.167×10^{-2}
索(吊杆)力	—	9.513×10^{-6} 3.472×10^{-3}	2.853×10^{-5} 1.046×10^{-2}	1.114×10^{-4} 4.167×10^{-2}

2.1.4　相关性分析

在相同的交通荷载、环境激励作用下，桥梁不同类型监测响应、不同测点位置的监测数据往往具有一定的相关性。通过揭示桥梁监测数据的相关性，可为桥梁监测数据的特征挖掘提供依据。

1. 温度效应相关性分析

2.1.3 节表明，同一座桥的应变、挠度、索力数据具有相同的频率幅值集中，但集中的高频成分不是由风荷载引起的，推测引起频率幅值集中的年变化成分和日变化成分是温度效应。本节以索力为例给出验证。

选取某双索面混凝土斜拉桥，跨径布置为 60m+135m+250m+135m+60m，采取塔梁固结形式，相关传感器布置如图 2.8 所示。图 2.8(a) 中，数字表示传感器序号。

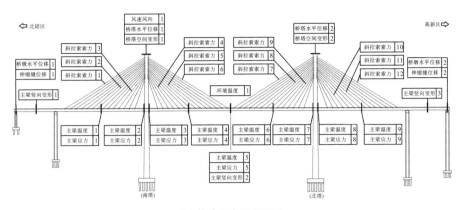

(a) 传感器布置立面图

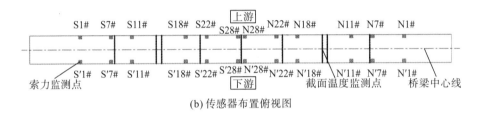

(b) 传感器布置俯视图

图 2.8　全桥主要传感器布设位置

选择 S7#监测点 2023 年全年充足时间的温度和索力数据，将每 1h 内的平均值作为代表值进行分析，以削弱车辆等动荷载对监测数据的影响。每天共 24 个平均值，全年共 365 天，对这些温度数据和索力数据进行分析。同时，利用快速傅里叶变换转换到频域进行分析，以明确温度数据在不同时间尺度上的成分。全年温度监测值和索力监测值如图 2.9 所示，全年温度频谱图和索力频谱图如图 2.10 所示。

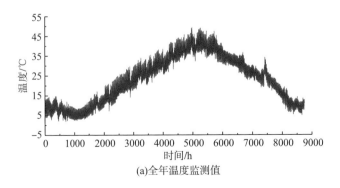

(a)全年温度监测值

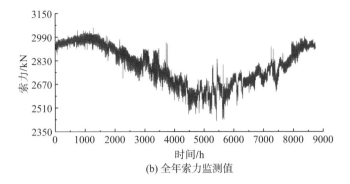

(b) 全年索力监测值

图 2.9　全年温度与索力监测值

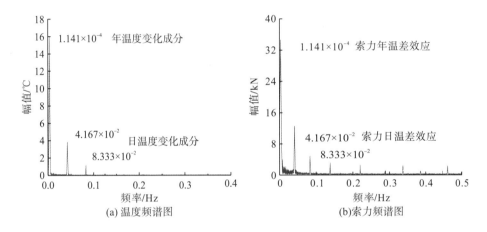

(a) 温度频谱图　　　　　　　　　(b)索力频谱图

图 2.10　全年温度与索力频谱图

由图 2.9 可知，一年内索力与环境温度变化趋势大致相反。由于受到不同季节气候的影响，在不同的季节索力变化的区间不同，S7#索在四个季节的每日索力平均值变化区间分别为春季[2776.7kN，2973.2kN]、夏季[2561.6kN，2864.0kN]、秋季[2538.7kN，2807.7kN]、冬季[2671.5kN，2975.5kN]。由图 2.10 可知，温度的频率幅值集中与索力频谱相同，说明索力受到温度变化的影响，存在日温度变化引起的索力日温差效应和年温度变化引起的索力年温差效应。

同时，由图 2.9 可知，索力相对于温度变化有滞后现象。考虑环境温度与索力之间有 60min 的时间延迟效应，最大互信息系数(maximal information coefficient，MIC)是衡量两个变量之间相互依赖程度的方式，MIC 越接近 1，两个变量之间的相关性越大。利用最大互信息系数分析环境温度与南岸侧上游长索、中长索、短索索力响应之间的相关性。6 根索的索力监测值如图 2.11 所示，环境温度为图 2.9(a)中的监测数据，相关性分析结果如表 2.4 所示。

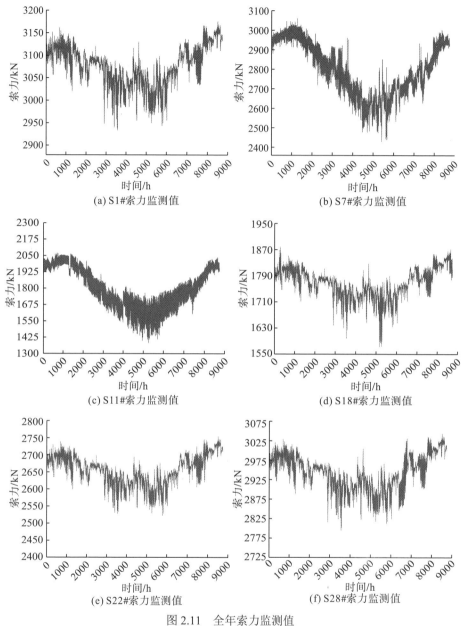

图 2.11　全年索力监测值

表 2.4　温度与索力之间的最大互信息系数

参数	斜拉索编号					
	S1#	S7#	S11#	S18#	S22#	S28#
MIC	0.862	0.842	0.899	0.879	0.839	0.867

由表 2.4 可知，沿桥梁纵向，环境温度与索力的 MIC 均大于 0.8，验证了它们之间存在较强的相关性，说明温度是引起索力变化的重要因素之一。其中在靠近桥塔附近两变量之间表现出的相关性更强，达到 0.85 以上，说明此区域内索力更易受到温度变化的影响。

同样地，挠度、应变监测数据中的频率幅值集中也对应温度变化成分，本节不再验证。

2. 空间相关性分析

以选取的斜拉桥索力监测数据为例，验证监测数据在空间位置上的相关性。

索力受到温度影响，在不同时间尺度上均表现出相似的变化规律，即当桥梁所处的环境温度条件变化几乎一致时，不同位置处的索力应当表现出几乎固定的波动趋势。采用最大互信息系数讨论南岸侧沿桥梁纵向的上游侧索力、下游侧索力之间的相关性，上游侧索力、下游侧索力数据如图 2.12 所示，MIC 计算结果如表 2.5～表 2.7 所示。

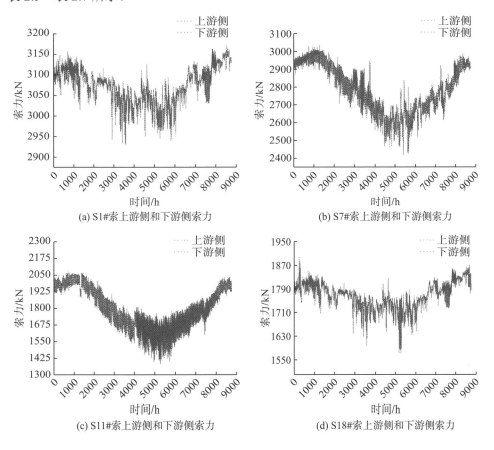

(a) S1#索上游侧和下游侧索力　　　　　　　(b) S7#索上游侧和下游侧索力

(c) S11#索上游侧和下游侧索力　　　　　　　(d) S18#索上游侧和下游侧索力

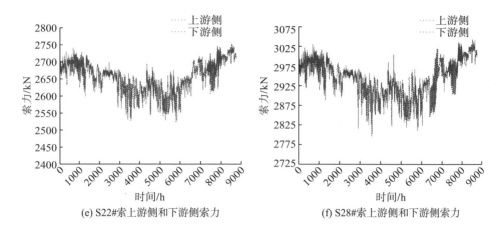

(e) S22#索上游侧和下游侧索力

(f) S28#索上游侧和下游侧索力

图 2.12 上游侧和下游侧索力全年监测值

表 2.5 纵向上游侧不同位置的索力最大互信息系数

位置	S1#	S7#	S11#	S18#	S22#	S28#
S1#	1	0.814	0.858	0.906	0.905	0.887
S7#	—	1	0.878	0.826	0.819	0.831
S11#	—	—	1	0.857	0.862	0.904
S18#	—	—	—	1	0.912	0.909
S22#	—	—	—	—	1	0.913
S28#	—	—	—	—	—	1

表 2.6 纵向下游侧不同位置的索力最大互信息系数

位置	S′1#	S′7#	S′11#	S′18#	S′22#	S′28#
S′1#	1	0.817	0.886	0.863	0.859	0.907
S′7#	—	1	0.813	0.792	0.803	0.848
S′11#	—	—	1	0.883	0.892	0.914
S′18#	—	—	—	1	0.874	0.899
S′22#	—	—	—	—	1	0.901
S′28#	—	—	—	—	—	1

表 2.7 横向上游侧和下游侧的索力最大互信息系数

参数	位置					
	S1#	S7#	S11#	S18#	S22#	S28#
MIC	0.963	0.972	0.959	0.953	0.971	0.965

由表 2.5 和表 2.6 的最大互信息系数计算结果可知,在索力受到如车辆荷载等效应的影响时,沿桥梁纵向上游侧、下游侧不同位置处的索力均已表现出较大的相关性,上游侧 S18#索力与 S22#索力之间最大 MIC 达到 0.912,下游侧 S'11#索力与 S'28#索力之间最大 MIC 达到 0.914。由表 2.7 可知,沿桥梁横向,上游侧和下游侧同一横截面对应位置处的索力表现出更强的相关性,MIC 均大于 0.95。

获取日温差效应、年温差效应成分,可利用不同位置处温差效应之间的固有相关性,为运营情况下的监测项状态识别提供判断依据。同样地,挠度、应变监测数据也具有空间相关性,本节不再验证。

3. 自相关性分析

自相关是指信号在 t 个时刻的瞬时值与另外 $t+n$ 个时刻的瞬时值之间的依赖关系,描述同一事件在两个不同时期之间的相关程度,即自身过去的行为对现在的影响。桥梁监测数据往往前后期相互关联,进而导致时间序列数据存在自相关性。若所研究的时序具有高度的自相关性,则表明数据间可能具有很强的依赖关系,即前期数据隐含有较多后期数据的特征信息。本节以某悬索桥挠度数据为例,验证其自相关性。

选取某钢梁-混凝土梁混合大跨轨道专用悬索桥,全长 1650.5m,主桥长 1120m,桥面宽 22m,测点布置如图 2.13 所示。

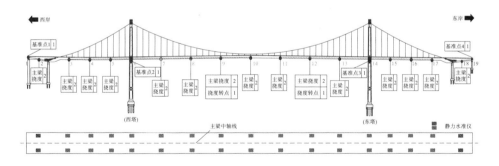

图 2.13　某大跨轨道大桥挠度监测点布置

选取该桥中跨 $L/8$、$L/4$、$3L/8$、$L/2$、$5L/8$、$3L/4$、$7L/8$ 截面上下游挠度作为数据集,并将其重新命名,其中 $L/8$ 上游为 D1,$L/8$ 下游为 D2,以此类推。

以 D7(中跨 $L/2$ 上游挠度)数据集为例,使用去趋势波动分析法(detrended fluctuation analysis,DFA)对中跨主梁挠度进行相关性分析,分析结果如表 2.8 和图 2.14 所示。

由表 2.8 可知,所有变量的 DFA 指数 h_2 均不等于 0.5,说明数据均具有自相关性。由图 2.14 可知，D1、D2、D3、D4、D9、D10、D13 位置的 DFA 指数为 $0.5 < h_2 < 1$，表明时间序列具有长程正相关性，即时间序列将来时间段的变化趋势与先前时间段的变化趋势相同。D5、D6、D7、D8、D11、D12、D14 位置的 DFA 指数为 $0 < h_2 < 0.5$，表明时间序列具有长程反相关性，即时间序列将来时间段的变化趋势与先前时间段的变化趋势相反。

表 2.8　主梁挠度 DFA 分析结果

变量	DFA 指数 h_2
D1 主梁挠度	0.66
D2 主梁挠度	0.64
D3 主梁挠度	0.51
D4 主梁挠度	0.56
D5 主梁挠度	0.12
D6 主梁挠度	0.07
D7 主梁挠度	0.44
D8 主梁挠度	0.36
D9 主梁挠度	0.55
D10 主梁挠度	0.63
D11 主梁挠度	0.34
D12 主梁挠度	0.36
D13 主梁挠度	0.55
D14 主梁挠度	0.45

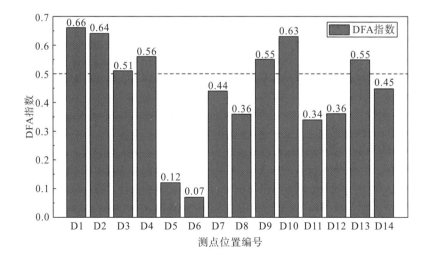

图 2.14　主梁挠度 DFA 分析结果图

同样地，应变、索力监测数据也具有自相关性，本节不再验证。

2.2　信号分解理论

2.1 节所讨论的桥梁监测数据的特征，包括风速、索力、应变及挠度的非平稳性、非高斯性及其多尺度特征，这些数据包含桥梁的各种状态信息，对这些数据进行分析能够掌握桥梁的工作状态。为了更好地理解和分析这些复杂的信号特性，本节将引入一些信号分解方法，这些方法能够有效地将复杂信号分解，从而更精确地捕捉和解释监测数据中的特征。

2.2.1　经验模态分解

经验模态分解(empirical mode decomposition，EMD)是一种时频域信号处理的方法，可将原始信号分解为若干个本征模态函数(intrinsic mode function，IMF)。EMD 的理论基础是基于一种简单的假设：任何复杂的信号都是由简单的本征模态函数组成的。每一个模态可以是线性的，也可以是非线性和非平稳的，但它们都有一个共同的特点，即在整个信号长度内，每个模态具有相同数目的极值点和过零点。更进一步地，模态对称于局部均值。直观地看，其波形为一个拟正弦波。局部均值是通过信号的上下包络线定义的，基于这种定义方式，根据信号的特征尺度就可以区分出不同的模态分量。本节特征尺度是基于多分辨分析的实验模态分解方法由信号相邻的极值点的时间跨度定义的。对于一个信号，在任何时刻，有可能同时存在不同的模态函数，这些模态函数彼此叠加，从而构成了各种复杂的信号。每一个模态相互独立，在任何相邻的零点之间不存在多重极值点，这种模态函数就是上面论述的 IMF。EMD 的步骤如下[1,2]。

(1)对于信号，找出 $x(t)$ 所有局部极大值点和局部极小值点，用三次样条插值法构造上包络线 $u(t)$ 和下包络线 $l(t)$。

(2)计算两条包络线的均值，即

$$m(t) = (u(t) + l(t)) / 2 \tag{2.1}$$

并将 $m(t)$ 从原始信号中减去得到第一个分量 $h_1(t)$：

$$h_1(t) = x(t) - m(t) \tag{2.2}$$

(3)检查 $h_1(t)$ 是否满足 IMF 条件，若不满足，则重复上述步骤，直至得到第一个 IMF 分量 $c_1(t) = h_1^k(t)$，其中 k 表示迭代次数。

(4)将 $c_1(t)$ 从原始信号中减去得到剩余部分 $r_1(t)$，并将其作为新的原始信号：

$$r_1(t) = x(t) - c_1(t) \tag{2.3}$$

(5)重复上述步骤，直至剩余部分为单调或常数函数。

(6)计算最终得到原始信号 $x(t)$ 的 EMD 结果：

$$x(t) = \sum c_i(t) + r_n + 1 \tag{2.4}$$

式中，r_n——残差。

经验模态分解从信号本身的时间尺度特征出发，分解过程具有自适应性、灵活性的优点，分解所得本征模态函数表征数据内在的振动模式，通常能够反映信号的真实物理过程，因此该方法就在众多工程领域得到大量应用。

2.2.2　变分模态分解

变分模态分解(variational mode decomposition，VMD)为 Dragomiretskiy 和 Zosso[3]根据希尔伯特(Hilbert)变换、经典维纳(Wiener)滤波和解析信号等基础知识提出的序列信号分解方法。该方法通过将时间序列信号分解得到若干 IMF 分量，在每个 IMF 分量中，大部分都紧靠在中心频率附近。简而言之，就是通过迭代搜寻变分模型最优解确定其中心频率和带宽，自适应地将信号分解成一系列具有稀疏特性的模态分量。

VMD 最终结果是将输入原信号 Y 分解成 K 个具有稀疏特性的模态分量 $u_k(t)$，各 $u_k(t)$ 之和等于输入信号 Y，才能保证每个 $u_k(t)$ 的带宽之和最小。具体分解步骤如下[4,5]。

(1)通过 VMD 方法定义时间序列非平稳性，即

$$Y(t) = A_k(t)\cos\left(\varphi_k(t)\right) \tag{2.5}$$

式中，$Y(t)$——时间序列原信号；

$\varphi_k(t)$——相位，且满足 $\varphi_k(t) \geqslant 0$；

$A_k(t)$——包络线，且满足 $A_k(t) \geqslant 0$。

(2)利用希尔伯特变换计算单个 $u_k(t)$ 的复解析信号，即

$$\xi_k'(t) = \left(\delta(t) + \frac{j}{\pi t}\right) * u_k(t) \tag{2.6}$$

式中，$\xi_k'(t)$——复解析信号；

$\delta(t)$——雷克分布函数；

$u_k(t)$——模态分量。

(3)将各个模态的频谱调制到相应的基频带，即

$$\xi_k(t) = \left[\left(\delta(t) + \frac{j}{\pi t}\right) * u_k(t)\right] e^{-j\omega_k t} \tag{2.7}$$

式中，$\xi_k(t)$——复调制信号；

ω_k——模态分量的中心频率。

VMD 通过求解约束的变分问题，将信号重构分解为一系列 IMF 分量，因此该约束变分问题描述为

$$\begin{cases} \min\limits_{\{u_k(t)\},\{\omega_k(t)\}} \left\{ \sum\limits_{k=1}^{K} \left\| \partial_t \xi_k(t) \right\|_2^2 \right\} \\ \text{s.t.} \sum\limits_{k=1}^{K} u_k(t) = Y(t) \end{cases} \tag{2.8}$$

式中，∂_t ——对函数求时间 t 的偏导数；

　　　　k ——当前正在计算或迭代的第 k 个分量；

　　　　K ——分解后的本征模态函数的总数量。

为了将约束变分问题转换为非约束性变分问题，VMD 引入了惩罚因子 γ 和拉格朗日乘法算子 λ。其中，γ 的取值保证信号的重构精度，λ 可使约束条件保持严格性，扩展得到的拉格朗日表达式为

$$L\big(\{u_k\},\{\omega_k\},\lambda\big)$$

$$= \gamma \sum_K \left\| \partial_t \left[\left(\delta(t) + \frac{\mathrm{j}}{\pi t} \right) * u_k(t) \right] \exp(-\mathrm{j}\omega_k t) \right\|_2^2 + \left\| Y(t) - \sum_K u_k(t) \right\|_2^2 + \left\langle \lambda(t), Y(t) - \sum_K u_k(t) \right\rangle \tag{2.9}$$

扩展拉格朗日表达式鞍点通过交替更新 u_k^{n+1}、ω_k^{n+1} 和 λ^{n+1} 求得。

迭代更新 u_k^{n+1}，表达式为

$$\hat{u}_k^{n+1}(\omega) = \frac{Y(\omega) - \sum\limits_{i<k} \hat{u}_i^{n+1}(\omega) - \sum\limits_{i<k} \hat{u}_i^n(\omega) + \left[\hat{\lambda}^n(\omega) \right]/2}{1 + 2\gamma \left(\omega - \omega_k^n \right)^2} \tag{2.10}$$

式中，$\hat{u}(\omega)$ ——本征模态函数 u_k 的频谱；

　　　　$\hat{\lambda}(\omega)$ ——λ 的频谱。

迭代更新中心频率 ω_k 的表达式为

$$\omega_k^{n+1}(\omega) = \frac{\int_0^\infty \omega \left| \hat{u}_k(\omega) \right|^2 \mathrm{d}\omega}{\int_0^\infty \left| \hat{u}_k(\omega) \right|^2 \mathrm{d}\omega} \tag{2.11}$$

迭代更新 λ 的表达式为

$$\hat{\lambda}^{n+1}(\omega) = \hat{\lambda}^n(\omega) + \eta \left[\hat{f}(\omega) - \sum_{k=1}^{K} \hat{u}_k^{n+1}(\omega) \right] \tag{2.12}$$

式中，η ——拉格朗日乘数的更新系数。

迭代停止条件为

$$\sum_{k=1}^{K} \left\| \hat{u}_k^{n+1} - \hat{u}_k^n \right\|_2^2 \Big/ \left\| \hat{u}_k^n \right\|_2^2 < \rho \tag{2.13}$$

式中，ρ ——收敛门限。

2.3　信号冗余判别理论

2.2 节介绍了信号分解的理论，揭示了信号在不同频率尺度上的特征。然而，随着信号分解技术的发展，仅依赖分解方法本身已难以满足准确区分有效信号与冗余成分的需求。因此，本节介绍信号冗余判别理论，在分解结果的基础上，通过进一步分析与计算，判断分解所得的 IMF 或其他分量是否为有效信号。

2.3.1　能量熵增量

能量谱也称为能量谱密度，可以表示每个状态分量在整个系统中所占能量的相对关系。根据信息熵的定义，利用能量熵增量的方法来判断虚假的 IMF 分量。有效的 IMF 分量会占据主要能量，而虚假 IMF 分量所占能量的比例较小[6]。计算具体步骤如下[7]。

(1) 通过式 (2.14) 计算第 t 个 IMF 分量的信号能量，式 (2.15) 为分解信号能量的总和，即

$$E_{i(t)} = i(t)^2 \tag{2.14}$$

$$\sum_{i=1}^{n} E_{i(t)} = \sum_{t=1}^{n} i(t)^2 \tag{2.15}$$

式中，$i(t)$ ——第 t 个 IMF 分量；

　　　n ——总的 IMF 分量个数。

(2) 分别对各 IMF 分量进行归一化处理和能量谱求取：

$$P(i) = \frac{E_{i(t)}}{\sum\limits_{i=1}^{n} E_{i(t)}} \tag{2.16}$$

$$Q(i) = \log\big(P(i)\big) \tag{2.17}$$

式中，$P(i)$ ——各 IMF 分量的归一化能量；

　　　$Q(i)$ ——能量熵。

(3) 对各 IMF 分量计算能量熵增量，即

$$\Delta Q(i) = -P(i)\log\big(P(i)\big) \tag{2.18}$$

$\Delta Q(i)$ 越大，代表 IMF 分量真实性越高，反之为干扰 IMF 分量。

为防止有效信号被过度剔除，可以将通过试算得到的判别阈值设置为 $\Delta Q(i)\,/\,\mu \geqslant 0.85$，若满足，则认为是有效信号；反之，则认为是无效信号，其中 $\mu = 0.2$。

2.3.2　排列熵

排列熵(permutation entropy，PE)基于信号值之间的顺序关系，即排列模式。从物理意义上来看，排列熵将原始时间序列重构为一个新的时间序列。排列熵作为一种分析系统非线性的新方法，主要衡量一维时间序列复杂度，对复杂信号比较敏感，因此能够放大信号间的变化，将排列熵差距较小的分量相加作为一组信号分量，防止分解后得到的分量被过分剔除。

设时间序列 $\{u(i), i=1,2,\cdots,n\}$，其对应的相空间重构矩阵为[8]

$$Z = \begin{bmatrix} u(1) & u(1+\tau) & \cdots & u(1+(d-1)\tau) \\ u(2) & u(2+\tau) & \cdots & u(2+(d-1)\tau) \\ u(t) & u(t+\tau) & \cdots & u(t+(d-1)\tau) \\ \vdots & \vdots & & \vdots \\ u(k) & u(k+\tau) & \cdots & u(k+(d-1)\tau) \end{bmatrix}, \quad t=1,2,\cdots,k \tag{2.19}$$

式中，d——嵌入的维数，一般取值为 $3\sim6$；

τ——时间延迟，一般取值为 1；

k——重构分量个数。

对任意一个时间序列，与其相对应的重构矩阵 Z 中的任一行均可以得到一组符号序列：

$$G(l) = \{t_1, t_2, \cdots, t_d\} \tag{2.20}$$

$G(l)$ 代表不同的时间序列，计算每一种 $G(l)$ 会出现的频率 $P_1, P_2, \cdots, P_t$，对应此刻时间序列 $u(i)$ 的 k 种不同时间序列的排列熵值 H_P：

$$H_P = -\sum_{t=1}^{k} P_t \ln(P_t) \tag{2.21}$$

时间序列的 H_P 代表该时间序列的复杂程度。熵值越大，代表该时间序列的复杂度越高；反之，熵值越小，代表该时间序列越规则。

2.3.3　Kullback-Leibler 散度

在概率论和信息论中，库尔贝克-莱布勒散度(Kullback-Leibler divergence，KLD)，又被称为相对熵，是用来描述两个概率分布 P 与 Q 之间关系的一种方法，由 Kullback 和 Leibler 于 1951 年提出[5,9,10]。

设 $P(y)$ 和 $Q(y)$ 是 Y 取值的两个离散概率分布，则 P 与 Q 的 KLD 为[11]

$$D_{\text{K-L}}(P\|Q) = \sum_{i=1}^{n} p(i) \log \frac{P(i)}{Q(i)} \tag{2.22}$$

其中，

$$P(y) = Q(y) = \frac{1}{nh}\sum_{i=1}^{n}K\left[\frac{y_i - y}{h}\right], \quad y \in R \tag{2.23}$$

$$K(u) = \frac{1}{\sqrt{2\pi}}\exp\left(-\frac{u^2}{2}\right) \tag{2.24}$$

$$h = \left(\frac{4\sigma^5}{3n}\right)^{1/5} \tag{2.25}$$

式中，$P(y)$——核密度估计（kernel density estimation，KDE）；

$\quad\quad u$——代指式(2.23)中的$(y_i - y)/h$；

$\quad\quad K(u)$——高斯核函数；

$\quad\quad h$——给定的正数，一般称为平滑参数或窗宽。

对式(2.22)进行推导，可以得到以下结论：

(1)如果$P(y)$和$Q(y)$是两个完全相同的函数，那么二者的 KLD 为 0。

(2)二者的 KLD 越大，两个函数存在的差异越大；二者的 KLD 越小，两个函数存在的差异越小。

(3)KLD 是不对称的，即$D_{\text{K-L}}(P\|Q) \neq D_{\text{K-L}}(Q\|P)$。

(4)KLD 具有非负性，即$D_{\text{K-L}}(P\|Q) \geqslant 0$。

在实际情况中，定义 P 为数据的真实分布，Q 为数据的理论分布，$Q_k = \{Q_1, Q_2, \cdots, Q_{k-1}, Q_k\}$为真实混合信号经过 VMD 后的理论子信号，通过比较理论子信号和真实混合信号的亲疏性选取最佳子信号进行分析。信号分布大多数呈现为单峰和对称的，还可以求得在对称情况下$D_{\text{K-L}}(P,Q)$的最终 KLD，即

$$D_{\text{K-L}}(P,Q) = D_{\text{K-L}}(P\|Q) + D_{\text{K-L}}(Q\|P) \tag{2.26}$$

最后，通过 KLD 判断各分量信号，KLD 越小，证明理论与实际越匹配，为真实信号分量；反之，为虚假信号分量。

2.4 信号特征提取理论

在 2.1～2.3 节中，通过对桥梁监测数据的特征分析，深入探讨了信号的非平稳性、非高斯性和多尺度特征。这些特征揭示了复杂信号在不同环境和条件下的动态表现，促使采用信号分解技术，以更细致地分离信号的各个组成部分。然而，仅依赖信号分解并不足以完全掌握信号的复杂性，还需要判别信号是否有效。这些方法的结合能够让人更精确地理解信号的内在结构，为特征提取提供强有力的理论支撑。本节将介绍深度学习是如何自动化和高效地进行特征提取的。

2.4.1　卷积神经网络

卷积神经网络(convolutional neural network，CNN)一般由卷积块和全连接层组成，如图 2.15 所示。卷积块由卷积层(C)、池化层(P)和激活函数(A)组成，主要用于提取特征和执行非线性变换。全连接层(F)用于输出分类或回归结果。

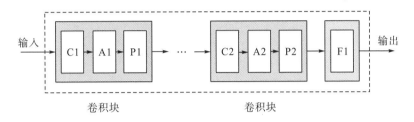

图 2.15　CNN 框架

卷积层由若干个卷积单元通过滑动窗口方式与输入数据进行卷积运算，逐层地提取输入数据中低级到高级特征。卷积运算可以增强原信号的有效信息，减小噪声的影响。卷积有两个主要特点：权值共享和局部感知。权值共享是神经元之间的权值参数可以实现共享，从而减少参数数量，降低网络的复杂性，使网络能够进行并行学习，更易于训练，泛化性能更强。局部感知是由于卷积核的尺寸远小于图像，感知到的是图像中较小的局部信息，将局部信息进行高层次组合即可得到全局信息，减少了计算量。卷积运算就是利用卷积核对输入图像在对应的位置上进行矩阵元素相乘，累加求和，然后输出相应的结果。一个卷积层中包含多个卷积核，不同层的卷积核大小可以不相同，但同一层次的卷积核大小相同。每个卷积核对应提取一个特征图，卷积核不同，提取出的特征图不同，提取到的特征也不同。

池化层一般设置在卷积层之后，随着网络的向前扩散，每个卷积都会获得一个更高维的特征层，而高维特征层含有大量的数据量，导致计算工作量过大和数据冗余，因此经常通过池化来减小图像的特征图尺寸，从而减小在向前扩散时网络的数据量，减少计算机的运算负荷。池化层是利用池化窗口在图像上按一定的步长移动，并通过一定的数学规则从池化窗口中得到一个新的像素值来代替窗口中所有像素值，常用的池化方式有平均池化和最大池化。平均池化为计算特征图上池化窗口内所有值的平均值，其优点是特征图整体的数据特征和更多的图像背景信息可以被保留；最大池化是保留特征图上池化窗口内所有值中最大值的运算，其优点是能够将不随尺度变化的最稳定且明显的特征保留并将冗余特征丢弃，能够更好地保留纹理上的特征。

全连接层的作用是扩展和展平来自池化层的特征图，并执行一系列非线性变换以获得输出。在全连接层中，全连接层将输入特征张量展平成一个向量，并通过一个线性变换(如矩阵乘法和加法操作)将其映射到一个指定大小的输出向量。然后，可以将输出向量输入一个激活函数中，以获得最终的分类结果。

激活函数在人工神经网络模型中发挥着举足轻重的作用。在神经网络中，上一层神经元的输出值会作为下一层神经元的输入值，并将本层输出值继续传递给下一层，而上层节点的输出和下层节点的输入之间存在一个函数关系，这个函数即激活函数。激活函数在 CNN 中的主要作用是增强整个网络的表示能力。通常，激活函数位于卷积层之后或用在全连接层中。CNN 中最常用的激活函数是 sigmoid 函数、tanh 函数和线性整流单元(ReLU)函数，它们可以表示为[12]

$$\sigma(x) = 1/(1 + \exp(-x)) \tag{2.27}$$

$$\tanh(x) = (\exp(x) - \exp(-x))/(\exp(x) + \exp(-x)) \tag{2.28}$$

$$\mathrm{Re\,LU}(x) = \max(0, x) \tag{2.29}$$

一般情况下，当输入值≥5 或输入值≤-5 时，sigmoid 函数的梯度接近于 0，当 loss(损失)反向传播时，梯度就会消失。为了解决梯度消失的问题，在神经网络中引入了 ReLU。由式(2.29)可以看出，当输入值≥0 时，ReLU 的梯度始终为 1，改善了梯度饱和度，同时大大提高了网络训练时的收敛速度。

CNN 的训练过程分为前向传播和反向传播(BP)两个阶段。前向传播是指数据从输入层流向输出层的过程，通过计算模型与目标输出之间的误差得到损失函数。BP 针对每一层参数计算损失函数的梯度，然后利用优化算法最小化损失函数，从而更新参数。更新过程如下。

(1)从输入层向前传播到输出层：

$$a^{l+1} = f\left(\omega^l \otimes a^l + b^l\right) \tag{2.30}$$

式中，a^l 和 a^{l+1}——第 l 层的输入和输出；

$\quad\quad \omega^l$ 和 b^l——相应的权重和偏置；

$\quad\quad f(\cdot)$——激活函数。

(2)计算输出层的局部梯度：

$$\delta^n = \frac{\partial L}{\partial a^{n+1}} f'\left(a^n\right) \tag{2.31}$$

式中，L——损失函数；

$\quad\quad n$——所提出的 CNN 的深度；

$\quad\quad f'(\cdot)$——激活函数的导数。

(3)根据链式法则，计算其他层的局部梯度：

$$\delta^l = \delta^{l+1} \omega^l f'\left(a^l\right) \tag{2.32}$$

(4) 获得权重和偏差的梯度：
$$\Delta \omega^l = a^{l+1}\delta^l, \quad \Delta b^l = \delta^l \tag{2.33}$$
(5) 根据学习率 η 和动量 m 更新权重和偏差：
$$\omega^l = m_\omega \omega^l - \eta_\omega \Delta \omega^l, \quad b^l = m_b b^l - \eta_b \Delta b^l \tag{2.34}$$

2.4.2　全卷积网络

为了实现端到端的图像分析，在许多应用(如边缘检测和位置识别)中都需要进行像素级分类和定位，以确定每个像素的类别。为此，Shelhamer 等[13]开发了全卷积网络(fully convolutional network，FCN)，为像素级图像分析提供了一种优秀的架构。与经典的 CNN 不同，FCN 将全连接层全部替换为卷积层，以降低模型复杂度，提高特征提取能力。FCN 的原理如图 2.16 所示，主要包括卷积层、池化层、上采样层和跳转连接。

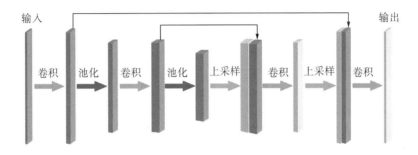

图 2.16　FCN 原理

CNN 利用池化层逐层缩小特征图的尺寸，即对特征图进行降采样。通过多次池化操作，特征图的维度将比原始输入图像大大降低。然而，FCN 要求最终像素级输出与原始图像大小相同。因此，需要对池化特征图进行上采样操作。

卷积和池化属于下采样，下采样可以将影像尺寸缩小，它具有两个优点：①减少计算量，避免过拟合；②扩大感受野，让后续的卷积神经网络能够学习到更全局的信息。利用全卷积神经网络对输入影像进行特征提取之后，得到的影像特征图尺寸会减小，因此为了进行更多的运算就必须将影像放大到原始大小，使空间分辨率从低分辨率转换为高分辨率，这个过程称为上采样。上采样的主要目的是放大影像，全卷积神经网络中上采样主要使用反卷积的方式恢复影像大小。

上采样层可以通过转置卷积来实现，它主要应用于 CNN 中下采样特征图的恢复和中间层的可视化。通过转置卷积，特征被融合，然后沿着上采样路径逐步

扩展，从而得到与输入图像大小相同的特征图。转置卷积的计算可表示为[14]

$$O_T = (W_T - 1) \times S_T + K_T - 2P_T \tag{2.35}$$

式中，O_T ——输出图像的高度或宽度；

　　　W_T ——输入图像的高度或宽度；

　　　S_T ——跨距的大小；

　　　K_T ——卷积核的大小；

　　　P_T ——填充的大小。

然而池化操作往往会导致信息丢失。基于最后一个池化层，上采样生成的特征图往往比较粗糙。可通过增加浅层的细节或整合多层的特征来改善分类结果。为此，在 FCN 中加入了跳跃连接，以利用高分辨率特征图并同时考虑局部和全局信息。

跳跃连接是 FCN 中的重要组成部分，用于融合不同层级的特征信息，以提高语义分割的精度。跳跃连接的主要作用是将浅层特征与深层特征进行融合，从而在保留高分辨率信息的同时，融合不同层级的语义信息。在图 2.16 中，卷积层的特征图在下采样前通过跳转连接传送到上采样层，然后将其与转置卷积的输出相结合。跳转连接绕过了下采样层，不仅有利于保留浅层细节，还能纠正梯度流，缓解梯度消失问题。

2.4.3　长短期记忆神经网络

由于多层感知和高度非线性映射，循环神经网络(recurrent neural network，RNN)在识别和预测等许多实际问题中得到了广泛应用。然而，传统的 RNN 存在梯度消失和长期依赖的问题。针对上述问题，相关学者通过定义一个特殊的"门"来控制信息的流动，开发了长短期记忆(long short-term memory，LSTM)神经网络[15]。在此基础上，降低梯度消失的概率，增强长时记忆。LSTM 是循环神经网络的一个变体，可以有效地解决标准循环神经网络的梯度爆炸或消失问题，相较于标准的循环神经网络，LSTM 更改了隐藏层的计算，内部结构更加复杂，具有更强的表现力。

LSTM 包含三种类型的门，即遗忘门、输入门和输出门，如图 2.17 所示。遗忘门的第一层决定了信息能否通过细胞状态，即

$$f_t = \sigma\left(W_f \cdot [h_{t-1}, x_t] + b_f\right) \tag{2.36}$$

式中，f_t ——t 时刻的遗忘门；

　　　σ ——sigmoid 激活函数；

　　　W_f ——权重；

x_t —— 输入值;

h_{t-1} —— $t-1$ 时刻的输出值;

b_f —— 偏差项。

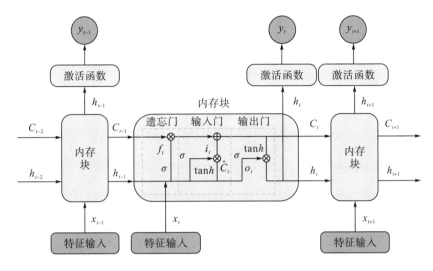

图 2.17　LSTM 结构图

　　第二个输入门从当前输入向量中决定哪些信息应该存储在细胞状态中。具体表达式如下:

$$i_t = \sigma\left(W_i \cdot [h_{t-1}, x_t] + b_i\right) \tag{2.37}$$

$$\hat{C}_t = \tanh\left(W_C \cdot [h_{t-1}, x_t] + b_C\right) \tag{2.38}$$

式中, i_t —— t 时刻的输入门;

　　　　W_i、W_C —— 权重;

　　　　$\tanh(\cdot)$ —— 激活函数;

　　　　b_i、b_C —— 偏差项。

　　可以通过式 (2.39) 更新 t 时刻的细胞状态:

$$C_t = f_t \odot C_{t-1} + i_t \odot \hat{C}_t \tag{2.39}$$

式中, $\odot$ —— 逐元素乘法。

　　第三层可以提供当前时间步内的输出信息。具体表达式如下:

$$o_t = \sigma\left(W_o \cdot [h_{t-1}, x_t] + b_o\right) \tag{2.40}$$

式中, o_t —— t 时刻的输出门;

　　　　W_o —— 权重;

b_o ——偏置项。

输出值可以写为

$$h_t = o_t \odot \tanh\left(C_t\right) \tag{2.41}$$

$$y_t = f\left(W_y h_t + b_y\right) \tag{2.42}$$

式中，h_t —— t 时刻的输出值；

$f(\cdot)$ ——输出层的激活函数。

2.4.4 时序卷积网络

相对于传统的循环神经网络(如 RNN)，时序卷积网络(temporal convolutional network，TCN)[16]在处理不同数据规模情况下具有更高的运行效率，同时能够更有效地捕捉数据中的长期依赖关系，使其对线性和非线性数据特征的提取能力更强。该模型主要由多个残差块串联组成，每个残差块包含扩展因果卷积、残差连接等。

因果卷积与扩展卷积相结合组成扩展因果卷积。其中，因果卷积是一种严格的时间约束结构，通过在时间序列之前填充空洞(0 元素)，使当前时间步的输出只依赖于当前时间步及之前的输入值，而不依赖于未来的输入值。这种设计保证了输出序列的长度不变，在处理时间序列数据时也能够避免信息泄露，保持了数据的因果关系，如图 2.18(a)所示。但因果卷积也存在一定的局限性，由于每一个时间点的输出与之前时间点的输入都存在联系，为了捕获更长的有效历史信息，需要构建更深的网络或使用较大的滤波器，这将增加模型复杂度和计算成本，还可能会出现梯度消失或过拟合的问题。通过结合扩展卷积能有效处理这一问题，同时能够继承因果卷积的因果性。扩展卷积通过引入扩展因子在卷积核的元素之间填补空洞，使卷积核可以跳过一些位置而使模型映射到更长的序列长度。对于 1 维时间序列输入 $x \in R_n$ 和滤波器 $f = (f_0, f_1, \cdots, f_{k-1})$，对序列元素 s 的扩展卷积运算 F 为

$$F(s) = (x_d^* f)(s) = \sum_{i=0}^{k-1} f(i) \cdot x_{s-d \cdot i} \tag{2.43}$$

式中，d——扩展因子；

k——卷积核尺寸；

i——层数；

$s\text{-}d \cdot i$——过去的方向。

由分析可得，调整感受野的大小可通过调整扩展因子 d 和卷积核尺寸 k 来实现。

对于每一层的扩展因子 d 和每层输入前面需要填充的 0 元素数量 p，分别根据式(2.44)、式(2.45)进行计算：

$$d = 2^{i-1} \tag{2.44}$$

$$p = b^{(i-1)} \cdot (k-1) \tag{2.45}$$

式中，b——扩展因子 d 的基数。

图 2.18(b)展示了引入扩展因子后形成的扩展因果卷积。由上述分析得出，每一层共用相同的滤波器对整个序列并行计算，使 TCN 的前向传播过程不必等待上一时间步的完成，这提高了对长时间序列数据的特征提取效率。同时，扩展因子 d 随着网络层数深度的增加呈指数型增长，从而扩大了卷积核的感受野而不显著增加参数数量。这意味着在保证计算效率的情况下，增强了模型捕捉非线性数据序列中长期依赖关系的能力。在处理不同数据规模的情况下，相对于传统的循环神经网络，这些优势使得 TCN 这种前馈神经网络在具有更高运行速度的同时可以更能有效学习到数据的线性和非线性特征。

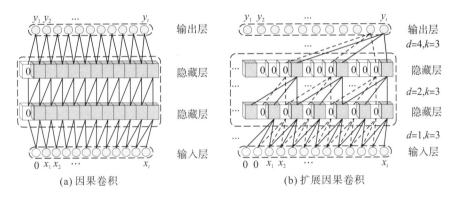

图 2.18 因果卷积与扩展因果卷积对比图

残差块实现了网络各层之间的信息传递，并有助于缓解神经网络随着网络层数增加而导致的梯度消失问题。在残差块中，包含两层扩展因果卷积和非线性映射 ReLU，在每层中还加入了权重规范化(WeightNorm)和正则化(Dropout)来正则化网络，从而减小模型过拟合的可能性，提高模型的泛化能力。为保证输入尺寸和输出尺寸的一致性，使用 1×1 卷积层进行降维操作。为了使模型具有跨层传递信息的能力，同时能够缓解模型在反向传播过程中出现梯度消失问题，使用残差连接。这种设计有助于模型对数据特征中细节信息的保留，并且有效避免了模型训练过程中不收敛的情况，进一步提高了模型捕捉长距离依赖关系的能力。残差块结构如图 2.19 所示。

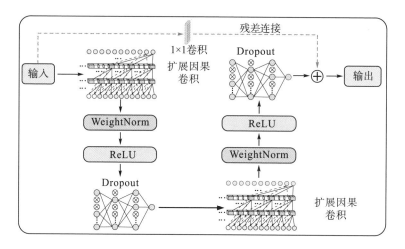

图 2.19　残差块结构图

2.5　本 章 小 结

本章基于时域与频域分析梳理了桥梁监测数据的变化特征和内在联系，总结了连续刚构桥、悬索桥、斜拉桥、拱桥监测数据的统计特征，根据桥梁监测数据特征总结了常用的分析理论，主要结论如下：

（1）风速监测数据受环境影响具有随机性，随时间表现为无规律变化；挠度、应变、索力监测数据表现为以日为单位的周期性变化，具有非平稳性、非高斯性、自相关性、空间相关性，受日温差效应和年温差效应的影响，长期监测数据在频域中表现为明显的频率幅值集中。

（2）根据以上监测数据特征，梳理了常用的信号分析理论，包括信号分解理论、信号冗余判别理论、信号特征提取理论。

参 考 文 献

[1] Murcia E, Guzmán S M. Using singular spectrum analysis and empirical mode decomposition to enhance the accuracy of a machine learning-based soil moisture forecasting algorithm[J]. Computers and Electronics in Agriculture, 2024, 224: 109200.

[2] Lee M H, Shyu K K, Lee P L, et al. Hardware implementation of EMD using DSP and FPGA for online signal processing[J]. IEEE Transactions on Industrial Electronics, 2011, 58（6）: 2473-2481.

[3] Dragomiretskiy K, Zosso D. Variational mode decomposition[J]. IEEE Transactions on Signal Processing, 2014, 62(3): 531-544.

[4] 赵亚军, 窦远明, 张明杰. 基于变分模态分解的模态参数识别研究[J]. 振动与冲击, 2020, 39(2): 115-122.

[5] Jiang Y, Liu S Y, Zhao N, et al. Short-term wind speed prediction using time varying filter-based empirical mode decomposition and group method of data handling-based hybrid model[J]. Energy Conversion and Management, 2020, 220: 113076.

[6] 周小龙, 徐鑫莉, 王尧, 等. 基于变分模态分解和最大重叠离散小波包变换的齿轮信号去噪方法[J]. 振动与冲击, 2021, 40(12): 265-274, 289.

[7] 李双江, 辛景舟, 蒋黎明, 等. 基于TVFEMD-IMF能量熵增量的桥梁监测数据降噪方法[J]. 振动. 测试与诊断, 2024, 44(1): 178-185, 206.

[8] Amigó J M, Dale R, Tempesta P. Complexity-based permutation entropies: From deterministic time series to white noise[J]. Communications in Nonlinear Science and Numerical Simulation, 2022, 105: 106077.

[9] Zhang F, Liu Y, Chen C, et al. Fault diagnosis of rotating machinery based on kernel density estimation and Kullback-Leibler divergence[J]. Journal of Mechanical Science and Technology, 2014, 28(11): 4441-4454.

[10] Markechová D, Riečan B. K-L Divergence, entropy and mutual information of experiments in the intuitionistic fuzzy case[J]. Journal of Intelligent & Fuzzy Systems, 2019, 36(4): 3857-3867.

[11] Zhou Z, Zhu Y. KLDet: Detecting tiny objects in remote sensing images via Kullback-Leibler divergence[J]. IEEE Transactions on Geoscience and Remote Sensing, 2024, 62: 4703316.

[12] Zhu M, Min W, Wang Q, et al. PFLU and FPFLU: Two novel non-monotonic activation functions in convolutional neural networks[J]. Neurocomputing, 2021, 429: 110-117.

[13] Shelhamer E, Long J, Darrell T. Fully convolutional networks for semantic segmentation[J]. IEEE Transactions on Pattern Analysis and Machine Intelligence, 2017, 39(4): 640-651.

[14] Tang Q, Jiang Y, Xin J, et al. A novel method for the recovery of continuous missing data using multivariate variational mode decomposition and fully convolutional networks[J]. Measurement, 2023, 220: 113366.

[15] Zhang L, Jia J, Bai Y, et al. An interpretable TFAFI-1DCNN-LSTM framework for UGW-based pre-stress identification of steel strands[J]. Mechanical Systems and Signal Processing, 2025, 222: 111774.

[16] Wu P, Sun J, Chang X, et al. Data-driven reduced order model with temporal convolutional neural network[J]. Computer Methods in Applied Mechanics and Engineering, 2020, 360: 112766.

第 3 章　桥梁监测数据恢复方法

3.1　引　　言

在实际应用中，传感器故障、数据传输中断及极端天气等多种因素，常常导致部分数据缺失[1]，从而无法全面反映桥梁的实际状态，延误对潜在安全隐患的发现与应对。为了确保监测数据的完整性和可靠性，亟须开发准确、可靠的数据恢复方法。数据缺失可分为随机(离散)数据缺失和连续数据缺失两类[2]。其中，随机数据缺失是指数据在间隔时间点的随机间歇缺失，而连续数据缺失是指数据在一个时间段的连续丢失[3,4]。近年来，基于深度学习的方法可以将复杂的多阶段流程转化为简单的、端到端的深度特征提取过程，从输入数据到输出恢复结果的整个过程都由模型自动完成，很大程度上提高了恢复效率。另外，针对桥梁监测数据的复杂特性(如非线性和非平稳性等)，在数据恢复过程中常使用信号分解技术对信号数据进行分解，以便降低数据复杂性，提升数据的可解释性，从而提高恢复精度[5]。

因此，本章基于桥梁监测数据的时间序列本质，将桥梁工程、信号处理、深度学习等多学科交叉融合，通过理论分析与实桥数据验证相结合的研究手段，提出五种数据恢复方法，分别为基于 LSTM 的随机缺失数据恢复方法、基于时变滤波经验模态分解(time-varying filtered empirical mode decomposition，TVFEMD)与融合编码器-解码器的长短期记忆网络(encoder-decoder long short-term memory，ED-LSTM)的连续缺失数据恢复方法、基于连续变分模态分解(successive variational mode decomposition，SVMD)和时序卷积网络(TCN)-多头注意力(multi-head attention，MHA)机制-双向门控循环单元(bidirectional gated recurrent unit，BiGRU)的连续缺失数据恢复方法、基于多元变分模态分解(multivariate variational mode decomposition，MVMD)和全卷积网络(FCN)的连续缺失数据恢复方法、基于时空相关性的 LSTM 多变量数据恢复方法。实验分析表明，这些方法可为监测数据的恢复提供有价值的参考。

3.2　基于 LSTM 的随机缺失数据恢复方法

LSTM 具有多层感知和高度非线性映射的特点，在解决识别和预测等许多实际问题中得到了广泛应用。此外，LSTM 通过独特的门控机制设计，能够有效缓解梯度消失问题和增强长期记忆。这些使其相对于传统的循环神经网络(如 RNN)能够更有效地恢复缺失数据。针对随机缺失数据情况，本节提出一种基于 LSTM 的随机缺失数据恢复方法(数据恢复方法 1，即本节"所提方法")。

3.2.1　恢复方法步骤

本节用 $\boldsymbol{X} = [x_1, x_2, \cdots, x_T] \in R^{T \times D}, x_i \in R^D, T = 1$ 来表示一维时间序列数据，其中 T 为数据变量数，即变量个数，D 为变量长度，以 x_t^d 表示第 t 个变量的第 d 个值。利用一个二进制掩码矩阵 $\boldsymbol{M}_t^d \in \{0,1\}^D$ 表示数据是否缺失，即

$$\boldsymbol{M}_t^d = \begin{cases} 0, & \boldsymbol{M}_t^d 缺失 \\ 1, & \boldsymbol{M}_t^d 未缺失 \end{cases} \tag{3.1}$$

为更方便理解式(3.1)，本节以一个 1×5 矩阵为例进行阐述：

$$\boldsymbol{X} = \begin{bmatrix} x_1 & \text{NA} & x_3 & \text{NA} & x_5 \end{bmatrix} \tag{3.2}$$

式中，NA——该处值缺失。

于是，$\boldsymbol{X}$ 对应的掩码矩阵为

$$\boldsymbol{M} = \begin{bmatrix} 1 & 0 & 1 & 0 & 1 \end{bmatrix} \tag{3.3}$$

则 $\boldsymbol{X}$ 即可转换成 $\boldsymbol{X}_R = \boldsymbol{X} \odot \boldsymbol{M}$，其中 $\odot$ 表示矩阵对应元素相乘，此时 $\boldsymbol{X}_R$ 可以表示为

$$\boldsymbol{X}_R = \begin{bmatrix} x_1 & 0 & x_3 & 0 & x_5 \end{bmatrix} \tag{3.4}$$

即 $\boldsymbol{X}_R$ 中的缺失数据为 0，未缺失数据为原始值。

将 $\boldsymbol{X}_R$ 作为后续网络模型输入，模型输出定义为 $\boldsymbol{Y}$，$\boldsymbol{Y}$ 的维度与 $\boldsymbol{X}_R$ 一致，以式(3.4)为例，可表示为

$$\boldsymbol{Y} = \begin{bmatrix} \hat{y}_1 & \hat{y}_2 & \hat{y}_3 & \hat{y}_4 & \hat{y}_5 \end{bmatrix} \tag{3.5}$$

则缺失数据的预测值为 $\hat{\boldsymbol{X}}_M = \boldsymbol{Y} \odot (1 - \boldsymbol{M})$，即

$$\hat{\boldsymbol{X}}_M = \begin{bmatrix} 0 & \hat{y}_2 & 0 & \hat{y}_4 & 0 \end{bmatrix} \tag{3.6}$$

总的时间序列 $\hat{\boldsymbol{X}} = \boldsymbol{X}_R \oplus \hat{\boldsymbol{X}}_M$，即

$$\hat{\boldsymbol{X}} = \begin{bmatrix} x_1 & \hat{y}_2 & x_3 & \hat{y}_4 & x_5 \end{bmatrix} \tag{3.7}$$

式中，$\oplus$——矩阵对应元素相加。

基于 LSTM 的随机缺失数据恢复方法的步骤如图 3.1 所示。

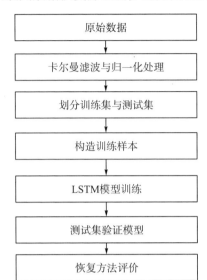

图 3.1   基于 LSTM 的桥梁监测数据恢复框架

具体步骤说明如下。

(1) 数据预处理。

采集到的数据存在一定的噪声干扰，因此采用卡尔曼滤波方法对时间序列数据进行滤波去噪，并对滤波后的数据进行最值归一化处理。其中，卡尔曼滤波原理是基于上一时刻的估计值和当前时刻的观测值来完成对状态变量的估计，可以有效地抵抗噪声的干扰并对状态变量进行最优估计，具体如下。

根据运动学公式，其状态方程为

$$x_{k+1} = A_k x_k + B_k u_k + w_k \tag{3.8}$$

式中，x_k——状态向量；

A_k——状态转移矩阵；

B_k——状态控制矩阵；

u_k——控制矩阵；

w_k——k 时刻的过程噪声向量。

观测方程为

$$y_k = H x_k + v_k \tag{3.9}$$

式中，y_k——k 时刻的观测向量；

H——观测矩阵；

v_k——k 时刻的观测噪声向量。

时间更新：

$$\begin{cases} \hat{\boldsymbol{x}}_k^- = \boldsymbol{A}\hat{\boldsymbol{x}}_{k-1}^- + \boldsymbol{B}_k\boldsymbol{u}_{k-1} \\ \boldsymbol{P}_k^- = \boldsymbol{A}\boldsymbol{P}_{k-1}\boldsymbol{A}^{\mathrm{T}} + \boldsymbol{Q} \end{cases} \tag{3.10}$$

状态更新：

$$\begin{cases} \boldsymbol{K}_k = \boldsymbol{P}_k^-\boldsymbol{H}^{\mathrm{T}}(\boldsymbol{H}\boldsymbol{P}_k^-\boldsymbol{H}^{\mathrm{T}} + \boldsymbol{R})^{-1} \\ \hat{\boldsymbol{x}}_k = \hat{\boldsymbol{x}}_k^- + \boldsymbol{K}_k(\boldsymbol{y}_k - \boldsymbol{H}\hat{\boldsymbol{x}}^-) \\ \boldsymbol{P}_k = (\boldsymbol{I} - \boldsymbol{K}_k\boldsymbol{H})\boldsymbol{P}_k^- \end{cases} \tag{3.11}$$

式中，$\boldsymbol{P}_k$——协方差矩阵；

$\boldsymbol{R}$——观测噪声的协方差矩阵；

$\boldsymbol{K}_k$——滤波增益矩阵；

$\boldsymbol{Q}$——过程噪声的协方差矩阵。

式(3.11)表明，当前时刻新的最优估计可根据上一时刻最优估计加上已知的外部控制量预测得到。

最值归一化计算公式如下：

$$X' = \frac{X - \min}{\max - \min} \tag{3.12}$$

式中，X——数据样本；

X'——转换后的数据样本；

max——转换前样本数据的最大值；

min——转换后样本数据的最小值。

该方法通过对原始数据进行线性变换，使变换后的结果映射到[0,1]区间。

(2)划分训练集与测试集。

将经过预处理后的时序数据划分为训练集与测试集，其中训练集用于建立模型，测试集用于验证模型的泛化能力。

(3)构造训练样本。

对时序数据进行时间窗滑动，构造训练样本。

(4)LSTM 模型训练。

搭建 LSTM 结构，进行网络参数训练。

(5)验证模型的泛化能力。

将测试集输入训练好的 LSTM 模型中，验证模型的泛化能力。

(6)恢复方法评价。

采用平均绝对误差(mean absolute error，MAE)、均方根误差(root mean square error，RMSE)、均方误差(mean square error，MSE)和决定系数(R^2)四个评价指标评估模型的恢复误差，其计算公式如下：

$$\mathrm{MAE} = \frac{1}{n}\sum_{i=1}^{n}\left|\hat{y}_i - y_i\right| \tag{3.13}$$

$$\text{RMSE} = \sqrt{\frac{1}{n}\sum_{i=1}^{n}(\hat{y}_i - y_i)^2} \tag{3.14}$$

$$\text{MSE} = \frac{1}{n}\sum_{i=1}^{n}(\hat{y}_i - y_i)^2 \tag{3.15}$$

$$R^2 = 1 - \sum_{i=1}^{n}(\hat{y}_i - y_i)^2 \bigg/ \sum_{i=1}^{n}(\hat{y}_i - \overline{y}_i)^2 \tag{3.16}$$

式中，n——缺失数据的个数；

$\hat{y}_i$——第 i 个预测数据；

y_i——第 i 个原始数据。

MAE、RMSE、MSE 的数值越小，表明该模型的预测精度越高；R^2 越大，表明模型的拟合能力越强。

3.2.2 实例分析

（1）数据集构建。

本节以重庆市某轨道交通大桥的健康监测系统数据为例，对所提方法的性能进行评估。该桥全长 1650.5m，主桥长 1120m，桥面宽度为 22m，最高设计运行车速为 80km/h。主梁为钢梁-混凝土梁混合结构，主墩为钢筋混凝土结构。该桥挠度监测点布置如图 3.2 所示。本次实验选取该桥中跨 1/2 截面上游挠度数据作为数据集，采集时间段为 2021 年 10 月 01 日至 2021 年 11 月 01 日，取其 30min 均值作为挠度荷载响应数据。除去由采集系统造成的错误数据，共得到 4230 个数据，如图 3.3 所示。

对 D7 数据集进行归一化处理，并将归一化后的数据按照 8∶2 的划分比例划分为训练集与测试集。采用数据滑动时间窗的方式裁剪与扩充训练集，同时为 LSTM 模型训练划分样本与标签，滑动时间窗划分方式如图 3.4 所示，滑动时间窗步数为 1，滑动时间窗长度为 10。在滑动窗口裁剪增强的数据集中，训练集有 3375 个样本，测试集有 84 个样本，每个样本的长度为 10。

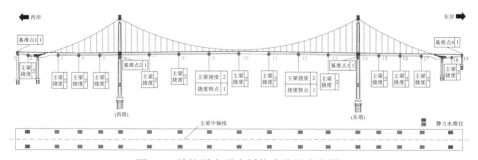

图 3.2 某轨道交通大桥挠度监测点布置

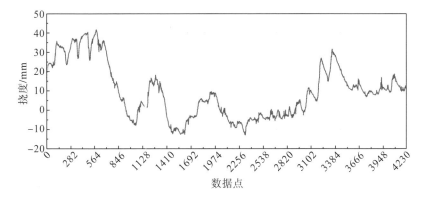

图 3.3　经过滤波处理后的上游挠度数据

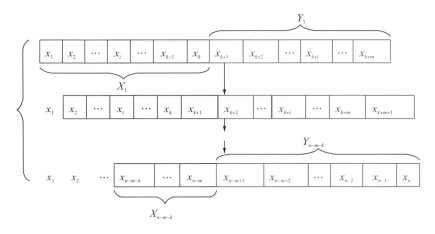

图 3.4　滑动时间窗构造训练样本

(2) 模型超参数选取。

网络一般由输入层、隐藏层和输出层组成，网络层数与网络参数的选取决定网络容量的大小，并且影响预测模型的泛化能力和准确度。考虑到模型的复杂性及训练样本规模，并且为了使模型能够学习到更高级别的时间特征，本节采用 LSTM 网络结构，如表 3.1 所示，同时采用具有较好优化效果的 Adam 优化器，利用 MSE 来计算真实值与预测值之间的误差。

表 3.1　本章所用 LSTM 网络结构

网络层	输出形状	参数量
第一层 LSTM 单元	(None，10，64)	16896
第二层 LSTM 单元	(None，64)	33024
全连接层	(None，10)	650

(3)不同缺失率下的对比实验与结果分析。

为了验证 LSTM 模型在桥梁监测数据恢复方面的性能，本实验在数据完全随机缺失的条件下设置不同缺失率(10%~90%)的工况分析，并与标准 RNN 模型进行比较，部分结果如图 3.5~图 3.7 及表 3.2 所示。由图 3.7 可以看出，在数据缺失率达到 90% 的情况下，两种模型均能恢复缺失数据，但通过模型得到的恢复值与真实值存在一定的差异，其原因可能是在数据缺失率大于 60% 时，数据恢复机制已经发生了改变。

随着缺失率的增加，模型恢复误差也增加，但 LSTM 恢复模型比 RNN 恢复模型更加准确。在缺失率为 90% 时，基于 LSTM 模型的 RMSE 为 0.83，而标准 RNN 模型的 RMSE 为 1.03。其原因可能是 LSTM 模型相比于标准 RNN 模型更能记住时序数据的长时相关性，并能捕捉时序数据中隐藏的特征，从而使网络模型能够有效地恢复缺失数据。

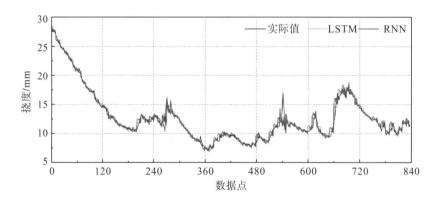

图 3.5   数据缺失率为 30%

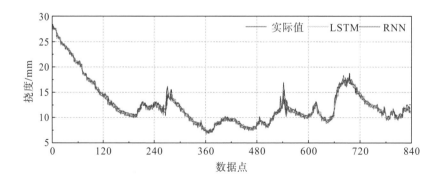

图 3.6   数据缺失率为 60%

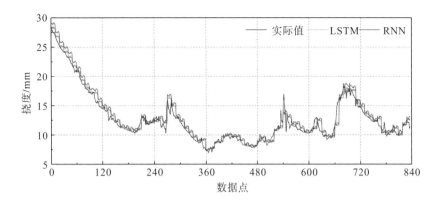

图 3.7　数据缺失率为 90%

表 3.2　两种模型在不同数据缺失率下的 RMSE

恢复方法	不同数据缺失率下的 RMSE								
	10%	20%	30%	40%	50%	60%	70%	80%	90%
LSTM	0.43	0.49	0.50	0.51	0.52	0.53	0.55	0.57	0.83
RNN	0.44	0.50	0.59	0.61	0.66	0.68	0.69	0.70	1.03

另外，为了更直观地体现不同模型间的恢复误差，将表 3.2 转化为图 3.8。

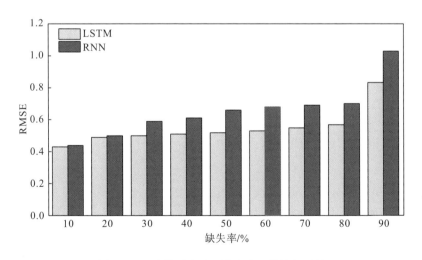

图 3.8　两种模型在不同缺失率下的恢复误差

由表 3.3 和表 3.4 可以看出，LSTM 模型与标准 RNN 模型对测试集的模型拟合度都在 0.95 以上。并且可以看出，LSTM 模型拟合度较高于标准 RNN 模型，说明 LSTM 在对测试集的恢复中，对所有的真值预测准确，基本没有偏差。

表 3.3   基于 LSTM 模型的数据恢复误差

评价指标	不同数据缺失率下的数据恢复误差								
	10%	20%	30%	40%	50%	60%	70%	80%	90%
MSE	0.18	0.24	0.25	0.26	0.27	0.28	0.30	0.33	0.69
MAE	0.26	0.31	0.33	0.33	0.35	0.34	0.40	0.39	0.59
R^2	0.99	0.99	0.99	0.99	0.99	0.98	0.98	0.98	0.96

表 3.4   基于标准 RNN 模型的数据恢复误差

评价指标	不同数据缺失率下的数据恢复误差								
	10%	20%	30%	40%	50%	60%	70%	80%	90%
MSE	0.19	0.25	0.35	0.37	0.44	0.46	0.47	0.49	1.06
MAE	0.29	0.34	0.44	0.38	0.44	0.42	0.48	0.43	0.80
R^2	0.99	0.99	0.98	0.98	0.98	0.97	0.97	0.97	0.95

3.3   基于 TVFEMD 和 ED-LSTM 的连续缺失数据恢复方法

在 3.2 节的基础上，针对连续数据缺失情况，本节通过 TVFEMD 将原始信号分解成平稳和正则子序列，然后结合编码器-解码器(encoder-decoder，ED)架构对 LSTM 模型进行改进，提出一种基于 TVFEMD 和 ED-LSTM 的桥梁监测系统连续缺失数据恢复方法(数据恢复方法 2，即本节"所提方法")，旨在进一步提高 LSTM 的恢复性能。

3.3.1   恢复方法步骤

该方法采用"分解-预测-集成"的组合框架，其整体步骤如图 3.9 所示。具体阐述如下。

(1)数据预处理。

采用 3σ 准则对原始监测数据进行预处理。例如，超过原始数据标准差 3 倍的数据应剔除[6]。并对滤波后的桥梁挠度数据进行归一化处理。

(2)划分训练集与测试集。

将归一化后的数据划分为训练集与测试集，训练集用于训练模型参数，测试集用于更新训练集与测试模型性能。

（3）分解训练集。

利用 TVFEMD 将训练集分解为若干个本征模态函数（IMF），其实现过程如下。

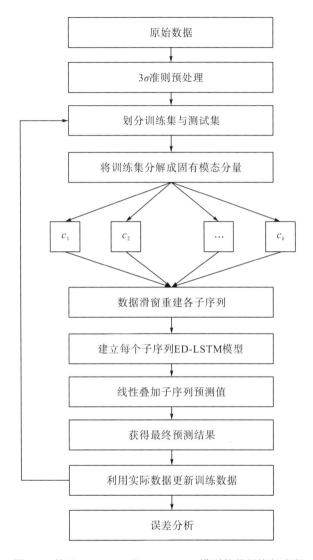

图 3.9　基于 TVFEMD 和 ED-LSTM 模型的数据恢复流程

首先，确定待分解信号 $x(t)$ 的瞬时幅度 $A(t)$ 和瞬时相位 $\varphi(t)$ ，其中 $\hat{x}(t)$ 是 $x(t)$ 的希尔伯特变换，则

$$A(t) = \sqrt{x(t)^2 + \hat{x}(t)^2} \tag{3.17}$$

$$\varphi(t) = \arctan[\hat{x}(t) / x(t)] \tag{3.18}$$

其次，确定幅值 $A(t)$ 的局部极大值序列 $\{t_{\max}\}$ 和局部极小值序列 $\{t_{\min}\}$ ，对应的解析信号被定义为

$$z(t) = x(t) + \mathrm{j}\hat{x}(x) = A(t)\mathrm{e}^{\mathrm{j}\varphi(t)} \tag{3.19}$$

对于多分量信号 $z(t)$ ，可以定义为以下信号的组合：

$$z(t) = A(t)\mathrm{e}^{\mathrm{j}\varphi(t)} = \alpha_1\mathrm{e}^{\mathrm{j}\varphi(t)} + \alpha_2\mathrm{e}^{\mathrm{j}\varphi(t)} \tag{3.20}$$

因此，可以获得以下方程：

$$A^2(t) = a_1^2(t) + a_2^2(t) + 2a_1(t)a_2(t)\cos\big(\varphi_1(t) - \varphi_2(t)\big) \tag{3.21}$$

$$\begin{aligned}\varphi'(t) = \frac{1}{A^2(t)}&\left[\varphi_1'\ (t)\big(a_1^2(t) + a_1(t)a_2(t)\cos\big(\varphi_1(t) - \varphi_2(t)\big)\big) + \varphi_2'(t)\begin{pmatrix}a_2^2(t) + a_1(t)a_2(t)\\ \cos\big(\varphi_1(t) - \varphi_2(t)\big)\end{pmatrix}\right]\\ &+ \frac{1}{A^2(t)}\big[a_1'\ (t)a_2(t)\sin\big(\varphi_1(t) - \varphi_2(t)\big) - a_2'(t)a_1(t)\sin\big(\varphi_1(t) - \varphi_2(t)\big)\big]\end{aligned}$$

$$\tag{3.22}$$

然后，根据 $A(t)$ 的最小值和最大值曲线估计出的 $\beta_1(t)$ 和 $\beta_2(t)$ ，分别计算幅度 $a_1(t)$ 和 $a_2(t)$ ，并计算 $\varphi_1'(t)$ 和 $\varphi_2'(t)$ ，分别如式(3.23)、式(3.24)和式(3.25)所示：

$$\begin{cases}\beta_1(t) = |a_1(t) - a_2(t)|\\ \beta_2(t) = a_1(t) + a_2(t)\end{cases} \tag{3.23}$$

$$\begin{cases}a_1(t) = \big(\beta_1(t) + \beta_2(t)\big)/2\\ a_2(t) = \big(\beta_2(t) - \beta_1(t)\big)/2\end{cases} \tag{3.24}$$

$$\begin{cases}\varphi_1'(t) = \dfrac{\eta_1(t)}{2a_1^2(t) - 2a_1(t)a_2(t)} + \dfrac{\eta_2(t)}{2a_1^2(t) + 2a_1(t)a_2(t)}\\[3mm] \varphi_2'(t) = \dfrac{\eta_1(t)}{2a_2^2(t) - 2a_1(t)a_2(t)} + \dfrac{\eta_2(t)}{2a_2^2(t) + 2a_1(t)a_2(t)}\end{cases} \tag{3.25}$$

式中， $\eta_1(t)$ 和 $\eta_2(t)$ 可以插值求得。

利用方程(3.26)求解局部截止频率 $\varphi_{\mathrm{bis}}'(t)$ ：

$$\varphi_{\mathrm{bis}}'(t) = \frac{\varphi_1'(t) + \varphi_2'(t)}{2} = \frac{\eta_2(t) - \eta_1(t)}{4a_1(t)a_2(t)} \tag{3.26}$$

最后，式(3.26)求得的 $\varphi_{\mathrm{bis}}'(t)$ 存在被噪声等间歇性的影响，因此根据局部截止频率重新排列处理此问题。利用时变滤波器(B-样条逼近滤波器)对待计算的信号进行滤波，以得到局部均值，由式(3.27)计算获得信号 $h(t)$ ，将最后的逼近结果记为 $m(t)$ 。

$$h(t) = \cos\left(\int \varphi_{\mathrm{bis}}'(t)\mathrm{d}t\right) \tag{3.27}$$

停止条件如式(3.28)所示：

$$\theta(t) = \frac{B_{\text{Loughlin}}(t)}{\varphi_{\text{avg}}(t)} \tag{3.28}$$

式中，$B_{\text{Loughlin}}(t)$——Loughlin 瞬时带宽；

$\varphi_{\text{avg}}(t)$——加权均值瞬时频率。

持续更新 $x(t)$，若信号满足条件 $\theta(t) \leqslant \xi$（ξ 为带宽阈值），则认为 $x(t)$ 此时为 IMF 分量；否则，重复上述步骤直至分解完成。

Loughlin 瞬时带宽和加权平均瞬时频率由式(3.29)和式(3.30)给出：

$$B_{\text{Loughlin}}(t)^2 = \frac{a_1'^2(t) + a_2'^2(t)}{a_1^2(t) + a_2^2(t)} + \frac{a_1^2(t)a_2^2(t)\left(\varphi_1'(t) - \varphi_2'(t)\right)^2}{\left(a_1^2(t) + a_2^2(t)\right)^2} \tag{3.29}$$

$$\varphi_{\text{avg}}(t) = \frac{a_1^2(t)\varphi_1'(t) + a_2^2(t)\varphi_2'(t)}{a_1^2(t) + a_2^2(t)} \tag{3.30}$$

(4) 建立 ED-LSTM 模型。

对于每个模态分量，分别建立 ED-LSTM 模型。通过数据滑窗重建各子序列，然后使用每个子序列的历史数据进行训练学习，并预测监测数据缺失值。ED-LSTM 模型结构如图 3.10 所示，其中 LSTM 结构已在第 2.4 节进行说明。

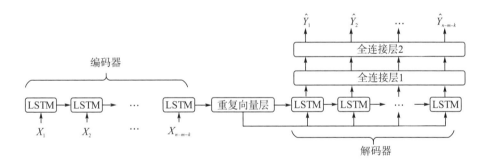

图 3.10 ED-LSTM 模型结构

(5) 获取最终预测结果。

线性叠加每个子序列的预测值，得到该步的最终预测结果。

(6) 更新训练数据。

利用实际数据更新训练数据。

(7) 完成恢复任务，评估方法性能。

不断重复上述步骤，直至完成所有恢复任务，然后综合评估所提出的方法在数据恢复中的性能。选取的四个评价指标分别为 MAE、RMSE、MSE 和 R^2。其中，MAE、RMSE 和 MSE 越小，表明预测精度越高；R^2 越大，表明拟合效果越好。

3.3.2 实例分析

(1) 桥梁概述和试验数据。

本节仍以第 3.2.2 节所述的某轨道交通大桥安装的健康监测系统中 RS5 吊杆索力数据为例,对该方法进行验证。图 3.11 给出了 2021 年 6 月 27 日至 2021 年 7 月 13 日的实测索力数据,时间间隔为 3min。

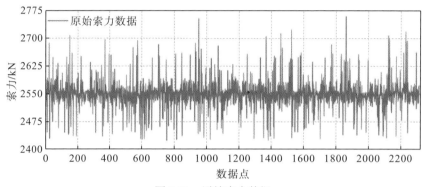

图 3.11　原始索力数据

(2) 数据恢复实例。

首先,根据 3σ 准则对原始索力数据进行预处理,预处理后的数据如图 3.12 所示。以连续 5 个缺失点 $(m = 5)$ 为例,则将训练部分设为 $\{x(1), x(2), \cdots, x(1856)\}$,缺失数据是第 1857～1861 个数据点,即 $\{x(1857), x(1858), \cdots, x(1861)\}$。

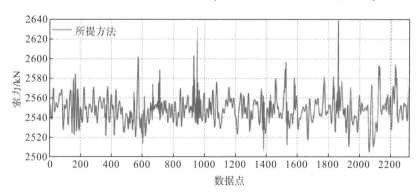

图 3.12　索力数据的预处理结果

然后,通过 TVFEMD 训练部分,其中带宽阈值 ξ 取 0.1[7],B-样条系数设置为 26[8]。在此基础上,生成了 8 个不同的子系列,如图 3.13 所示,其中 $c_1 \sim c_8$ 为预处理数据的分解子系列。

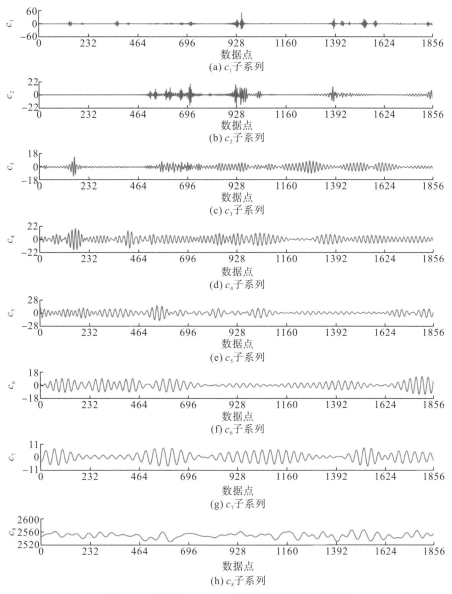

图 3.13　基于 TVFEMD 的预处理索力数据分解

　　为了确定合适的滑动窗口长度 k，对 8 个子序列进行自相关分析，参数 k 的值取最大自相关系数(autocorrelation function，ACF)[9]。通常，c_1 子序列在所有分解的子序列中呈现最高的复杂度，并且占据最大的自相关系数[10]。图 3.14 显示了 c_1 的自相关系数。由图可以看出，当滞后系数大于 5 时，ACF 落在 95%置信区间内。根据各子序列的相关性分析，选取 $k = 5$ 作为后续预测的滑动窗口长度。在此基础上，图 3.15 呈现了具有给定滑动窗口的每个子序列的重构形式。对于 m 个连续数据的缺失问题，每个输入输出对由 $k+m$ 个点组成，其中输入样本 X_r （$r=1,2,\cdots,n-m-k$）包含 k 个点，输出标签 Y_r （$r=1,2,\cdots,n-m-k$）包含 m 个点。最后，输入输出对被馈送到 ED-LSTM 中，每个子序列的预测结果如图 3.16 所示。

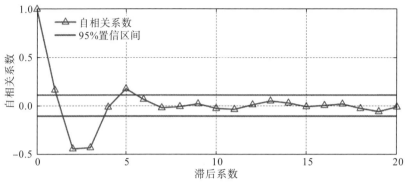

图 3.14 c_1 的 ACF 和 95%置信区间

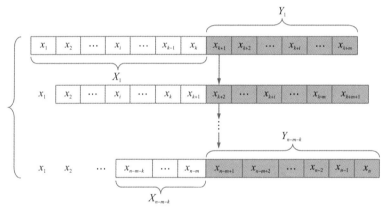

图 3.15 ED-LSTM 的输入输出对

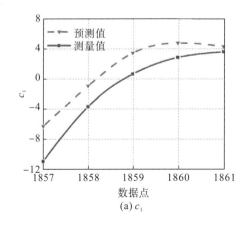

(a) c_1

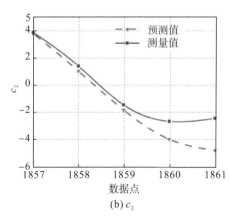

(b) c_2

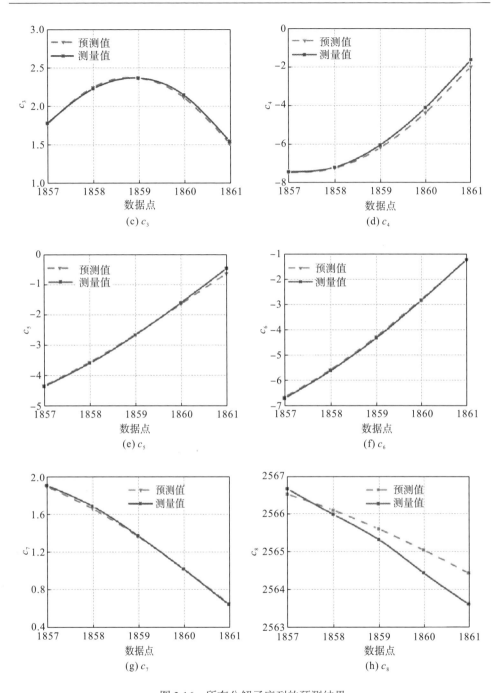

图 3.16　所有分解子序列的预测结果

由图 3.16 可以看出，ED-LSTM 能够有效刻画监测数据生成的所有子序列的趋势，然后将所有子序列的预测值线性叠加以产生最终结果，即完成丢失数据的恢复，如图 3.17 所示。显然，恢复数据与实际数据吻合良好。

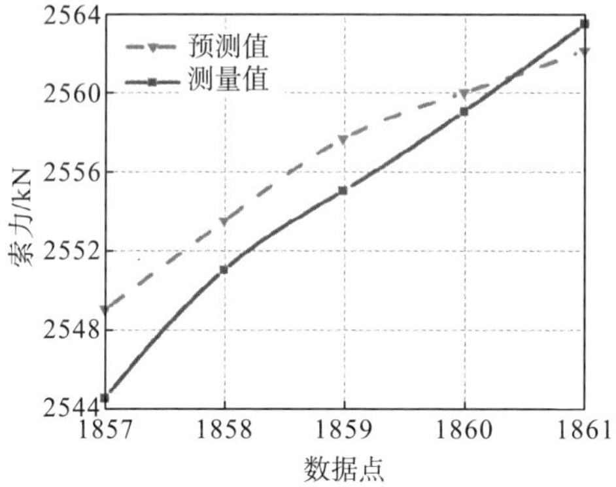

图 3.17　索力恢复结果

(3)比较和讨论。

为了验证所提方法的优越性，使用其他 5 种方法进行比较：基于时变滤波的经验模态分解-长短期记忆网络(TVFEMD-LSTM)、基于变分模态分解-编码器-解码器长短期记忆网络(VMD-ED-LSTM)、基于经验模态分解和编码器-解码器的长短期记忆网络(EMD-ED-LSTM)、基于编码器-解码器的长短期记忆网络(ED-LSTM)和自回归差分移动平均(autoregressive integrated moving average，ARIMA)模型。其中，ED-LSTM、LSTM 和 ARIMA 是相对简单的预测模型，而EMD-ED-LSTM、TVFEMD-LSTM 和 VMD-ED-LSTM 是借助信号预处理技术的混合模型。本节所提方法和其他 5 个涉及的模型如表 3.5 所示。

表 3.5　相关模型说明

方法	分解技术	预测技术
本节所提方法	TVFEMD	ED-LSTM
TVFEMD-LSTM(模型 1)	TVFEMD	LSTM
VMD-ED-LSTM(模型 2)	VMD	ED-LSTM
EMD-ED-LSTM(模型 3)	EMD	ED-LSTM
ED-LSTM(模型 4)	—	ED-LSTM
ARIMA(模型 5)	—	ARIMA

最后，以 5 步预测为例，评价模型对索力数据的恢复性能。为便于分析，图 3.18 仅显示了测试集中前 100 个数据点的结果，相应的评价指标如表 3.6～表 3.8 所示。

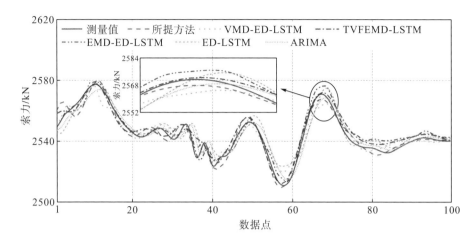

图 3.18　不同模型在 5 步预测时的恢复结果比较

表 3.6　不同模型在 5 步预测时的恢复误差比较

步长	指标	所提方法	模型 1	模型 2	模型 3	模型 4	模型 5
5	RMSE	3.49	3.84	3.96	3.68	5.28	7.55
	MSE	12.17	14.73	15.71	13.55	27.87	57.01
	MAE	2.73	3.18	3.17	2.97	4.05	6.01
	R^2	0.95	0.93	0.89	0.94	0.84	0.15

表 3.7　本节所提方法的提升程度

步长	指标	所提方法的提升程度/%				
		与模型 1 相比	与模型 2 相比	与模型 3 相比	与模型 4 相比	与模型 5 相比
5	RMSE	9.11	11.87	5.16	33.90	53.77
	MSE	17.38	22.53	10.18	56.33	78.65
	MAE	14.15	13.88	8.08	32.59	54.58

表 3.8　不同模型在 5 步前信号恢复方面的改进程度

步长	指标	改进程度/%		
		模型 2 和模型 4	模型 4 和模型 5	模型 1 和模型 4
5	RMSE	25.00	30.07	27.27
	MSE	43.63	51.11	47.15
	MAE	21.73	32.61	21.48

通过比较，可以归纳出主要特点。在未借助分解技术的模型中，ED-LSTM 的恢复效果优于 ARIMA。例如，ED-LSTM 的 RMSE、MSE 和 MAE 指标均低于 ARIMA，其值分别下降了 30.07%、51.11%和 32.61%。原因可能是 ARIMA 模型是线性模型，只能解释数据中的线性特征。相比之下，ED-LSTM 能够捕捉到索力数据中的非线性特征，这种非线性特征可能比线性特征更显著。

所有基于分解的混合模型在信号恢复方面都比 ED-LSTM 和 ARIMA 有更好的性能。例如，与 ED-LSTM 相比，可以实现这些混合模型在 RMSE 指标方面的整体改进。出现这种现象的原因可能是这些混合模型可以结合所有单个模型的优点，特别是分解技术的优点。

基于 TVFEMD 的模型比基于 EMD 和 VMD 的模型性能更好。例如，与 VMD-ED-LSTM 相比，所提方法具有明显的改进，其中 RMSE、MSE 和 MAE 的改进百分比分别为 11.87%、22.53%和 13.88%。其原因可能是 TVFEMD 在处理索力数据中隐藏的非平稳性和非线性方面表现出色，其分解的子序列可能更适合预测。

ED 的引入可能是提高信号恢复能力的一种有效尝试。例如，与 TVFEMD-LSTM 相比，所提方法在 RMSE、MSE 和 MAE 方面分别获得了 9.11%、17.38%和 14.15%的改进。这可能是由于 ED 在输入数据的编码和解码方面表现优异，有利于 LSTM 预测能力的发挥。此外，还对模型在不同时间步长上的性能进行了评估。恢复结果如图 3.19～图 3.21 所示，相应的评价指标如表 3.9 所示，并进一步可视化为图 3.22。由图可以看出，随着时间步长的增加，各模型的预测误差均增大，TVFEMD-ED-LSTM 模型的预测精度仍高于其他模型。这些结果进一步表明，TVFEMD 与 ED-LSTM 相结合是恢复桥梁健康监测数据的有效方法。

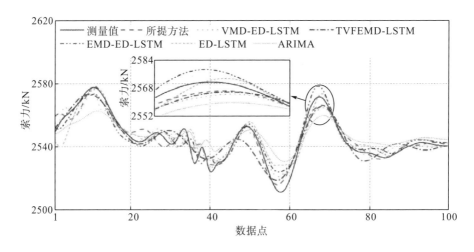

图 3.19 不同模型中 10 步前信号恢复的比较

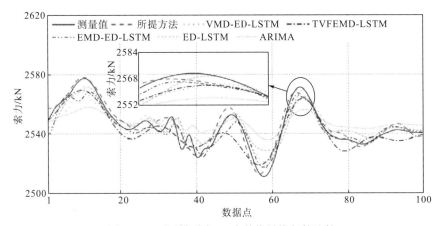

图 3.20 不同模型中 15 步前信号恢复的比较

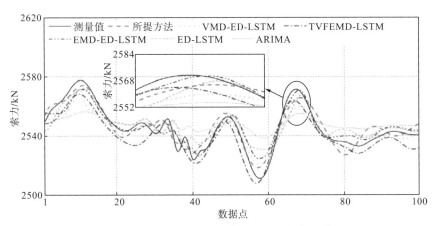

图 3.21 不同模型中 20 步前信号恢复的比较

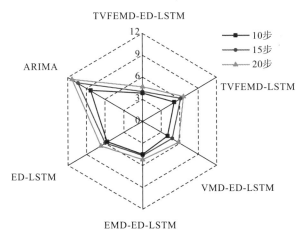

图 3.22 不同时间步长下 RMSE 的比较

表 3.9   不同时间步长的误差比较

指标	步长	所提方法	模型 1	模型 2	模型 3	模型 4	模型 5
RMSE	10	3.72	5.13	4.01	4.60	5.69	8.36
	15	4.00	6.17	4.77	4.70	5.98	10.35
	20	4.65	6.63	5.81	5.23	6.74	11.36
MSE	10	13.83	26.31	16.06	21.20	32.33	69.85
	15	15.97	38.06	22.71	22.08	35.75	107.15
	20	21.65	43.91	33.79	27.36	45.38	128.99
MAE	10	2.80	4.14	3.11	3.60	3.92	6.69
	15	3.21	5.14	3.73	3.50	4.53	8.31
	20	3.94	5.79	4.47	4.20	5.23	9.12
R^2	10	0.92	0.85	0.89	0.88	0.79	−0.29
	15	0.93	0.78	0.82	0.85	0.69	−2.56
	20	0.88	0.79	0.70	0.79	0.56	−4.85

3.4   基于 SVMD-TCN-MHA-BiGRU 的连续缺失数据恢复方法

本节提出一种融合 SVMD 和 TCN-MHA-BiGRU 模型的连续缺失数据恢复方法。其中，SVMD 通过引入自适应逐次分解、连续性约束准则和动态更新中心频率等算法设计提高了各 IMF 之间的区分度，有效缓解了端点效应和模态混叠[11]。TCN-MHA-BiGRU 组合模型在尽可能降低计算成本的同时实现了功能互补，从而提高了模型对不同特征数据在大量缺失情况下的泛化能力。

3.4.1   恢复方法步骤

该方法的具体步骤如图 3.23 所示。

1）数据集划分

根据模型复杂度和数据集大小，对数据集进行合理划分，以保证模型有效训练[12]，其中训练集为 $X_1 = \{x_1, x_2, \cdots, x_{c-1}, x_c\}$，验证集为 $X_2 = \{x_{c+1}, x_{c+2}, \cdots, x_{c+m-1}, x_{c+m}\}$，测试集为 $X_3 = \{x_{c+m+1}, x_{c+m+2}, \cdots, x_{c+m+n-1}, x_{c+m+n}\}$。其中，$c$ 为训练集数据长度，m 为验证集数据长度，n 为测试集数据长度。训练集用于模型的训练和学习，验证集用于调整评估模型的超参数，测试集用于模型的信号恢复性能。

2）SVMD 信号分解

利用 SVMD 将训练集和验证集数据序列分解得到 K 个 IMF 分量，即 $U_i = \{u_{i,1}, u_{i,2}, \cdots, u_{i,c-1}, u_{i,c}\}$，$U_i' = \{u_{i,c+1}, u_{i,c+2}, \cdots, u_{i,c+m-1}, u_{i,c+m}\}$。其中，$i = 1, 2, \cdots, K$，$U_i$ 为训练集的第 i 个 IMF，U_i' 为验证集的第 i 个 IMF，$u_{i,c}$ 为第 i 个 IMF 的第 c 个数据。

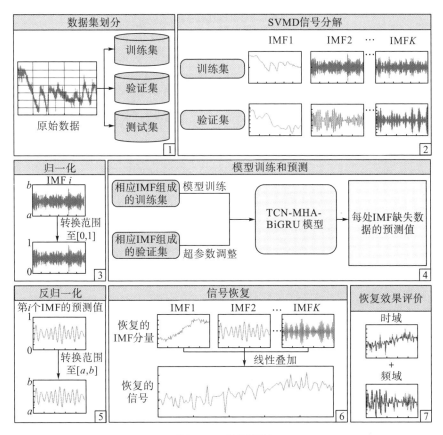

图 3.23　恢复流程

SVMD 的具体分解步骤如下[11]。

（1）通过交替方向乘子法（alternating direction multiplier method，ADMM）对第 L 个 IMF 分量 $u_L(t)$ 进行逼近求解。原始信号 $f(t)$ 被分解为第 L 个模态分量 $u_L(t)$ 和残差分量 $f_r(t)$，如式（3.31）所示：

$$f(t) = u_L(t) + f_r(t) \tag{3.31}$$

式中，残差分量 $f_r(t)$ 表示原始信号中未包含 $u_L(t)$ 的其余分量，由先前提取的模态 $\sum_{i=1}^{L-1} u_i(t)$ 和未处理部分 $f_u(t)$ 组成，如式（3.32）所示：

$$f_{\mathrm{r}}(t) = \sum_{i=1}^{L-1} u_i(t) + f_{\mathrm{u}}(t) \tag{3.32}$$

(2) 更新 $\hat{u}_L^n(\omega)$，如式 (3.33) 所示：

$$\hat{u}_L^{n+1}(\omega) = \frac{\hat{f}(\omega) + \alpha^2(\omega - \omega_L^n)^4 \hat{u}_L^n(\omega) + \dfrac{\hat{u}(\omega)}{2}}{\left[1 + \alpha^2(\omega - \omega_L^n)^4\right]\left[1 + 2\alpha(\omega - \omega_L^n)^2 + \displaystyle\sum_{i=1}^{L-1} \frac{1}{\alpha^2(\omega - \omega_i)^4}\right]} \tag{3.33}$$

式中，n——迭代次数；

$\hat{u}_L^n(\omega)$——第 n 次迭代时第 L 个模态的频域表示；

$\hat{f}(\omega)$——原始信号的频域表示。

(3) 更新第 L 个模态的中心频率为 ω_L^{n+1}，以匹配该模态的能量分布，如式 (3.34) 所示：

$$\omega_L^{n+1} = \frac{\int \omega |u_L(\omega)|^2 \mathrm{d}\omega}{\int |u_L(\omega)|^2 \mathrm{d}\omega} \tag{3.34}$$

(4) 通过对偶上升法更新拉格朗日乘数 λ，如式 (3.35) 所示：

$$\hat{\lambda}^{n+1} = \hat{\lambda}^n + \tau$$
$$\times \left\{ \hat{f}(\omega) - \left[\begin{array}{l} \hat{u}_L^{n+1}(\omega) \\ + \left(\dfrac{\alpha^2(\omega - \omega_L^{n+1})^4 \left[\hat{f}(\omega) - \hat{u}_L^{n+1}(\omega) + \displaystyle\sum_{i=1}^{L-1} \hat{u}_i(\omega) + \dfrac{\hat{\lambda}(\omega)}{2} \right] - \displaystyle\sum_{i=1}^{L-1} \hat{u}_i(\omega)}{1 + \alpha^2(\omega - \omega_L^{n+1})^4} \right) \\ + \displaystyle\sum_{i=1}^{L-1} u_i^{n+1}(\omega) \end{array} \right] \right\}$$
$$\tag{3.35}$$

式中，$\hat{\lambda}^n$——第 n 次迭代时 λ 的频域表示；

τ——步长更新参数。

(5) 检查收敛性。基于 $u_L(t)$ 的更新量和设定的收敛标准，判断算法是否已经趋于稳定。若不满足收敛标准，则 α 在 $\alpha_{\min} \sim \alpha_{\max}$ 范围内动态调整步长进行增大，并重新进行迭代直至收敛；若满足收敛标准，则停止当前模态的迭代，如式 (3.36) 所示：

$$\frac{\left\| \hat{u}_L^{n+1} - \hat{u}_L^n \right\|_2^2}{\left\| \hat{u}_L^n \right\|_2^2} < \epsilon_1 \tag{3.36}$$

式中，ϵ_1——收敛标准。

(6) 循环以上步骤，直至残差信号的更新量小于停止标准 ϵ_2，迭代分解过程结束，如式 (3.37) 所示：

$$\left\|f_{\mathrm{r}}^{(k+1)}(t) - f_{\mathrm{r}}^{(k)}(t)\right\|_2 < \epsilon_2 \tag{3.37}$$

3) 归一化

将各 IMF 数据进行 min-max 归一化，即 $u'_{i,c} = \dfrac{u_{i,c} - \min(u_i)}{\max(u_i) - \min(u_i)}$。其中，$u'_{i,c}$ 为第 i 个 IMF 中第 c 个数据归一化后的结果，归一化后的数据范围为[0,1]，以消除数据间因为数量级不同给后续模型训练和预测带来的不利影响。

4) 模型训练和缺失 IMF 预测

每组 IMF 作为一个数据集，建立相应的 TCN-MHA-BiGRU 模型，训练集 IMF 和验证集 IMF 分别用于模型训练和超参数调整，然后利用训练完成的模型进行缺失 IMF 预测，得到各缺失 IMF 的预测数据序列，即以完整 IMF 数据作为输入，缺失 IMF 数据作为输出。$\{u_{i,c+m+1}, u_{i,c+m+2}, \cdots, u_{i,c+m+n}\}$ 为第 i 个 IMF 的预测数据序列。其中，TCN-MHA-BiGRU 模型结构如图 3.24 所示。

大致运行流程如下。

(1) 利用 TCN 对输入时间序列进行卷积操作，并利用残差连接跨层传递特征信息，从中捕捉非线性数据特征。

(2) 利用多头注意力(MHA)机制对经过 TCN 时序特征映射后的数据进行加工，从中计算离群数据点与平稳数据点的注意力权重。利用残差连接将 MHA 的输入与输出信息进行元素级相加，使网络跨层传递经过 TCN 提取的特征并保留细节信息。

(3) 利用 BiGRU 的双向门控机制对经过 TCN 和 MHA 处理融合的多维度时间依赖特征进行再加工，提取全局时间序列特征。并选择 BiGRU 最后一个时间步的输出信息作为最终的预测结果。

5) 反归一化

为了将预测的数值转换为与原始数据相同的范围和量纲，对各 IMF 预测值进行反归一化，得到恢复的 IMF $\{\hat{u}'_{i,c+m+1}, \hat{u}'_{i,c+m+2}, \cdots, \hat{u}'_{i,c+m+n}\}$。其中，$\hat{u}'_{i,c+m+j}$ 为第 i 个恢复的 IMF 反归一化后的第 j 个数据。

6) 信号恢复

将所有恢复的 IMF 进行线性叠加，得到最终的恢复信号数据序列 $\{\hat{y}_{c+m+1}, \hat{y}_{c+m+2}, \cdots, \hat{y}_{c+m+n}\}$。其中，$\hat{y}_{c+m+1} = \sum_{i=1}^{K} \hat{u}'_{i,c+m+1}$，$\hat{y}_{c+m+2} = \sum_{i=1}^{K} \hat{u}'_{i,c+m+2}$，以此类推。

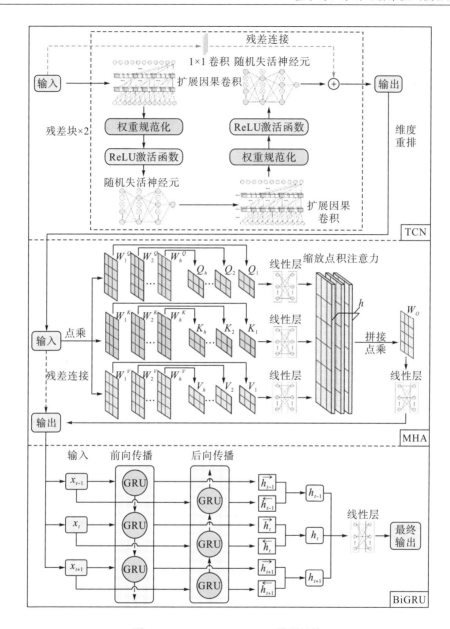

图 3.24   TCN-MHA-BiGRU 模型结构

7)恢复效果评价

通过在时域和频域两个方面进行综合评价,以保证恢复效果评估的可靠性和全面性。本节在时域方面采用 RMSE、MSE 和 R^2 三个评价指标。其中,RMSE、MSE 越小,表明恢复准确率越高;R^2 越大,表明恢复数据与原始数据的拟合程度越高。

对于频域分析，通过在频域上评估信号恢复方法的效果，可以了解相应方法对于不同频率成分的提取和恢复能力。其中，瞬时频率是描述信号在不同时间点上的频率变化情况，可用于分析非平稳信号的瞬时特性。为了综合评估恢复效果，本节对恢复数据和原始数据进行希尔伯特变换，得到相应的瞬时频率，以瞬时频率的 RMSE（RMSEIF）来描述数据在频域的恢复情况，RMSEIF 越小，表明在频域上的恢复效果越好。

$$\text{RMSEIF} = \sqrt{\frac{1}{n}\sum_{i=1}^{n}\left(\hat{f}(t_i) - f(t_i)\right)^2} \tag{3.38}$$

式中，$\hat{f}(t_i)$ ——第 i 个时间点恢复数据的瞬时频率；

　　　　$f(t_i)$ ——第 i 个时间点原始数据的瞬时频率；

　　　　n ——缺失数据量。

希尔伯特变换方法的计算过程如下[13]。

（1）对信号 $x(t)$ 进行希尔伯特变换：

$$H\left[x(t)\right] = \frac{1}{\pi}P\int_{-\infty}^{+\infty}\frac{x(c)}{t-c}\mathrm{d}c \tag{3.39}$$

式中，P ——柯西主值积分。

（2）利用信号 $x(t)$ 和 $H[x(t)]$ 构造原信号的解析函数 $z(t)$：

$$z(t) = x(t) + \mathrm{i}H\left[x(t)\right] = a(t)\mathrm{e}^{\mathrm{i}\phi(t)} \tag{3.40}$$

$$a(t) = \sqrt{x(t)^2 + \left\{H\left[x(t)\right]\right\}^2} \tag{3.41}$$

$$\phi(t) = \arctan\frac{H\left[x(t)\right]}{x(t)} \tag{3.42}$$

式中，$a(t)$ ——幅值函数；

　　　　$\phi(t)$ ——相位函数。

（3）对相位函数求导，得到瞬时频率 $f(t)$：

$$f(t) = \frac{1}{2\pi}\frac{\mathrm{d}\phi(t)}{\mathrm{d}t} \tag{3.43}$$

3.4.2　实例分析

1）数据来源与实验背景

本次实验数据源自某悬索桥上安装的桥梁健康监测系统，其测点布置如图 3.25 所示。本次实验以图 3.25 中西侧 P2 桥墩测点 3 的桥墩水平位移数据为例进行研究，采样频率为 1/300Hz，数据长度为 2568，数据分布情况如图 3.26 所示。

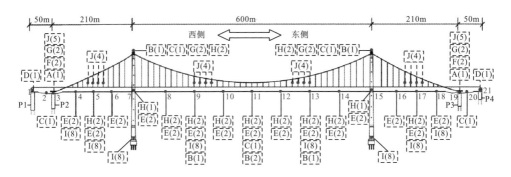

图 3.25　测点布置位置示意图

A.测斜探头传感器；B.GNSS 变形传感器；C.温湿度传感器；D.基准点；E.静力水准仪；F.数码测缝传感器；G.激光测缝传感器；H.加速度传感器；I.数码弦式应变计；J.锚索计；括号内的数字为设备数量

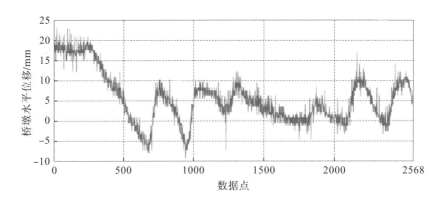

图 3.26　桥墩水平位移原始数据

2) 数据集划分

此次实验使用完整部分数据恢复缺失数据，其中完整部分数据为 $\{x_1, x_2, \cdots, x_{1798}\}$，缺失部分数据为 $\{x_{1799}, x_{1800}, \cdots, x_{2568}\}$，缺失率为 30%，取训练集比例为 0.6，验证集比例为 0.1，测试集比例为 0.3，即训练集数据为 $\{x_1, x_2, \cdots, x_{1541}\}$，验证集数据为 $\{x_{1542}, x_{1543}, \cdots, x_{1798}\}$，测试集数据为 $\{x_{1799}, x_{1800}, \cdots, x_{2568}\}$。

3) 信号分解和数据归一化

为了降低信号数据的复杂性和非平稳性，以及提取出信号中不同频率成分，利用连续变分模态分解(SVMD)对训练集和验证集对应的信号数据进行分解，如图 3.27 所示，共分解得到 4 个 IMF 分量。

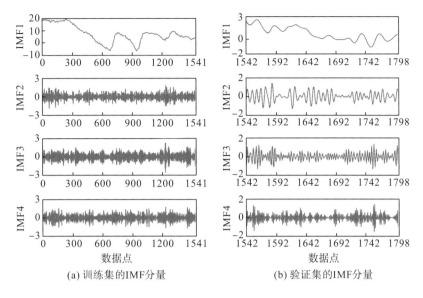

(a) 训练集的IMF分量　　　　　　　(b) 验证集的IMF分量

图 3.27　使用 SVMD 方法得到的模态

SVMD 算法的参数取值如下：采样频率为 1/300Hz，平衡参数最大值（α_{max}）取 300，平衡参数最小值（α_{min}）取 10[11]。为了展示 SVMD 的信号分解效果，分别计算相邻 IMF 之间的带宽重叠率。带宽重叠率越低，模态混叠程度越低[14]。每个 IMF 的带宽定义为相应 IF(瞬时频率)的均值±标准差；带宽重叠率定义为重叠带宽与相邻两个 IMF 总带宽的比值。不同信号分解技术的带宽重叠率如表 3.10 所示。可以看出，SVMD 得到的 IMF 分量之间的带宽重叠率相较于 EMD、VMD 更低，其分解效果更好。

表 3.10　不同信号分解技术的带宽重叠率

分解技术	不同信号分析技术的带宽重叠率/%			
	IMF1-IMF2	IMF2-IMF3	IMF3-IMF4	平均
SVMD	0	0	20.32	6.77
VMD	0	0	29.76	9.92
EMD	4.02	36.92	32.67	24.54

为了消除数据间数量级不同对模型训练效果的影响，对各 IMF 分量数据进行归一化。

4) 模型训练

每组 IMF 作为一个数据集，即有 4 个数据集，建立相应的 TCN-MHA-BiGRU

模型，共建立了 4 组模型。本次实验采用 AdamW 优化器，选择 MSE 作为损失函数，模型基于 PyTorch 框架，所使用的计算机配置为：Windows 10 操作系统，处理器为 Intel Core i7 9750H，显卡为 NVIDIA GeForce GTX 1650，内存为 8GB。模型参数取值如下：学习率取 0.001，训练轮次取 100，batchsize(每次训练的样本数量)取 64。使用权重衰减系数和 dropout(神经元随机失活比率)防止发生过拟合现象[15]，分别取 0.001 和 0.1。为避免预测误差累积，采用单步预测。

图 3.28 展示了各 IMF 对应模型的训练过程。由图可以看出，训练集和验证集的损失曲线迅速收敛，且训练过程较为稳定。当训练轮次达到 100 时，各模型对应的训练集 MSE 分别为 0.0252、0.0047、0.0138、0.0094，验证集 MSE 分别为 0.0010、0.0007、0.0038、0.0008，从始至终验证集 MSE 基本上都低于训练集 MSE，表明训练过程未出现过拟合现象。

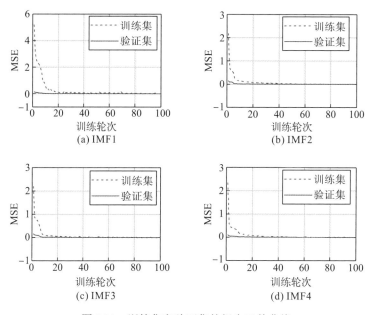

图 3.28　训练集和验证集的损失函数曲线

5) 数据恢复

完成各 IMF 对应模型训练后，利用各模型对相应缺失的 IMF 进行预测。然后对预测值进行反归一化，得到各缺失的 IMF 恢复结果。图 3.29 展示了各 IMF 的恢复结果，为方便观察，仅展示了前 100 个缺失数据的恢复情况。可以看出，4 个恢复的 IMF 与原始 IMF 高度一致。然后，对各 IMF 预测值进行线性叠加，得到最终的恢复数据，并对恢复结果进行希尔伯特变换，得到在频域的恢复结果，如图 3.30 所示，恢复数据与原始数据在时域和频域上一致性均较好。

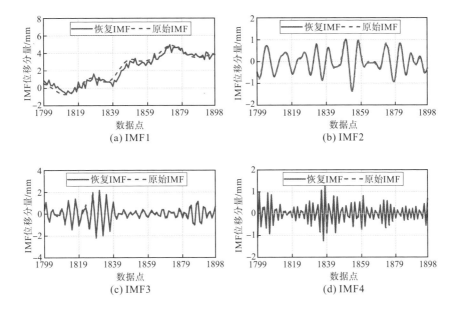

图 3.29 各 IMF 的恢复结果

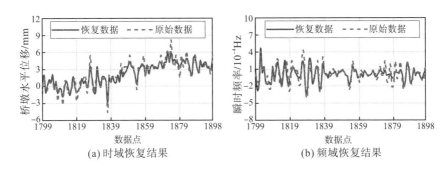

图 3.30 恢复结果

6) 恢复效果评价

为了验证所提方法的优越性，将其与其他方法分别在时域和频域上进行恢复效果对比，相应方法名称如表 3.11 所示。图 3.31 展示了不同方法的恢复效果。各方法的评价指标如表 3.12 所示，所提方法相对于其他方法的评价指标值变化率如表 3.13 所示，并在图 3.32 中进一步可视化。

表 3.11 不同恢复方法

方法	信号分解方法	模型
所提方法	SVMD	TCN-MHA-BiGRU

方法	信号分解方法	模型
对比方法 2	VMD	TCN-MHA-BiGRU
对比方法 3	EMD	TCN-MHA-BiGRU
对比方法 4	—	TCN-MHA-BiGRU
对比方法 5	—	TCN
对比方法 6	—	BiGRU
对比方法 7	—	LSTM

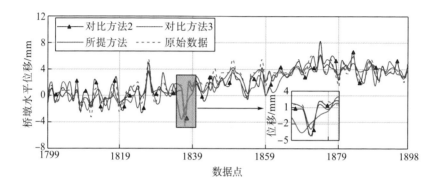

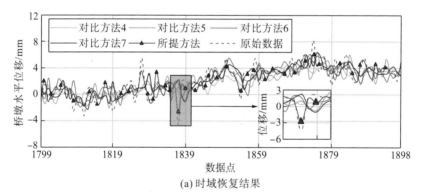

(a) 时域恢复结果

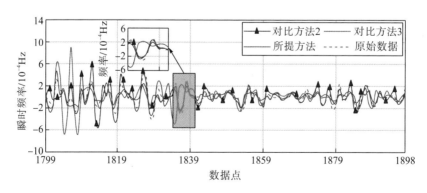

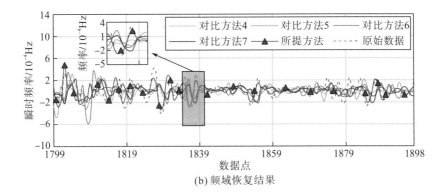

(b) 频域恢复结果

图 3.31　恢复效果比较

表 3.12　不同方法对应恢复结果的评价指标

方法	RMSE	MSE	R^2	RMSEIF/10^{-5}
所提方法	0.7421	0.5507	0.9650	7.3627
对比方法 2	1.1708	1.3707	0.9128	11.7034
对比方法 3	1.4668	2.1514	0.8632	17.5909
对比方法 4	1.6238	2.6367	0.8323	13.2477
对比方法 5	1.8579	3.4518	0.7805	16.7487
对比方法 6	1.8775	3.5249	0.7758	17.9047
对比方法 7	1.7304	2.9943	0.8096	15.8617

表 3.13　所提方法相对于其他方法的评价指标变化率

对比方法	评价指标变化率/%			
	RMSE	MSE	R^2	RMSEIF
对比方法 2	−36.62	−59.82	+5.41	−37.09
对比方法 3	−49.41	−74.40	+10.55	−58.15
对比方法 4	−54.30	−79.11	+13.75	−44.42
对比方法 5	−60.06	−84.05	+19.12	−56.04
对比方法 6	−60.47	−84.38	+19.61	−58.88
对比方法 7	−57.11	−81.61	+16.10	−53.58

注：“+”表示上升，“−”表示下降。

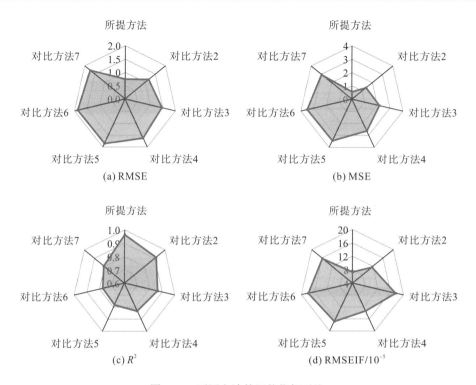

图 3.32　不同方法的评价指标对比

通过具体分析，可以得出以下结论。

(1)在所有基于信号分解技术的方法中，基于 SVMD 的方法在时域和频域上的恢复效果均最佳。在时域方面，基于 SVMD 的方法与基于 VMD、EMD 的方法相比，RMSE 分别降低了 36.62%、49.41%，MSE 分别降低了 59.82%、74.40%，R^2 分别提高了 5.41%、10.55%；在频域方面，基于 SVMD 的方法与基于 VMD、EMD 的方法相比，RMSEIF 分别降低了 37.09%、58.15%。这表明 SVMD 对于非线性显著的数据适用性更强，既能够在未知重要参数先验知识的情况下自适应将信号分解为多个平稳的子序列，又能够有效提取信号的时频特性和抑制模态混叠现象。

(2)在所有未使用信号分解技术的方法中，本节所提的 TCN-MHA-BiGRU 模型在时域和频域上的恢复效果均比单一模型的恢复效果更好。例如，与 TCN 模型相比，RMSE、MSE、RMSEIF 分别降低了 12.60%、23.61%、20.90%，R^2 提高了 6.22%。原因很可能是所提方法(数据恢复方法 3)结合了各单一模型的优点，从而增强了对数据特征的提取能力。

(3)在所有用于对比的方法中，基于 SVMD 的 TCN-MHA-BiGRU 模型的恢复方法在时域和频域上的恢复效果均最佳。在时域方面，基于 SVMD 的 TCN-MHA-BiGRU 模型的方法的 RMSE、MSE 均最低，R^2 最高；在频域方面，基于 SVMD

的 TCN-MHA-BiGRU 模型的方法恢复效果仍然最佳，RMSEIF 低至 7.3627×10^{-5}。

3.5　基于 MVMD 和 FCN 的连续缺失数据恢复方法

多变量时间序列具有多个时变变量，每个变量在某一时间点上的值不单与其所包含的数据相关，还存在关于其他变量数据的潜在交互，这种关联性有利于缺失数据恢复。为了有效利用不同传感器完整数据之间时间及空间上的关联性(时空相关性)，本节提出了一种基于多元变分模态分解(MVMD)和 FCN 的连续缺失数据恢复方法(数据恢复方法 4，即本节所提方法)。其中，MVMD 实现了从单维空间向多维空间的转换，为处理多变量或多通道数据提供了极大的便利，并保证了多通道模式的对齐[16]。更重要的是，它可以有效利用多通道数据的时空相关性。FCN 能够实现像素级的数据预测，对多通道输入数据具有较强的特征提取能力，能够端到端准确重建故障通道的缺失数据。与经典 CNN 不同，FCN 将全连接层全部替换为卷积层，降低了模型复杂度，提高了特征提取能力[5]。其中，FCN 的理论已在 2.4 节介绍。

3.5.1　恢复方法步骤

该方法的具体步骤如图 3.33 所示。

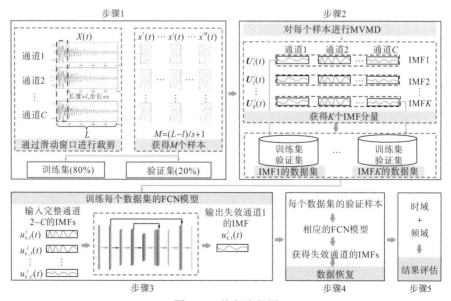

图 3.33　恢复流程图

1) 数据准备

制备多通道数据 $X(t) = [X_1(t), X_2(t), \cdots, X_C(t)]$，包括完整通道和失效通道（为便于分析，通道 1 作为失效通道，其他通道保持完整）。然后通过滑动窗口裁剪数据以生成 M 个所需样本 $x^j(t) = [x_1^j(t), x_2^j(t), \cdots, x_C^j(t)]$，其中 $j = 1, 2, \cdots, M$，随机选择 80% 的样本作为训练集，20% 的样本作为验证集[17]。训练集用于模型训练，验证集用于性能评估。其中，滑动窗口裁剪具体操作将在 3.5.2 节说明。

2) 数据分解和数据集构建

使用 MVMD 将每个多通道样本分解为多个 IMF 分量，即 $x^j(t) = \sum\limits_{k=1}^{K} U_k^j(t)$ 和 $U_k^j(t) = [u_{k,1}^j(t), u_{k,2}^j(t), \cdots, u_{k,C}^j(t)]$。每个样品的分解层次数应一致，即 K 是恒定的。然后，分解后具有相同层数的 IMF 分量作为一个新的数据集 $U_k^j(t)$，$j = 1, 2, \cdots, M$。因此，可以产生 K 个数据集，其中训练集和验证集的划分与图 3.33 中步骤 1 相同。其中，MVMD 的分解步骤如下。

(1) 假设有 K 个多元调制振荡 $U_k(t)$，它们满足

$$x(t) = \sum_{k=1}^{K} U_k(t) \tag{3.44}$$

式中，$U_k(t) = [u_{k,1}(t), u_{k,2}(t), \cdots, u_{k,C}(t)]$；$u_{k,c}(t)$ 表示通道 c 第 k 个分量的数据，$c = 1, 2, \cdots, C$。

(2) 通过希尔伯特变换计算单边频谱，得到 $U_k(t)$ 中每个向量的解析表示 $U_+^k(t)$。然后，应用中心频率 $\omega_k(t)$ 的复指数 $e^{-j\omega_k t}$ 的谐波混频，将得到的单侧频谱移至基带。然后，通过谐波移位 $U_+^k(t)$ 的梯度函数的 L_2 范数估计各模态 $U_k(t)$ 的带宽。

单个频率分量 $\omega_k(t)$ 被用于整个向量 $U_+^k(t)$ 的谐波混合，因此有必要找到多个通道中多元振荡 $U_k(t)$ 的公共频率分量。IMF 的总和需要再现原始信号，IMF 的带宽总和必须达到最小。在此基础上，相应的约束优化问题可写为

$$\begin{cases} \underset{\{u_{k,c}(t)\}, \{\omega_k\}}{\text{minimize}} \left\{ \sum_k \sum_c \left\| \partial_t \left[u_+^{k,c}(t) e^{-j\omega_k t} \right] \right\|_2^2 \right\} \\ \text{s.t.} \sum_k u_{k,c}(t) = x_c(t), \quad c = 1, 2, \cdots, C \end{cases} \tag{3.45}$$

式中，$u_+^{k,c}(t)$ ——通道 c 中模态 k 对应的解析调制信号；

$\{u_{k,c}(t)\}$ ——通道 c 中多元调制振荡的集合；

$\{\omega_k\}$ ——$\{u_{k,c}(t)\}$ 中心频率的集合；

$\partial_t[\cdot]$ ——关于时间的偏导数。

(3) 为了解决上述变分问题,下面构造增广拉格朗日函数:

$$L\left(\left\{u_{k,c}(t)\right\},\left\{\omega_k\right\},\lambda_c(t)\right)=\alpha\sum_k\sum_c\left\|\partial_t\left[u_+^{k,c}(t)\mathrm{e}^{-\mathrm{j}\omega_k t}\right]\right\|_2^2+\sum_c\left\|x_c(t)-\sum_k u_{k,c}(t)\right\|_2^2$$
$$+\sum_c\left\langle\lambda_c(t),x_c(t)-\sum_k u_{k,c}(t)\right\rangle \tag{3.46}$$

式中, α——惩罚因子;

$\lambda_c(t)$——拉格朗日乘子;

$<\cdot,\cdot>$——向量的内积。

(4) 对于式 (3.46) 所示的复杂无约束变分问题,采用乘法器的交替方向法在频域中迭代更新 $u_{k,c}(t)$、 ω_k 和 $\lambda_c(t)$,即

$$\hat{u}_{k,c}^{n+1}(\omega)=\frac{\hat{x}_c(\omega)-\sum_{i\neq k}\hat{u}_{i,c}(\omega)+\dfrac{\hat{\lambda}_c(\omega)}{2}}{1+2\alpha(\omega-\omega_k)^2} \tag{3.47}$$

$$\omega_k^{n+1}(\omega)=\frac{\sum_c\int_0^\infty\omega\left|\hat{u}_{k,c}(\omega)\right|^2\mathrm{d}\omega}{\sum_c\int_0^\infty\left|\hat{u}_{k,c}(\omega)\right|^2\mathrm{d}\omega} \tag{3.48}$$

$$\hat{\lambda}_c^{n+1}(\omega)=\hat{\lambda}_c^n(\omega)+\tau\left[\hat{x}_c(\omega)-\sum_k\hat{u}_{k,c}^{n+1}(\omega)\right] \tag{3.49}$$

式中, $x_c(\omega)$ 和 $\lambda_c(\omega)$——对应时域信号经过傅里叶变换后的频域信号;

n——迭代次数;

τ——时间步长。

基于上述更新过程,可以对信号的带宽进行自适应分解,得到 K 个窄带 IMF 分量。

3) 模型训练

为每个数据集建立 FCN 模型,其中将完整通道(即 $\left[u_{k,2}^j(t),\cdots,u_{k,C}^j(t)\right]$)的 IMF 作为输入数据,将失效通道(即 $u_{k,1}^j(t)$)的 IMF 作为输出数据。其中,FCN 模型结构的具体描述为:在编码阶段,使用两个卷积层(Conv1 和 Conv2)提取输入数据的高维特征,并使用降采样操作(P1)压缩这些高维特征,将其发送到瓶颈层。在瓶颈层,采用另外两个卷积核的卷积层(Conv3 和 Conv4)进一步提取更高层次的抽象特征。之后,开始上采样过程,首先通过核大小为 2、步长为 2 的反卷积操作(U1)将瓶颈层的特征扩展到输入数据的长度,然后将 Conv2 映射的特征通过跳过连接传递至上采样层。随后,通过四个卷积层(Conv5~Conv8)依次进行特征扩展和提取,输出数据逐渐逼近原始信号。最后,恢复值通过一个步长为 1 的卷积核输出数据。

4) 数据恢复

将验证集中完整通道的 IMF 分量 $\left[u_{k,2}^l(t), \cdots, u_{k,C}^l(t) \right]$ 输入相应的 FCN 模型中，从而获得失效通道的 IMF 分量 $\hat{u}_{k,1}^l(t)$。通过对这些子序列进行叠加，可以得到最终的恢复结果：

$$\hat{x}_1^l(t) = \sum_{k=1}^K \hat{u}_{k,1}^l(t) \tag{3.50}$$

5) 结果评估

在时域和频域对恢复结果进行评价。其中，时域恢复误差 MSE 的计算公式已在 3.2.1 节给出，频域恢复误差 MSEIF 的计算公式如下：

$$\text{MSEIF} = \frac{1}{N} \sum_{j=1}^N \left\| f_c^j(t) - \hat{f}_c^j(t) \right\|_2^2 \tag{3.51}$$

式中，MSEIF——瞬时频率的 MSE 评价指标；

$f_c^j(t)$——通道 c 第 j 个样本的原始瞬时频率；

$\hat{f}_c^j(t)$——通道 c 第 j 个样本的恢复瞬时频率。

3.5.2 实例分析

为验证所提方法的有效性，以某实验拱肋的加速度数据恢复为例进行研究。实验拱肋采用钢框架钢筋混凝土制作，跨度为 12m，高度为 2.55m，如图 3.34 和图 3.35 所示。拱肋周围混凝土采用 C60 级，内部混凝土采用 C80 级。主弦采用直径为 65mm、壁厚为 4mm 的 Q345 钢管，腹板采用直径为 32mm、壁厚为 4mm 的 Q345 钢管。螺纹钢采用 HRB400 型。竖向主钢筋直径为 8mm（即 $\phi 8$），横向和纵向结构钢筋直径为 5mm（即 $\phi 5$）。实验中，采用橡胶锤对特定位置的拱肋进行激励。

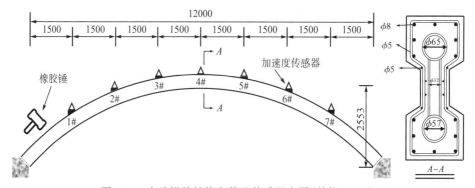

图 3.34 实验拱肋结构参数及传感器布置（单位：mm）

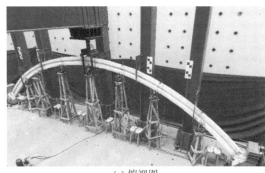 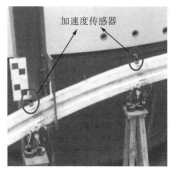

(a) 俯视图　　　　　　　　　　　　(b) 加速度传感器安装

图 3.35　实验拱肋的设置

沿跨度均匀布置 7 个加速度传感器(图 3.35),采集加速度响应,采样频率为 1024Hz。用橡胶锤对拱肋进行多次振动。每次采集时间为 4s 的多通道加速度数据段,每段包含 4096 个数据点。

1)数据准备

随机选择两个通道(通道 1 和通道 3),其中通道 1 作为损坏通道,通道 3 作为完好通道,即采用通道 3($X_3(t)$)的数据恢复通道 1($X_1(t)$)的数据。在本次恢复中,为了满足足够样本的要求,使用上述两个通道中的两个数据段,如图 3.36 所示。这两个数据段不是连续收集的,因此将它们分开绘制。

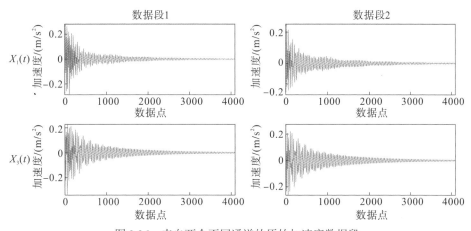

图 3.36　来自两个不同通道的原始加速度数据段

为了准备足够多的样本用于训练 FCN 并防止过拟合问题,这两个加速数据段通过滑动窗口裁剪。滑动窗口的长度取 128,步长选择 4,其中滑动窗口的长度也作为待恢复数据的长度。因此,每个加速数据段可以生成 M=993[即(4096−128)/4

+1]个样本,总共得到993×2=1986个样本。在此基础上,将加速度响应样本随机分为训练集和验证集,其中训练集包含 1589 个样本,验证集包含 397 个样本。图 3.37 为原始加速数据段的裁剪过程。

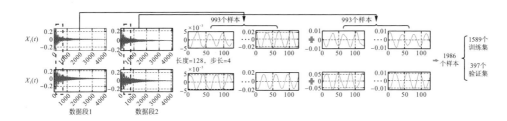

图 3.37　原始加速数据段的裁剪过程

2) 数据分解和数据集构建

为了降低测量数据的复杂性,使用 MVMD 对每个双通道加速度样本进行分解。与 VMD 类似,采用中心频率法和试错法分别确定分解能级 K 和惩罚因子 $\alpha^{[18]}$。通过计算,当分解能级 K 和惩罚因子 α 分别取 4 和 200 时,可以获得较好的分解效果,即中心频率的色散是令人满意的。图 3.38 为随机选取的双通道加速度样本的分解结果。

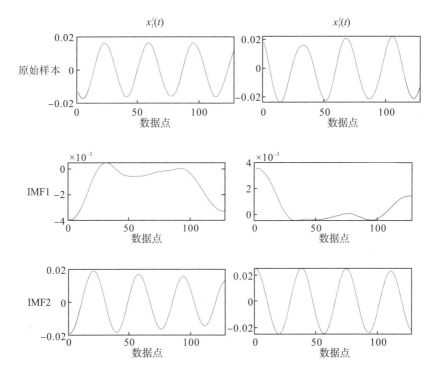

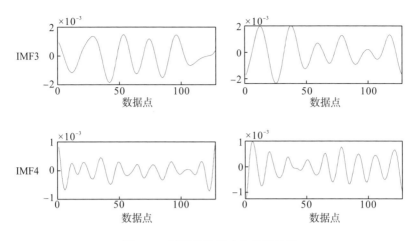

图 3.38　随机选取样本的分解结果

　　将分解后的具有相同层数的 IMF 进行积分，形成一个数据集。共生成了 4 个数据集，分别对应 IMF1～IMF4，每个数据集包含 1986 个样本(其中训练样本 1589 个，验证样本 397 个)。图 3.39 展示了使用 IMF 构建的数据集。此外，为了显示 MVMD 相对于其他分解技术的优越性，分别计算 VMD、EMD 和 MVMD 后产生的 IMF 分量的带宽重叠率，以对比各分解技术的模态混叠程度(表 3.14)。其中，带宽重叠率已在 3.4.2 节进行说明。由表 3.14 可以看出，与 VMD 和 EMD 相比，MVMD 可以更好地解决相邻 IMF 分量的模态混叠问题。因此，基于 MVMD 可能更适合于后续的数据恢复。最后，对数据集进行平均归一化处理，将样本值除以最大绝对值缩放到区间[-1,1]，以加快训练速度和提高网络的恢复精度。

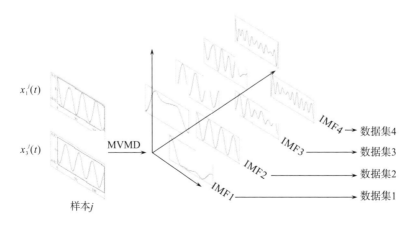

图 3.39　使用 IMF 构建的数据集

表 3.14　不同分解技术的带宽重叠率(%)

分解技术	IMF1-IMF2	IMF2-IMF3	IMF3-IMF4
MVMD	11.9	0	9.8
VMD	13.2	1.1	11.0
EMD	16.7	3.8	14.6

3)模型训练

对于每个数据集,训练一个 FCN,其中通道 3 的 IMF 和通道 1 的 IMF 分别作为输入数据和输出数据。因此,可以训练出 IMF1～IMF4 对应的 4 个 FCN。具体采用 Adam 算法对模型进行训练,其学习率为 0.0001,β_1 和 β_2 分别为 0.9 和 0.99[19]。选择 MSE 函数作为损失函数。网络参数由 he_uniform[20]初始化。根据样本的大小,batch size 为 32,epoch 为 1000。采用 Kears 2.6.0 深度学习框架,在配置 6 个 E5-2680 v4 CPU、RTX A4000 显卡、16.9GB GPU、30GB 内存的计算机运行环境下进行模型训练。

图 3.40 为训练过程中的损失曲线。可以看出,这些 IMF 分量的训练具有相似的变化趋势,即损失值在开始时迅速下降,然后逐渐下降,直至 epoch 为 1000 时收敛。验证集的损失在训练过程中波动较小,但收敛速度相对较快。训练集的损失值分别为 0.0008、0.0006、0.0001 和 0.0002,验证集的损失值分别为 0.0032、0.0022、0.0005 和 0.0015。结果表明,该方法在准确恢复丢失数据方面具有良好的稳定性。

4)恢复结果和评价

为了更直观地分析恢复结果,图 3.41 显示了随机选取验证样本的各 IMF 的恢复结果。可以看出,四个 IMF 分量的恢复总体上是令人满意的,尤其是在原始信号中占据较大比例的 IMF 分量。例如,IMF2 的恢复结果与原始结果的一致性较

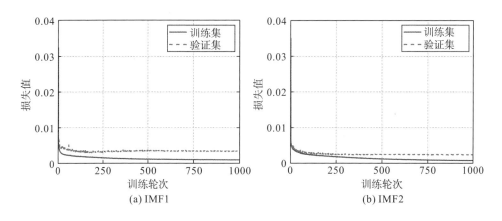

(a) IMF1　　　　　　　　　　　　(b) IMF2

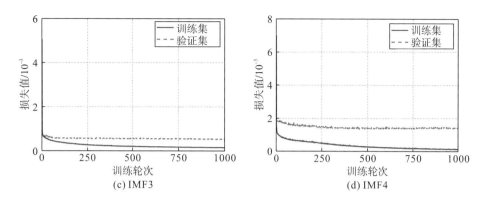

图 3.40　训练集和验证集的损失

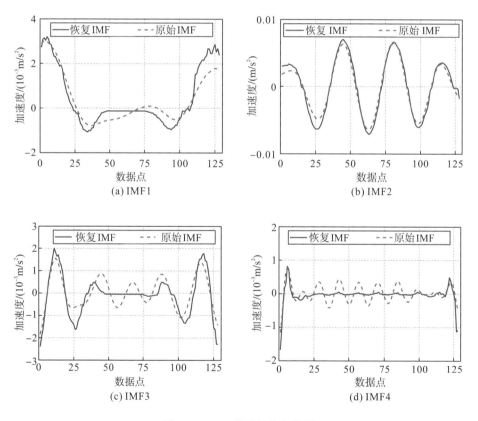

图 3.41　IMF 分量的恢复结果

高，而 IMF4 的恢复结果一致性较低。造成这种现象的原因可能是噪声的干扰，而噪声对所占原始数据比例较低的 IMF 分量来说可能是显著的。

　　原始信号的恢复结果通过对恢复的 IMF 分量求和得到。为了验证所提方法(即 MVMD+FCN)的优越性,选取常用的非分解方法(即 FCN[21]和 CNN[22])进行比较。为了实现更全面的比较,引入时域和频域的评价指标,以及反映模型计算需求的指标(训练时间)。本节所提方法与验证集中常用方法的评价指标如表 3.15 所示,其差异如图 3.42 所示。这些评价指标是 10 个独立实验的平均值。另外,随机选取两个样本在时域和频域的结果如图 3.43 所示。

表 3.15　不同方法的性能比较

方法	MSE/10^{-4}	MSEIF	训练时间/min
MVMD+FCN	2.3	349.02	58
FCN	2.7	395.18	15
CNN	3.2	479.56	21

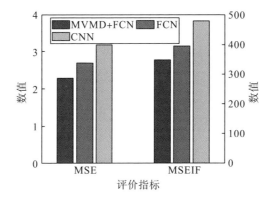

图 3.42　不同方法评价指标的差异

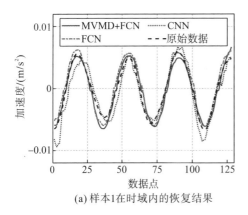

(a) 样本1在时域内的恢复结果

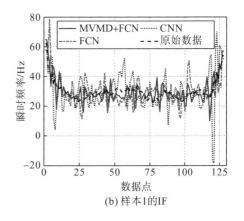

(b) 样本1的IF

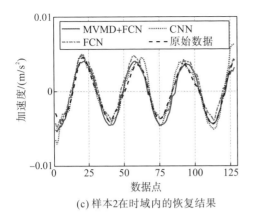 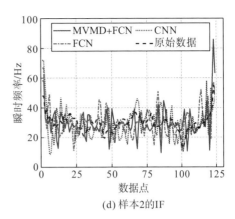

(c) 样本2在时域内的恢复结果   (d) 样本2的IF

图 3.43 随机选取两个样本的恢复结果

通过具体分析，可以得出以下结论：

(1) 所提方法的计算效率较低，但在时域和频域的恢复精度都令人满意。例如，在时域[图 3.43(a) 和 (c)]，与其他两种方法相比，本节所提方法的恢复结果与原始信号的一致性更好。具体而言，本节所提方法的 MSE 为 $2.3×10^{-4}$（表 3.15），与 FCN 和 CNN（分别为 $2.7×10^{-4}$ 和 $3.2×10^{-4}$）相比，MSE 分别下降了 14.8% 和 28.1%。在频域[图 3.43(b) 和 (d)]，本节所提方法恢复结果估计的 IF（瞬时频率）波动较小，与原始信号的一致性较高。例如，本节所提方法、FCN 和 CNN 恢复的 IF 分量的标准差分别为 8.81、10.07 和 12.92。此外，本节所提方法的 MSEIF 为 349.02，而其他两种方法的 MSEIF 分别为 395.18 和 479.56。

(2) 与 CNN 相比，所建立的 FCN 模型具有较强的特征提取能力，在评价指标上具有明显优势（表 3.15 和图 3.42）。例如，FCN 的时域 MSE 为 $2.7×10^{-4}$，小于 CNN 的 $3.2×10^{-4}$。此外，FCN 中预期的模型参数数量明显少于 CNN，因此计算效率更高。

3.6 基于时空相关性的 LSTM 多变量数据恢复方法

在上述章节中，仅针对单个传感器数据进行恢复。而桥梁监测数据具有多变量、海量性等特点，对于桥梁监测数据多个传感器数据缺失情况（即多变量数据缺失），若只是逐一恢复单变量缺失数据，则会花费极高的时间代价，降低模型运算效率。并且在实际问题中，为了利用更多的历史数据信息以提高恢复精度，可如 3.5 节方法所述考虑多个输入变量，利用桥梁监测数据的时空相关性。对此，本节提出基于时空相关性的 LSTM 多变量数据恢复方法（数据恢复方法 5，即本节"所提方法"）。

3.6.1　恢复方法步骤

本节以 $X = [x_1, x_2, \cdots, x_T] \in R^{T \times D}, x_i \in R^D, T \geqslant 2$ 来表示多维时间序列数据。其中，T 为数据变量数，即变量个数；D 为变量长度。利用一个二进制掩码矩阵 $M_t \in \{0,1\}^D$ 来表示数据是否缺失，即

$$M_t^d = \begin{cases} 0, & M_t^d \text{缺失} \\ 1, & M_t^d \text{未缺失} \end{cases} \tag{3.52}$$

为更方便理解式(3.52)，本节以一个 2×5 矩阵为例进行阐述：

$$X = \begin{bmatrix} x_{11} & \text{NA} & x_{13} & x_{14} & x_{15} \\ \text{NA} & x_{22} & x_{23} & x_{24} & x_{25} \\ x_{31} & x_{32} & \text{NA} & x_{34} & x_{35} \end{bmatrix} \tag{3.53}$$

式中，NA——该处值缺失。于是，X 对应的掩码矩阵为

$$M = \begin{bmatrix} 1 & 0 & 1 & 1 & 1 \\ 0 & 1 & 1 & 1 & 1 \\ 1 & 1 & 0 & 1 & 1 \end{bmatrix} \tag{3.54}$$

那么，X 就可转换成 $X_R = X \odot M$，其中 $\odot$ 表示矩阵对应元素相乘，此时 X_R 可以表示为

$$X_R = \begin{bmatrix} x_{11} & 0 & x_{13} & x_{14} & x_{15} \\ 0 & x_{22} & x_{23} & x_{24} & x_{25} \\ x_{31} & x_{32} & 0 & x_{34} & x_{35} \end{bmatrix} \tag{3.55}$$

即 X_R 中的缺失数据为 0，未缺失数据为原始值。

将 X_R 作为后续网络模型输入数据，模型输出数据定义为 Y，Y 维度与 X_R 一致，以式(3.55)为例，可表示为

$$Y = \begin{bmatrix} \hat{y}_{11} & \hat{y}_{12} & \hat{y}_{13} & \hat{y}_{14} & \hat{y}_{15} \\ \hat{y}_{21} & \hat{y}_{22} & \hat{y}_{23} & \hat{y}_{24} & \hat{y}_{25} \\ \hat{y}_{31} & \hat{y}_{32} & \hat{y}_{33} & \hat{y}_{34} & \hat{y}_{35} \end{bmatrix} \tag{3.56}$$

则缺失数据的预测值为 $\hat{X}_m = Y \odot (1 - M)$，即

$$\hat{X}_M = \begin{bmatrix} 0 & \hat{y}_{12} & 0 & 0 & 0 \\ \hat{y}_{21} & 0 & 0 & 0 & 0 \\ 0 & 0 & \hat{y}_{33} & 0 & 0 \end{bmatrix} \tag{3.57}$$

那么，总的时间序列 $\hat{X} = X_R \oplus \hat{X}_M$，即

$$\hat{X} = \begin{bmatrix} x_{11} & \hat{y}_{12} & x_{13} & x_{14} & x_{15} \\ \hat{y}_{21} & x_{22} & x_{23} & x_{24} & x_{25} \\ x_{31} & x_{32} & \hat{y}_{33} & x_{34} & x_{35} \end{bmatrix} \tag{3.58}$$

式中，$\oplus$——矩阵对应元素相加。

基于时空相关性的 LSTM 多变量数据恢复方法的步骤如图 3.44 所示。

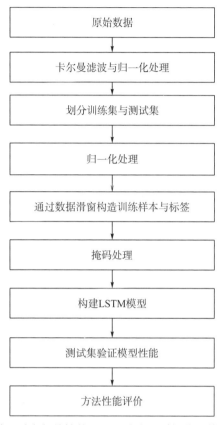

图 3.44　基于时空相关性的 LSTM 多变量桥梁监测数据恢复框架

具体阐述如下：

(1)数据预处理，采用卡尔曼滤波方法对时间序列数据进行滤波，并对滤波后的数据进行归一化处理。

(2)将经过预处理后的时序数据划分为训练集与测试集，其中训练集用于建立模型，测试集用于验证模型的泛化能力。

(3)采用滑动时间窗构造训练样本，对时序数据进行裁剪，构造训练样本与标签。

(4)对构造完成的样本进行掩码处理。

(5)搭建 LSTM 模型，进行网络参数训练。

(6)将测试集输入训练好的 LSTM 模型中，测试模型性能。

(7)恢复方法评价。

3.6.2　实例分析

本节仍采用 3.2.2 节所述某轨道交通大桥上的桥梁健康监测系统数据作为研究对象，从中选取多个测点的挠度数据进行分析。为分析桥梁监测数据的统计特征与相关性，选取该桥中跨 $L/8$、$L/4$、$3L/8$、$L/2$、$5L/8$、$3L/4$、$7L/8$ 截面上下游挠度数据进行研究，并将其重新命名，命名方式如表 3.16 所示。各测点采集时间段为 2021 年 10 月 01 日至 2021 年 11 月 01 日，取 30min 均值作为反映挠度的响应数据。除去由采集系统造成的错误数据，每个测点得到 4230 个数据，如图 3.45 所示。可以看出，14 个截面的挠度数据波动情况均存在一定的相似性。

表 3.16　某大跨轨道专用悬索桥中跨主梁挠度命名表

测点位置	命名符号
中跨 $L/8$ 上游主梁挠度	D1
中跨 $L/8$ 下游主梁挠度	D2
中跨 $L/4$ 上游主梁挠度	D3
中跨 $L/4$ 下游主梁挠度	D4
中跨 $3L/8$ 上游主梁挠度	D5
中跨 $3L/8$ 下游主梁挠度	D6
中跨 $L/2$ 上游主梁挠度	D7
中跨 $L/2$ 下游主梁挠度	D8
中跨 $5L/8$ 上游主梁挠度	D9
中跨 $5L/8$ 下游主梁挠度	D10
中跨 $3L/4$ 上游主梁挠度	D11
中跨 $3L/4$ 下游主梁挠度	D12
中跨 $7L/8$ 上游主梁挠度	D13
中跨 $7L/8$ 下游主梁挠度	D14

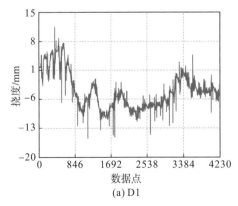

(a) D1

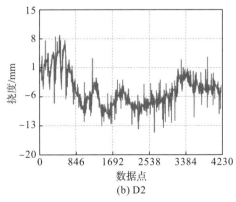

(b) D2

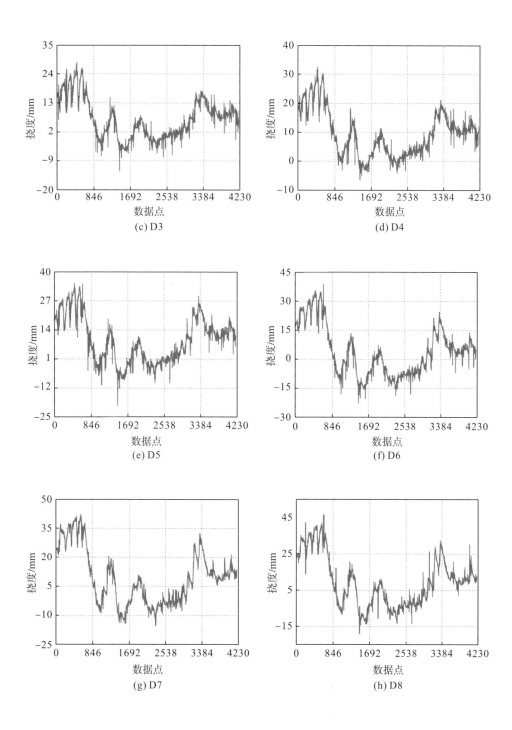

(c) D3

(d) D4

(e) D5

(f) D6

(g) D7

(h) D8

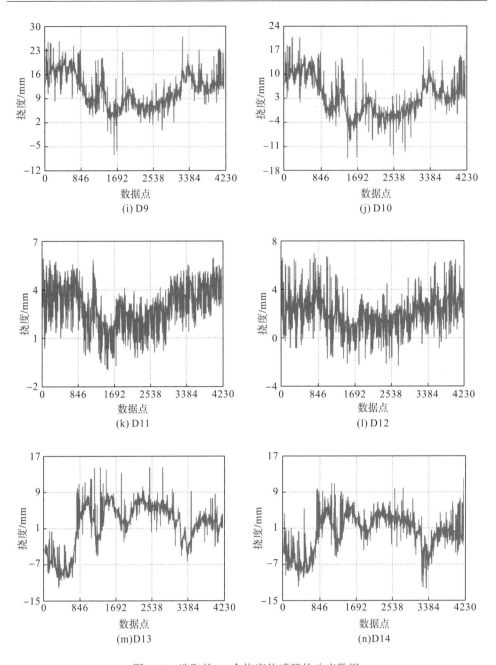

图 3.45   选取的 14 个挠度传感器的响应数据

针对连续型变量，应选取适用的相关系数对变量进行统计学相关性分析。大多数挠度监测数据呈非正态分布，且不同位置的挠度数据间存在单调关系，因此应用 Spearman (斯皮尔曼) 相关系数计算 14 个变量 (跨中 14 个传感器数据) 的相关系数，最终生成如表 3.17 所示的相关系数矩阵。分析得出，D1、D2、D10、D4、D3、D7、D9、D8 数据集之间的相关性较高，因此选取为本次实验的数据集。本节通过设置不同的数据缺失率来研究模型恢复性能，数据缺失率的范围为 10%～90%。另外，本节所用的 LSTM 结构如表 3.18 所示，迭代次数为 50 次，对每 36 个样本数据组成一个 batch(批次)进行训练，即 batchsize=36，时间步长为 10，将 Adam 算法作为模型的优化器，学习率为 0.001。

表 3.17　14 个传感器的 Spearman 相关系数矩阵汇总

截面	D7	D8	D3	D4	D11	D12	D1	D2	D5	D6	D9	D10	D13	D14
D7	1.000	—	—	—	—	—	—	—	—	—	—	—	—	—
D8	0.993**	1.000	—	—	—	—	—	—	—	—	—	—	—	—
D3	0.979**	0.979**	1.000	—	—	—	—	—	—	—	—	—	—	—
D4	0.981**	0.976**	0.983**	1.000	—	—	—	—	—	—	—	—	—	—
D11	0.638**	0.638**	0.649**	0.646**	1.000	—	—	—	—	—	—	—	—	—
D12	0.518**	0.523**	0.537**	0.531**	0.537**	1.000	—	—	—	—	—	—	—	—
D1	0.978**	0.979**	0.982**	0.976**	0.630**	0.531**	1.000	—	—	—	—	—	—	—
D2	0.969**	0.968**	0.981**	0.980**	0.634**	0.530**	0.979**	1.000	—	—	—	—	—	—
D5	0.977**	0.979**	0.988**	0.975**	0.652**	0.531**	0.971**	0.970**	1.000	—	—	—	—	—
D6	0.990**	0.994**	0.981**	0.976**	0.635**	0.527**	0.983**	0.971**	0.981**	1.000	—	—	—	—
D9	0.918**	0.930**	0.924**	0.905**	0.640**	0.565**	0.918**	0.908**	0.931**	0.933**	1.000	—	—	—
D10	0.939**	0.949**	0.932**	0.919**	0.626**	0.551**	0.933**	0.918**	0.933**	0.950**	0.962**	1.000	—	—
D13	−0.937**	−0.947**	−0.929**	−0.927**	−0.560**	−0.460**	−0.937**	−0.920**	−0.923**	−0.948**	−0.864**	−0.884**	1.000	—
D14	−0.922**	−0.931**	−0.929**	−0.922**	−0.562**	−0.449**	−0.925**	−0.918**	−0.929**	−0.929**	−0.842**	−0.854**	0.942**	1.000

注：**在 0.01 级别(双尾)，相关性显著。

表 3.18　本节所用 LSTM 网络结构

网络层	输出形状	参数量
第一层 LSTM 单元	(None，10，200)	167200
全连接层	(None，10，200)	40200
神经元随机失活比例	(None，10，200)	0
第二层全连接层	(None，10，8)	1608

图 3.46～图 3.53 为数据缺失率为 10%时的数据恢复结果。为更直观地展示模型恢复误差，表 3.19 列出了在数据缺失率为 10%时的数据恢复误差对比。由表 3.19 可以看出，在数据缺失率为 10%的情况下，8 个变量的恢复误差 RMSE 均在 1.5 以下，D10 数据集的模型拟合度为 0.49，其原因可能是 D10 数据集与其余数据集的时空相关性较弱，但从整体上来看，D1、D3、D4、D7、D8 数据集的模型拟合度均在 0.8 以上，说明利用监测数据的时空相关性恢复缺失数据具有可行性。由

图 3.52 和图 3.53 可以看出，D7、D8 数据集上的 LSTM 模型在恢复缺失数据时，存在恢复值在真实值附近波动的情况，其原因可能是 10 步长的滑动窗口并不适合 D7、D8 数据集，导致恢复的数据具有一定的波动性。

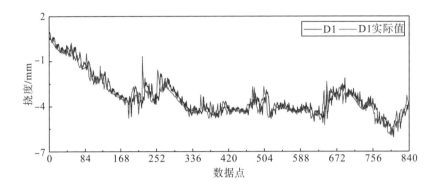

图 3.46   D1 数据集恢复效果图

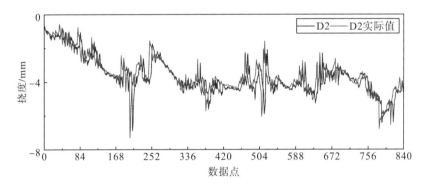

图 3.47   D2 数据集恢复效果图

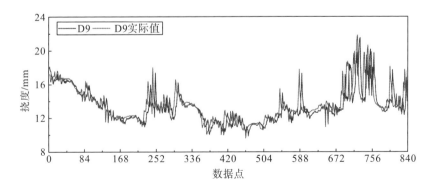

图 3.48   D9 数据集恢复效果图

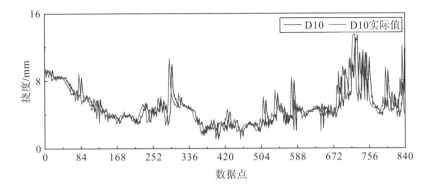

图 3.49 D10 数据集恢复效果图

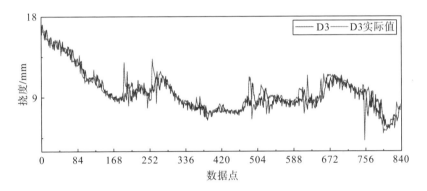

图 3.50 D3 数据集恢复效果图

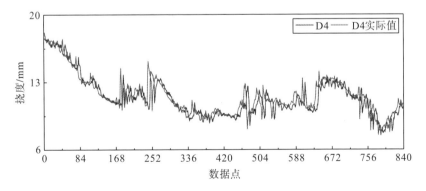

图 3.51 D4 数据集恢复效果图

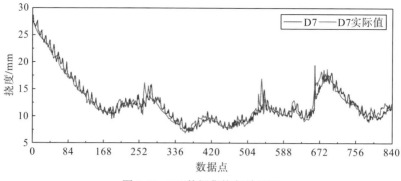

图 3.52　D7 数据集恢复效果图

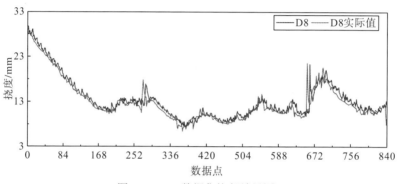

图 3.53　D8 数据集恢复效果图

表 3.19　数据缺失率为 10% 下的恢复误差

恢复数据	评价指标			
	RMSE	MSE	MAE	R^2
D1	0.47	0.22	0.35	0.87
D2	0.64	0.41	0.42	0.65
D3	0.86	0.75	0.58	0.85
D4	0.87	0.75	0.59	0.82
D7	1.03	1.06	0.77	0.94
D8	1.16	1.35	0.82	0.93
D9	1.34	1.80	0.84	0.53
D10	1.49	2.22	0.94	0.49

　　为了探究基于时空相关性的多变量数据恢复方法在不同数据缺失率下的恢复性能，本节另外设置了数据缺失率分别为 20%、30%、40%、50%、60%、70%、80%、90% 的工况，分别对上述缺失工况进行了恢复，模型恢复误差如表 3.20～表 3.27 所示。

表 3.20　数据缺失率为 20%时的恢复误差

恢复数据	评价指标			
	RMSE	MSE	MAE	R^2
D1	0.47	0.22	0.35	0.87
D2	0.64	0.41	0.42	0.66
D3	0.93	0.86	0.65	0.82
D4	0.92	0.84	0.64	0.81
D7	1.06	1.13	0.81	0.94
D8	1.09	1.19	0.71	0.94
D9	1.37	1.88	0.88	0.54
D10	1.52	2.30	0.97	0.47

表 3.21　数据缺失率为 30%时的恢复误差

恢复数据	评价指标			
	RMSE	MSE	MAE	R^2
D1	0.53	0.28	0.44	0.84
D2	0.60	0.36	0.40	0.70
D3	0.95	0.90	0.67	0.81
D4	0.94	0.88	0.66	0.80
D7	1.17	1.36	0.95	0.93
D8	1.11	1.23	0.71	0.94
D9	1.36	1.86	0.90	0.46
D10	1.50	2.26	0.95	0.46

表 3.22　数据缺失率为 40%时的恢复误差

恢复数据	评价指标			
	RMSE	MSE	MAE	R^2
D1	0.53	0.28	0.44	0.83
D2	0.65	0.42	0.44	0.66
D3	0.92	0.85	0.64	0.82
D4	1.06	1.12	0.76	0.76
D7	1.22	1.49	0.95	0.92
D8	1.12	1.26	0.77	0.94
D9	1.38	1.90	0.90	0.44
D10	1.49	2.22	0.94	0.47

表 3.23   数据缺失率为 50%时的恢复误差

恢复数据	评价指标			
	RMSE	MSE	MAE	R^2
D1	0.57	0.32	0.47	0.81
D2	0.63	0.40	0.44	0.66
D3	0.88	0.77	0.61	0.83
D4	1.05	1.11	0.74	0.75
D7	1.23	1.52	1.03	0.92
D8	1.11	1.23	0.80	0.93
D9	1.47	2.15	0.94	0.38
D10	1.58	2.49	1.02	0.40

表 3.24   数据缺失率为 60%时的恢复误差

恢复数据	评价指标			
	RMSE	MSE	MAE	R^2
D1	0.63	0.39	0.53	0.77
D2	0.63	0.40	0.45	0.69
D3	1.54	2.37	1.34	0.48
D4	1.24	1.53	0.92	0.72
D7	1.61	2.59	1.36	0.86
D8	1.38	1.89	1.08	0.90
D9	1.74	3.02	1.18	0.04
D10	1.63	2.65	1.13	0.17

表 3.25   数据缺失率为 70%时的恢复误差

恢复数据	评价指标			
	RMSE	MSE	MAE	R^2
D1	0.72	0.52	0.62	0.68
D2	0.61	0.37	0.43	0.69
D3	1.33	1.77	1.10	0.61
D4	1.25	1.57	0.93	0.70
D7	1.43	2.04	1.18	0.89
D8	1.31	1.71	0.98	0.91
D9	1.48	2.19	0.94	0.29
D10	1.61	2.59	1.11	0.23

表 3.26 数据缺失率为 80%时的恢复误差

恢复数据	评价指标			
	RMSE	MSE	MAE	R^2
D1	0.75	0.56	0.65	0.70
D2	0.61	0.38	0.43	0.70
D3	1.42	2.00	1.21	0.55
D4	1.18	1.39	0.84	0.72
D7	1.54	2.38	1.31	0.88
D8	1.37	1.88	1.08	0.91
D9	1.50	2.26	1.02	0.20
D10	1.76	3.11	1.39	−0.04

表 3.27 数据缺失率为 90%时的恢复误差

恢复方法	评价指标			
	RMSE	MSE	MAE	R^2
D1	0.78	0.61	0.64	0.66
D2	0.71	0.51	0.53	0.63
D3	1.76	3.10	1.54	0.33
D4	1.30	1.70	0.99	0.70
D7	2.16	4.64	1.80	0.72
D8	2.17	4.72	1.77	0.71
D9	2.06	4.23	1.43	−1.92
D10	1.81	3.27	1.21	−0.71

为更直观地体现每个数据集在不同数据缺失率下的模型恢复性能变化情况，以 RMSE 为例，图 3.54 展示了 LSTM 模型在不同数据集上的恢复误差。

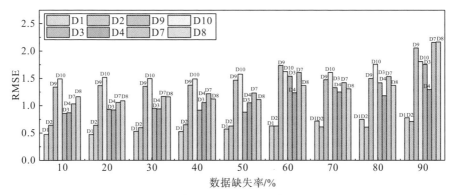

图 3.54 数据集在不同数据缺失率下的 RMSE

　　由图 3.54 和表 3.19～表 3.27 可以看出,数据缺失率越大,模型恢复性能越差。存在部分数据集在缺失率增加时,模型性能反而更好,其原因在于本节所提的数据缺失率为数据集整体缺失率,但整体缺失率增加并不代表每个单一数据集缺失率的增加。并且从决定系数 R^2 来看,当数据缺失率超过 60% 时,大部分数据集的模型拟合度均小于 0.8,个别数据集上模型的拟合度小于 0.5。其原因可能是当数据大量缺失后,LSTM 模型难以从历史数据中挖掘到有效信息,从而导致模型不能从未缺失的数据中有效恢复缺失数据。

3.7　本　章　小　结

　　本章针对桥梁健康监测数据特性,对五种缺失数据恢复方法进行了详细阐述,得出如下结论:

　　(1)所提出的基于 LSTM 的随机缺失数据恢复方法(数据恢复方法 1),相对于传统的循环神经网络的恢复结果更为理想,无论是从恢复的偏差来看,还是从模型拟合能力来看,其各项性能均为最优。这主要得益于 LSTM 模型的长时记忆能力,以及在解决长序列训练过程中存在的梯度爆炸与梯度消失问题上的优势。

　　(2)针对连续数据缺失情况,引入 TVFEMD 以消除桥梁健康监测数据的非平稳性,提出了基于 TVFEMD 与 ED-LSTM 模型的桥梁监测数据恢复方法(数据恢复方法 2)。其中,与 EMD 和 VMD 相比,TVFEMD 的分解结果更适合于桥梁健康监测系统中复杂数据的恢复。该技术具有较高的鲁棒性,既保留了传统 EMD 的原有优势,又在一定程度上有效地解决了 EMD 中的模态混叠和末端效应等问题。此外,ED 和 LSTM 的结合比原来的 LSTM 模型具有更好的数据挖掘能力。实验表明,将 TVFEMD 与 ED-LSTM 模型结合使用,可充分发挥各自的优势,提高 LSTM 的预测能力。

　　(3)为了有效提取信号数据的时频特性和消除数据的非平稳性,以及融合多个深度学习模型的优势以提高恢复精度,提出了基于 SVMD-TCN-MHA-BiGRU 的连续缺失数据恢复方法(数据恢复方法 3)。其中,SVMD 能够有效捕捉非平稳信号的时频特性及缓解模态混叠和端效应问题,对非平稳信号处理具有较高的适用性。TCN-MHA-BiGRU 混合模型能够集成各子模型的优势,实现对时间数据序列中多样化特征的深度提取。通过将 SVMD 和 TCN-MHA-BiGRU 混合模型相结合,能够更为全面地学习数据的时频和时间序列特征。实验结果表明,该方法相对于基于传统分解技术的方法及基于单一模型的方法在时频域上的恢复精度均保持最佳水平。

　　(4)为了有效利用不同传感器完整数据之间的时空相关性和学习故障通道与

完整通道之间的映射关系，提出了基于 MVMD 和 FCN 的连续缺失数据恢复方法（数据恢复方法 4）。其中，MVMD 为原始多通道数据的预处理提供了一种有效的方法，有助于挖掘多通道数据之间的时空相关性，这种处理有利于充分发挥 FCN 在预测中的作用。在此基础上，FCN 利用其能够实现像素级数据预测的优势，实现了端到端对故障通道缺失数据的准确重建。基于 MVMD 和 FCN 的方法实现了对多变量信息的充分考虑，为利用变量间的关联性以提高恢复精度提供了有意义的指导。

（5）针对多个传感器同时发生数据缺失的情况，提出了基于时空相关性的 LSTM 多变量数据恢复方法（数据恢复方法 5）。该方法通过利用不同传感器数据之间的时空相关性和各传感器数据的时序相关性，实现了从单变量恢复到多变量同步恢复的突破，并且取得了良好的恢复效果，从而较大程度上提升了恢复效率。

上述方法取得了较为满意的恢复结果，但仍有以下几个方面需要进一步研究：

（1）数据缺失率的增大导致模型难以从历史数据中挖掘到有效信息，从而使恢复性能总体上呈下降趋势。因此，未来的研究将聚焦在如何利用较少的完整数据提高数据缺失率较大的情况下的恢复精度。

（2）所提的各种方法仅针对某一类型数据进行实验，对于不同数据集场景下的恢复性能仍有待验证。因此，对所提方法所具有的泛化能力进行研究将是下一步的重点工作。

（3）为了提高模型对数据中丰富特征的挖掘能力，本章所采用的方法主要为集成多种模型或架构的优势，这可能会增加模型的复杂度，从而提高计算成本。因此，对深度学习模型恢复性能和计算成本之间的合理权衡也将是未来的一个重要研究方向。

参 考 文 献

[1] Dutta C, Kumar J, Das T K, et al. Recent advancements in the development of sensors for the structural health monitoring (SHM) at high-temperature environment: A review[J]. IEEE Sensors Journal, 2021, 21 (14): 15904-15916.

[2] Sun B, Zhou H K, Cao W, et al. Vertical and horizontal combined algorithm for missing data imputation in bridge health monitoring system[J]. Journal of Bridge Engineering, 2023, 28 (6): 04023033.

[3] 李珅, 马彩文, 李艳, 等. 压缩感知重构算法综述[J]. 红外与激光工程, 2013, 42 (S1): 225-232.

[4] 任兵, 郭艳, 李宁, 等. 基于压缩感知的相关性数据填补方法[J]. 计算机科学, 2023, 50 (7): 82-88.

[5] Tang Q Z, Jiang Y, Xin J Z, et al. A novel method for the recovery of continuous missing data using multivariate variational mode decomposition and fully convolutional networks[J]. Measurement, 2023, 220: 113366.

[6] Jeong J, Park E, Han W S, et al. Identifying outliers of non-Gaussian groundwater state data based on ensemble estimation for long-term trends[J]. Journal of Hydrology, 2017, 548: 135-144.

[7] Li H, Li Z, Mo W. A time varying filter approach for empirical mode decomposition[J]. Signal Processing, 2017, 138: 146-158.

[8] Xiong D Z, Fu W L, Wang K, et al. A blended approach incorporating TVFEMD, PSR, NNCT-based multi-model fusion and hierarchy-based merged optimization algorithm for multi-step wind speed prediction[J]. Energy Conversion and Management, 2021, 230: 113680.

[9] Huang W, Nakamori Y, Wang S, et al. A general approach based on autocorrelation to determine input variables of neural networks for time series forecasting[J]. Journal of Systems Science and Complexity, 2004, 17(3): 297-305.

[10] Jiang Y, Huang G Q. Short-term wind speed prediction: Hybrid of ensemble empirical mode decomposition, feature selection and error correction[J]. Energy Conversion and Management, 2017, 144: 340-350.

[11] Nazari M, Sakhaei S M. Successive variational mode decomposition[J]. Signal Processing, 2020, 174: 107610.

[12] Sun Z, Sun M J, Siringoringo D M, et al. Predicting bridge longitudinal displacement from monitored operational loads with hierarchical CNN for condition assessment[J]. Mechanical Systems and Signal Processing, 2023, 200: 110623.

[13] Shelhamer E, Long J, Darrell T. Fully convolutional networks for semantic segmentation[J]. IEEE Transactions on Pattern Analysis and Machine Intelligence, 2017, 39(4): 640-651.

[14] Huang G Q, Su Y W, Kareem A, et al. Time-frequency analysis of nonstationary process based on multivariate empirical mode decomposition[J]. Journal of Engineering Mechanics, 2016, 142(1): 04015065.

[15] Srivastava N, Hinton G, Krizhevsky A, et al. Dropout: A simple way to prevent neural networks from overfitting[J]. Journal of Machine Learning Research, 2014, 15(1): 1929-1958.

[16] Rehman N U, Aftab H. Multivariate variational mode decomposition[J]. IEEE Transactions on Signal Processing, 2019, 67(23): 6039-6052.

[17] Gao S, Zhao W, Wan C, et al. Missing data imputation framework for bridge structural health monitoring based on slim generative adversarial networks[J]. Measurement, 2022, 204: 112095.

[18] Dragomiretskiy K, Zosso D. Variational mode decomposition[J]. IEEE Transactions on Signal Processing, 2014, 62(3): 531-544.

[19] Jiang K J, Han Q, Du X L. Lost data neural semantic recovery framework for structural health monitoring based on deep learning[J]. Computer-Aided Civil and Infrastructure Engineering, 2022, 37(9): 1160-1187.

[20] He K M, Zhang X Y, Ren S Q, et al. Delving deep into rectifiers: Surpassing human-level performance on ImageNet classification[C]//2015 IEEE International Conference on Computer Vision(ICCV), Santiago, 2015: 1026-1034.

[21] Fan G, Li J, Hao H. Lost data recovery for structural health monitoring based on convolutional neural networks[J]. Structural Control and Health Monitoring, 2019, 26(10): e2433.

[22] Oh B K, Glisic B, Kim Y, et al. Convolutional neural network–based data recovery method for structural health monitoring[J]. Structural Health Monitoring, 2020, 19(6): 1821-1838.

第4章 桥梁监测数据分离方法

4.1 引　言

　　结构响应作为直接衡量桥梁使用性能与安全状况的关键指标,是桥梁健康监测体系中的核心监测对象。在实际监测过程中,结构响应涵盖应变、挠度等关键参数。通常而言,桥梁的结构响应构成复杂多元,主要包括移动荷载、混凝土收缩徐变、温度作用及监测过程中的环境噪声等。上述多重效应的相互耦合,极大地增加了运营人员准确捕捉桥梁结构真实响应的难度,进而对桥梁结构性能的精准评估及病害成因的深入判断构成挑战[1],导致错报、误报,甚至漏报等问题,将对社会安全造成重大威胁。因此,准确分离桥梁结构响应监测数据中的各种组成成分,获取荷载等引起的真实结构响应的变化,对于准确掌握桥梁健康状态、预测结构行为演化趋势,具有重要的科学研究意义与工程应用价值[2]。

　　鉴于此,围绕桥梁结构响应温度效应及噪声分离,本章提出结合变分模态分解(VMD)和Kullback-Leibler散度(KLD)的桥梁挠度监测数据温度效应分离方法,基于改进变分模态分解(improved variational mode decomposition,IVMD)方法和KLD的桥梁索力分离方法,基于时变滤波经验模态分解(TVFEMD)、排列熵(PE)和KLD的桥梁挠度监测数据温度效应分离方法,基于变分非线性调频模态分解(variational non-linear chirp mode decomposition,VNCMD)、主成分分析(principal component analysis,PCA)和快速独立成分分析(FastICA)的应变温度效应分离方法,基于TVFEMD-IMF能量熵增量的监测数据噪声剥离方法,分别通过数值仿真算例与实桥监测数据,验证本章所提方法的有效性。

4.2 基于VMD-KLD的监测数据温度效应分离方法

　　一般来讲,桥梁的结构响应由多种效应成分组成,其中温度效应尤为显著,甚至会覆盖移动荷载引起的结构响应,影响桥梁结构性能的评估与病害发生机理的判断,导致运营人员无法及时做出正确的决策。针对此问题,本节提出基于

VMD-KLD 的桥梁挠度监测数据温度效应分离方法(分离方法 1,即本节"所提方法"),通过 VMD 克服 EMD 时产生的模态混叠等问题,基于 KLD 实现虚假特征信号分量的准确剔除,最后通过数值仿真算例与实桥监测数据,验证方法的有效性。

4.2.1　分离方法步骤

　　VMD-KLD 算法分离桥梁原信号流程如图 4.1 所示。首先,用 VMD 方法分解信号,进行迭代搜寻变分模型,对获得的若干模态分量进行核密度估计,确定其最优解中心频率和带宽,进而自适应地将信号分解成一系列具有稀疏特性的模态分量;其次,借助核密度估计求得各 IMF 分量的概率密度函数分布,进而得到各分量 KLD,剔除虚假 IMF 分量,选定最佳分量;最后,利用皮尔逊(Pearson)相关系数评价分解得到的各挠度成分结果。

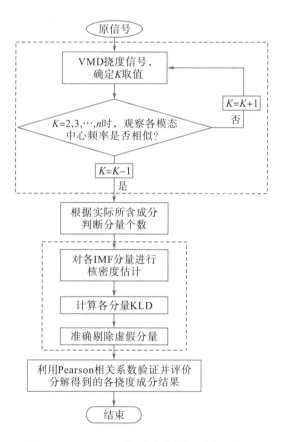

图 4.1　VMD-KLD 算法分离桥梁原信号流程

4.2.2 实例分析

1. 仿真算例

1）模型概况

桥梁在运营期间由温度效应引起的挠度变化主要受日温差和年温差的影响，在桥梁服役期间还有部分因恒载、预应力损失及混凝土收缩徐变而产生的长期挠度。为了能够更好地模拟其挠度信号，通过有限元软件建立某大跨连续刚构桥模型并进行结构仿真分析。某大跨连续刚构桥上部结构采用分幅设计，本节取其右幅进行所提方法的应用与验证工作。右幅跨径布置为 3×40m+3×40m+3×40m 预应力砼 T 梁+96m+2×180m+96m 预应力混凝土连续刚构桥+5×30m 砼 T 梁，桥全长 1069.220m。该大跨连续刚构桥是两跨对称，因此取主桥右边跨中作为研究。

采用有限元软件计算主桥跨中挠度：整体升温 1℃，跨中挠度 $f'=1.72$mm（上拱）；截面梯度温度升高 1℃，跨中挠度 $f''=-1.71$mm（下挠）。取每天的整体日温差为 8℃，截面温差为 4℃，年温差为 30℃。

假设温度变化引起桥梁结构变形呈线性关系，总温度 $T_0(t)=T_1(t)+T_2(t)+T_3(t)$，其中，整体日温差 $T_{1a}(t)=4\sin(\pi t/12)$，截面日温差 $T_{1b}(t)=2\sin(\pi t/12)$，年温差 $T_2(t)=15\sin(\pi t/4380)$。跨中总挠度 $f_0(t)=f_1(t)+f_2(t)+f_3(t)$。另外，整体日温差效应 $f_{1a}(t)=6.88\sin(\pi t/12)$，截面日温差效应 $f_{1b}(t)=-3.42\sin(\pi t/12)$，日温差效应 $f_1(t)=3.46\sin(\pi t/12)$，年温差效应 $f_2(t)=25.8\sin(\pi t/4380)$。

长期挠度是由预应力损失、混凝土收缩徐变及结构损伤等因素引起的，采用《公路钢筋混凝土及预应力混凝土桥涵设计规范》（JTG 3362—2018）计算该桥梁长期挠度变形 f_3，并用指数型函数进行拟合，最终得到长期挠度变形[3]。各个情况下挠度信号的时程曲线和频谱如图 4.2 所示。

为了极大程度模拟真实信号，在信号中加入高斯白噪声 ℓ，得到跨中总挠度为 $f(t)=f_1(t)+f_2(t)+f_3(t)+\ell$，因此跨中总模拟挠度信号时程曲线如图 4.3 所示。

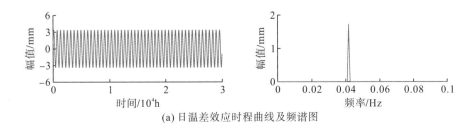

(a) 日温差效应时程曲线及频谱图

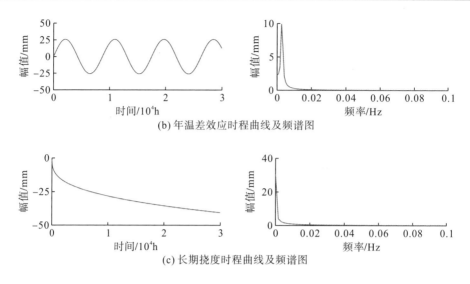

(b) 年温差效应时程曲线及频谱图

(c) 长期挠度时程曲线及频谱图

图 4.2　各效应模拟挠度信号的时程曲线和频谱图

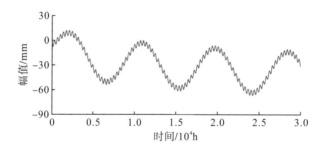

图 4.3　总模拟挠度信号的时程曲线

2) 信号分解

通过 VMD 方法对跨中总模拟挠度信号进行分解，预先确定其模态数 K，模态数 K 取值的大小决定了分解得到各 IMF 分量的准确性，过小易导致欠分解，过大易导致过分解。因此采用观察中心频率法确定 K 取值[4]，结果如表 4.1 所示。由表 4.1 可以看出，当 $K=5$ 时，出现了中心频率为 4.2866kHz 和 4.2876kHz 极为相近的模态分量，证明此时已经存在过分解，故 K 取 4。VMD、EMD 的 IMF1～IMF4 时程曲线及频谱分别如图 4.4 和图 4.5 所示。

表 4.1　不同模态数 K 对应下的中心频率

K	中心频率/kHz					
2	0.5345	49.7736	—	—	—	—
3	0.0332	49.8368	3.2370	—	—	—

续表

K			中心频率/kHz			
4	0.0275	49.8651	3.0253	4.2876	—	—
5	0.0274	49.8586	3.0239	4.2866	205.5245	—
6	0.0272	49.9350	3.0182	4.2530	31.8694	183.5032

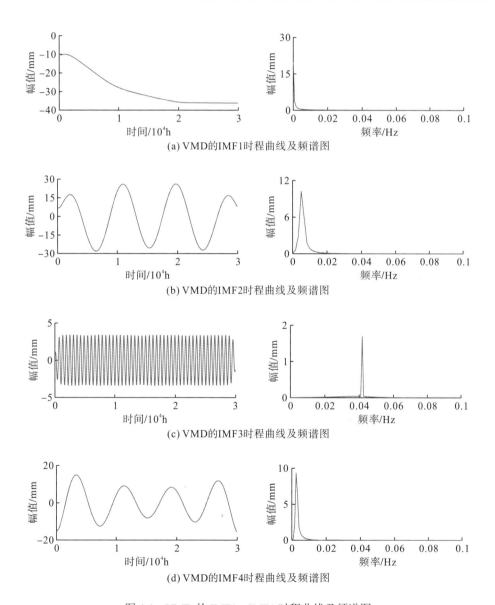

(a) VMD的IMF1时程曲线及频谱图

(b) VMD的IMF2时程曲线及频谱图

(c) VMD的IMF3时程曲线及频谱图

(d) VMD的IMF4时程曲线及频谱图

图 4.4　VMD 的 IMF1～IMF4 时程曲线及频谱图

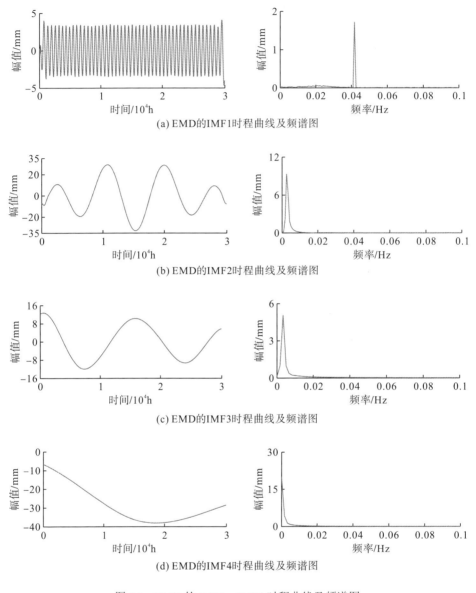

(a) EMD的IMF1时程曲线及频谱图

(b) EMD的IMF2时程曲线及频谱图

(c) EMD的IMF3时程曲线及频谱图

(d) EMD的IMF4时程曲线及频谱图

图 4.5　EMD 的 IMF1～IMF4 时程曲线及频谱图

　　由图 4.4 和图 4.5 可知，将 VMD 与 EMD 得到的各分量频谱图与原模拟挠度信号频谱图进行对比，可得日温差效应挠度时程曲线。

3) 剔除虚假分量

　　由图 4.4 可知，模拟挠度信号实际只存在 3 个挠度成分，因此存在 1 个虚假分量。利用原信号与分解后分量信号的关联程度区分真假分量，此类方法现在较多应用,其中区分程度较好的方法是采用互信息、KLD、相关系数的方法。将 VMD 和 EMD 得到的分量采用 KLD、互信息两种方法进行对比,利用相关系数对结果进行效果评价,能使结果更加直观呈现。求取 KLD 及互信息值并进行归一化处理,结果如表 4.2 所示。

表 4.2　各 IMF 分量与总模拟挠度信号的归一化 KLD 及互信息值

方法	VMD		EMD	
	KLD	互信息值	KLD	互信息值
IMF1	0.0651	0.2511	0.1315	0.2540
IMF2	0.1645	0.2531	0.1911	0.2439
IMF3	0.1532	0.2643	0.5332	0.2476
IMF4	0.6172	0.2315	0.1442	0.2545

由表 4.2 可知,各分量的 KLD 存在量级差距或倍数关系,各分量的互信息值稳定在 0.25(平均值)上下,后者区分出虚假分量较难。证明应用 KLD 方法区分真实分量与虚假分量比互信息方法更好。

为了验证 KLD 方法的可靠性,减少虚假分量的干扰,将 VMD、EMD 得到的各分量,利用能量测度法与 KLD 方法剔除虚假分量并相互校核,结果如图 4.6 所示。由图 4.6 可知,VMD 中 IMF4 与 EMD 中 IMF3 的 KLD 最大时,能量值也最低,则认为该分量与原信号关联度较小,可信度低,为虚假分量,予以剔除。通过能量测度法结果证明了 KLD 方法具有选优的特点。

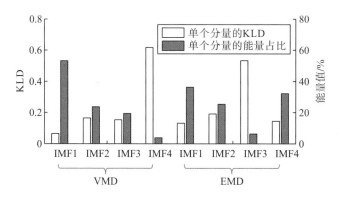

图 4.6　各分量归一化 KLD 和能量值结果对比

根据 KLD 方法得到各效应下时程曲线,为了克服各效应下挠度幅值变化的不确定性,将 VMD-KLD 分离得到的最优分量和各效应模拟挠度信号通过傅里叶变换,然后进行幅值对比计算[5],将幅值比值作为系数,与筛选得到的最优分量相乘作为最终的日温差(IMF3)、年温差(IMF2)效应下挠度和长期挠度(IMF1)，结果如图 4.7 所示。与图 4.2 相比发现，分离得到的各挠度成分与原始各挠度时程曲线波动规律十分相似。

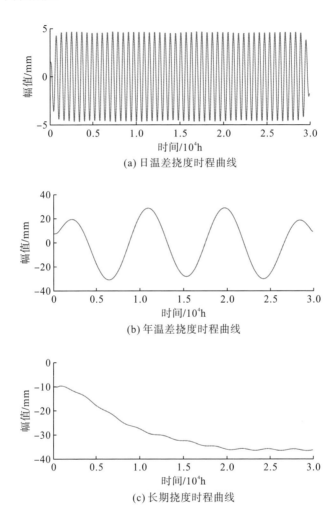

(a) 日温差挠度时程曲线

(b) 年温差挠度时程曲线

(c) 长期挠度时程曲线

图 4.7   分离后各挠度时程曲线

4) 分离效果评价

采用皮尔逊相关系数对分离结果进行效果评价。相关系数 $\rho_{l_i n_i}$ 越趋近于 1，IMF 分量与原信号的相关程度越强，分离效果越好。设 l_i 为第 i 个原信号，n_i 为经 VMD 得到的与 l_i 相对应的分量信号，二者之间相关系数计算公式如下：

$$\rho_{l_i n_i} = \frac{\sum_1^i \left[(l_i - \overline{l})(n_i - \overline{n}) \right]}{\sqrt{\sum_1^i (l_i - \overline{l})^2} \times \sqrt{\sum_1^i (n_i - \overline{n})^2}}$$

$$= \frac{\operatorname{cov}(l_i, n_i)}{\sqrt{\operatorname{cov}(l_i, \overline{l}) \operatorname{cov}(n_i, \overline{n})}}$$

(4.1)

式中，i——第 i 个分量信号；

　　$\operatorname{cov}(l_i, n_i)$ —— $l_i(t)$ 与 $n_i(t)$ 的协方差。

经 KLD 筛选得到 VMD 与 EMD 仿真信号分离后真实特征信号，计算各效应挠度相关系数，并进行效果比较，结果如表 4.3 所示。

表 4.3　VMD 与 EMD 仿真信号分离前后相关系数

挠度成分	分离方法	相关系数	所提方法提升程度/%
日温差效应	VMD-KLD（所提方法）	0.9946	4.66
	EMD-KLD	0.9503	
年温差效应	VMD-KLD	0.9837	12.38
	EMD-KLD	0.8753	
长期挠度	VMD-KLD	0.9704	9.98
	EMD-KLD	0.8823	

由表 4.3 可知，VMD-KLD 与 EMD-KLD 在日温差效应、年温差效应与长期挠度中各相关系数都趋近于 1。由相关系数结果可以看出，VMD 得到的低频挠度分量更加准确，日温差效应、年温差效应和长期挠度效果分别提升了 4.66%、12.38% 和 9.98%，主要原因是 VMD 采用一种非递归的处理手段，将信号分解转化为变分分解模式，其实质是多个自适应维纳(Wiener)滤波器组，能够实现信号频域内各个分量的自适应分割，有效避免模态混叠、过包络、欠包络、端点效应等问题，具有较好的复杂数据分解精度及抗噪声干扰能力；EMD 采用递归分解得到的子分量较不稳定；在分离过程中，受到了频率接近的温度效应相互影响。通过二者比较，基于 VMD 与 KLD 结合的桥梁挠度监测数据温度效应分离效果更加精确。

2. 实桥验证

某悬索桥为全长为 1650.5m 的连续钢箱梁自锚式结构，主桥长 1120m，桥面宽度为 22m，跨径为 50m+210m+600m+210m+50m=1120m，主梁为钢梁-混凝土梁混合结构，主墩为钢筋混凝土结构，现场桥型布置如图 4.8 所示。

图 4.8 某悬索桥现场桥型布置图

为保障桥梁的功能性、耐久性和安全性，该桥建立了健康监测系统。该系统主要由传感器子系统、数据采集与传输子系统、数据处理分析子系统、数据存储与管理子系统、预警子系统组成。主要监测挠度、应力、温湿度、索力等指标，该桥挠度监测点布置如图 4.9 所示。

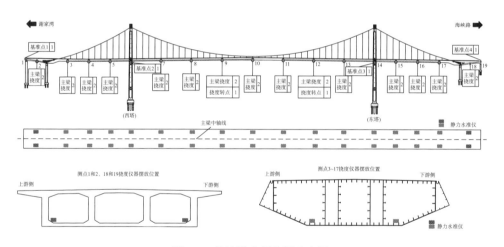

图 4.9 某轨道大桥监测点布置

为了验证所提方法对实桥数据的分离效果，采集主桥跨中时间段为 2019 年 12 月 1 日至 2020 年 12 月 1 日的挠度数据进行分离，采样频率为 1 次/h，采集得到的桥梁挠度监测数据如图 4.10 所示。由于实测挠度数据中包含大量高频信号，首先，采用巴特沃斯低通滤波算法处理[6]，剔除环境噪声和移动荷载等外界高频信号；其次，对滤波后得到的挠度信号进行 VMD 和 EMD，再利用各分量 KLD 剔除虚假分量；最后，采用相关系数进行效果评价。

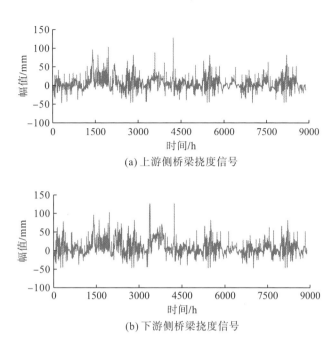

(a) 上游侧桥梁挠度信号

(b) 下游侧桥梁挠度信号

图 4.10　主桥跨中上、下游侧实测挠度

在长期挠度数据分离中，因年温差效应时间跨度较长、变化简单且缓慢，还受到混凝土徐变等多方面因素影响而减小变化，所以实际年温差效应幅值小于日温差效应幅值变化。考虑到影响桥梁长期挠度变化的因素较多且复杂，针对实际挠度信号，此处只给出日温差效应和年温差效应分离结果。各分量 KLD 计算结果如表 4.4 所示。

表 4.4　主桥跨中实测挠度分解后计算归一化 KLD 结果

分解方法及位置		KLD											
		IMF1	IMF2	IMF3	IMF4	IMF5	IMF6	IMF7	IMF8	IMF9	IMF10	IMF11	IMF12	IMF13
VMD	S	0.1354	0.0056	0.0941	0.1131	0.0938	0.0868	0.0968	0.1127	0.1008	0.0085	0.1455	0.0069	—
	X	0.1314	0.0071	0.0604	0.1382	0.1429	0.104	0.125	0.062	0.0069	0.1046	0.1067	0.0108	—
EMD	S	0.0945	0.0853	0.073	0.0161	0.0507	0.0438	0.0663	0.0775	0.1638	0.0884	0.1261	0.0238	0.0907
	X	0.1228	0.1339	0.0934	0.0314	0.0443	0.0637	0.1023	0.097	0.1026	0.0746	0.0231	0.1109	—

注：S 为上游侧，X 为下游侧。

由表 4.4 可知，经 KLD 方法筛选后，在上、下游日温差效应分量方面，VMD 结果为 S-IMF2、X-IMF2，EMD 分解结果为 S-IMF4、X-IMF4；在年温差效应分量方面，VMD 分解结果为 S-IMF10、X-IMF9，EMD 分解结果为 S-IMF12、X-IMF11。

最后，将 VMD、EMD 得到的上、下游日温差效应、年温差效应进行对比，结果如图 4.11 和图 4.12 所示。

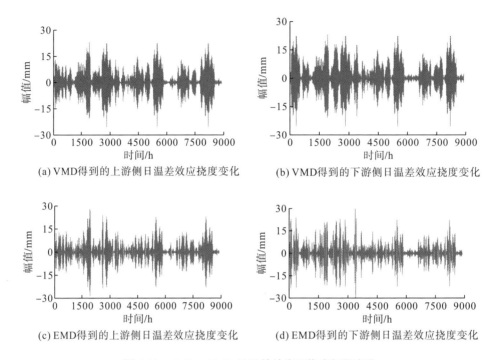

(a) VMD得到的上游侧日温差效应挠度变化

(b) VMD得到的下游侧日温差效应挠度变化

(c) EMD得到的上游侧日温差效应挠度变化

(d) EMD得到的下游侧日温差效应挠度变化

图 4.11   VMD、EMD 日温差效应下挠度幅值变化

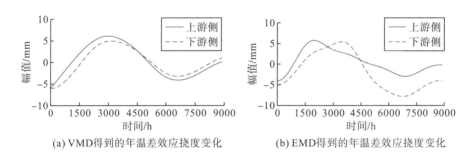

(a) VMD得到的年温差效应挠度变化

(b) EMD得到的年温差效应挠度变化

图 4.12   VMD、EMD 年温差效应下挠度幅值变化

由图 4.11 和图 4.12 可得，上、下游侧分离出的各挠度成分之间具有较高相关性；日温差挠度幅值上、下游主要变化区间为[-15mm,15mm]，年温差挠度幅值主要变化区间为[-6mm,6mm]；将 VMD、EMD 结合 KLD 方法分离出的各挠度成分采用相关系数突出效果变化程度，如表 4.5 所示。

表 4.5　上、下游实测挠度信号分离前后相关系数结果

挠度成分	分离方法	相关系数	提升效果*/%
日温差效应	VMD-KLD	0.9081	15.74
	EMD-KLD	0.7846	
年温差效应	VMD-KLD	0.9364	6.32
	EMD-KLD	0.8807	

注：*与 EMD-KLD 方法相比，VMD-KLD 方法的提升效果。

由表 4.5 可知，上、下游实测挠度信号分离前后 VMD-KLD 方法的两种挠度成分的相关系数均大于 0.90，与 EMD-KLD 方法相比，基于 VMD-KLD 的桥梁挠度温度效应分离方法日温差效应、年温差效应分离效果分别提升了 15.74%和 6.32%，分离效果更为精确。

4.2.3　小结

为剔除温度效应对桥梁挠度的影响，将 VMD 与 KLD 融合，提出了一种分离桥梁挠度监测数据温度效应的新方法，通过不同桥型(刚度差异导致信号特征不同)的数值仿真与监测数据验证，得出以下结论：

(1)VMD 通过构造并求解约束变分问题实现了低频挠度信号的分解，实际上是可以实现信号频域内各个分量的自适应分割，有效克服了传统 EMD 算法分解信号产生的模态混叠等问题，从模型先进性角度来看，具有理论上的优势。

(2)结合归一化互信息和 KLD 可知，通过 VMD 与 EMD 得到的互信息值都稳定在 0.25 左右，不易区分真假分量；而 KLD 之间有较大区分度，呈现出量级差距或者倍数关系，更易区分真假分量。

(3)将 VMD-KLD 算法应用于模拟挠度信号和实测挠度信号的分离。模拟挠度信号分离结果表明，分离值与实际值相关系数均大于 0.97，趋近于理想值；主跨跨中对称测点实测挠度信号分离得到的各挠度成分相关系数均大于 0.90，具有较高相关性。证明 VMD-KLD 算法可以有效分离桥梁挠度监测数据的温度效应。与 EMD-KLD 相比，仿真信号分离日温差效应、年温差效应和长期挠度分离效果分别提升了 4.66%、12.38%和 9.98%，实测信号分离日温差效应、年温差效应分别提升了 15.74%和 6.32%。从分离效果角度来看，所提方法(分离方法 1)精度更高。

4.3   基于 IVMD-KLD 的监测数据温度效应分离方法

VMD 方法能将信号中频率相近成分完整、准确分离，但在使用 VMD 之前，主要参数即模态数 K 和二次惩罚项 α 需要预先设定。参数的选取将会直接影响分解效果，选择不当会造成过分解模态混叠、欠分解信号信息缺失等问题。然而，两个关键参数通常缺乏自适应确定程序。针对这一问题，本节提出一种基于改进的参数自适应优化变分模态分解(improved variational mode decomposition，IVMD)和 KLD 的桥梁索力监测数据温度效应分离方法(分离方法 2，即本节"所提方法")。

4.3.1   分离方法步骤

首先，通过 IVMD 方法分解索力信号，得到若干模态分量；其次，根据各子模态分量信号的 PE 进行叠加组合分量；然后，从概率密度分布差异的角度计算组合分量与原信号之间的 KLD，对温度效应特征分量成分进行准确识别；最后，利用所提的评价指标(相关系数、误差指标)评价得到的索力温度效应分离结果。基于 IVMD-KLD 的索力数据温度效应分离流程如图 4.13 所示。

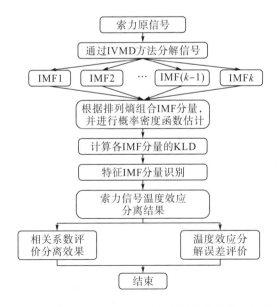

图 4.13   基于 IVMD-KLD 的索力温度效应分离流程

1. 基于参数优化的变分模态分解法

1)模态数 K 的优化

利用希尔伯特变换和 EMD 相结合的方法自适应确定参数 K。

首先，对于分解所得的模态分量，$k = 1, 2, \cdots, K$，每一个分量都可以通过希尔伯特变换转换为如下形式：

$$\hat{u}_k(t) = \frac{1}{\pi} \int_{-\infty}^{\infty} \frac{u_k(\tau)}{t - \tau} \mathrm{d}\tau \tag{4.2}$$

然后，模态的中心频率可以定义为

$$\bar{\omega}_k = \frac{1}{n} \sum_{t=1}^{n} \frac{\mathrm{d}\left[\arctan\left(\hat{u}_k(t) / u_k(t)\right)\right]}{\mathrm{d}t}, \ k = 1, 2, \cdots, K \tag{4.3}$$

在此基础上，中心频率的变异系数(CoV_k)定义为

$$\mathrm{CoV}_k = \sqrt{\frac{1}{K} \sum_{k=1}^{K} \left(\bar{\omega}_k - \frac{1}{K} \sum_{k=1}^{K} \bar{\omega}_k\right)^2 \bigg/ \frac{1}{K} \sum_{k=1}^{K} \bar{\omega}_k} \tag{4.4}$$

CoV_k 越大，意味着各个模态分量之间的差异越明显。当 CoV_k 取得最大值时，对应的参数 K 即符合最大可变性标准，此时参数 K 被视为最佳分解数。

最后，根据上述选取程序，有必要预设 K 的范围。通常，EMD 得到的模态数量 K' 可以自适应地提供特定的终止条件。根据文献[7]，最佳 K 的范围可以在 $[K' - 3, K' + 3]$ 之间。在此基础上，识别最大的 CoV_k，并记录相应的分解结果。

2)二次惩罚项 α 的优化

通常默认的二次惩罚项 α 设定值为 2000，可以用于多数状况下的信号分解，但在部分情况下需要对 α 重新取值。利用信噪比(signal- to- noise ratio，SNR)自适应确定最优的 α，确定过程如下。

对于原信号 $x(t)$ 和第 i 次分解后叠加重构信号 $x_i(t)$，计算原始信号能量与重构信号能量的比值：

$$\mathrm{SNR}_i = 10 \lg\left(\sum_{i=1}^{n} x^2(t) \bigg/ \sum_{i=1}^{n} [x(t) - x_i(t)]^2\right) \tag{4.5}$$

信噪比越大，代表重构信号还原的原始信号越真实；信噪比越小，代表重构信号滤除的被认为是噪声的成分越多。

通常，将第 1 次分解时的 α 设定为 1000，然后按照固定的步长 500，从初始值向上搜寻。设置停止搜寻条件 $\upsilon = 0.9$，直至第 $i+1$ 次分解后的 SNR_{i+1} 与第 i 次分解后的 SNR_i 满足

$$\frac{\mathrm{SNR}_{i+1}}{\mathrm{SNR}_i} \geqslant 0.9 \tag{4.6}$$

此时，第 $i+1$ 次分解时对应的 α 可较好地满足分解过程中的去噪能力和细节保留度要求。

最后，将整个参数优化。VMD 方法的运算流程如图 4.14 所示。

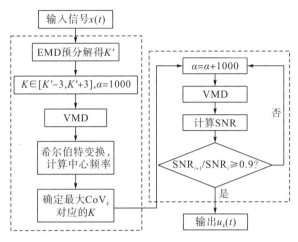

图 4.14　VMD 方法的优化改进流程

具体操作步骤如下。

(1)初始值设定 $K=K'-3$，$\alpha=1000$。

(2)进行第一次 VMD，并计算模态分量中心频率变异系数 CoV_k。

(3)$K=K+1$，直至 $K=K'+3$，将最大中心频率变异系数 CoV_k 对应的 K 输出。

(4)$\alpha=\alpha+1000$，进行 VMD，计算信噪比 SNR。

(5)后一次与前一次的信噪比满足 $\mathrm{SNR}_{i+1}/\mathrm{SNR}_i \geqslant 0.9$ 时，输出后一次对应的 α。

(6)确定最佳 K 和 α，VMD 得到模态分量 $u_k(t)$。

另外，无论选择 EMD、集合经验模态分解(empirical mode decomposition，EEMD)、IVMD 其中的哪一种分解技术，都可能带来一些不相关的模态分量干扰。这些不利的分量可能来自环境因素的干扰(如测量噪声)和分解技术本身的缺陷。为了解决这些问题，将采用 KLD 方法对具有特征信息的模态分量进行识别选取，接下来将对此方法进行详述。

2. 分离效果评价指标

对于所得索力数据温度效应分离结果,拟采用两种方法对分离效果进行评价。

1)相关系数评价

采用两种不同的相关系数对不同应用场景下索力温度效应的分离效果进行评

价，并与其他分解方法所得结果进行比较分析。

第一种采用波形互相关系数，其是数学统计领域中处理随机信号的主要方法之一[8]。设 $g(t)$ 和 $y(t)$ 为两个能量有限的实信号，为研究它们之间的差异，衡量其在不同时刻的相似程度，引入

$$\delta = g(t) - \beta y(t+\tau) \tag{4.7}$$

式中，β——常数。

根据均方差最小准则，对 δ^2 取时间平均值可得 MSE 为

$$\text{MSE} = \frac{1}{2T}\int_{-T}^{T}\delta^2 \mathrm{d}t = \frac{1}{2T}\int_{-T}^{T}\left[g(t)-\beta y(t+\tau)\right]^2 \mathrm{d}t \tag{4.8}$$

式中，T——信号周期。

搜寻最佳的 β 使两信号的波形相似度最高，则要求 MSE 对 β 的微分等于零。代入式 (4.8)，可得

$$\text{MSE}_{\min} = \frac{1}{2T}\int_{-T}^{T}g(t)^2 \mathrm{d}t\left[1-\rho_{gy}^2(\tau)\right] \tag{4.9}$$

$$\rho_{gy} = \frac{\dfrac{1}{2T}\int_{-T}^{T}g(t)y(t)\mathrm{d}t}{\sqrt{\dfrac{1}{2T}\int_{-T}^{T}g^2(t)\mathrm{d}t}\sqrt{\dfrac{1}{2T}\int_{-T}^{T}y^2(t)\mathrm{d}t}} = \frac{R_{gy}}{\sqrt{R_{gg}R_{yy}}} \tag{4.10}$$

式中，R_{gy}——$g(t)$ 和 $y(t)$ 的互相关函数；

R_{gg}、R_{yy}——自相关函数，对于实信号，自相关函数为常数，对分母起归一化的作用。

当信号离散化形成信号数组时，有

$$\rho_{gy} = \sum_{t=1}^{n-1}g(t)y(t)\left/\left[\sum_{t=1}^{n-1}g^2(t)\sum_{t=1}^{n-1}y^2(t)\right]^{\frac{1}{2}}\right. \tag{4.11}$$

式中，ρ_{gy}——两个离散信号之间的波形相关系数，其大小在[−1,1]。

波形互相关系数可以衡量信号数组的波形在同一采样数据窗内的相似程度。因此，将其用于索力数值模拟仿真信号的温度效应分离效果评价中。在实际应用中，$g(t)$ 代表原始模拟温度效应信号，$y(t)$ 代表从混合信号中分离出的温度效应信号，相关性区间划分如表 4.6 所示。

表 4.6 波形互相关系数评价范围

相关类型	无相关性	低相关性	中度相关	高度相关
相关系数	$|\rho_{gy}|\leqslant 0.3$	$0.3<|\rho_{gy}|\leqslant 0.5$	$0.5<|\rho_{gy}|\leqslant 0.8$	$0.8<|\rho_{gy}|\leqslant 1.0$

第二种采用皮尔逊相关系数，其在统计学中用于度量两个不同变量之间的相关程度[9]，计算公式为

$$r_{(c,v)} = \frac{\sum_{t=1}^{n}\left[\left(c(t)-\overline{c}\right)\times\left(v(t)-\overline{v}\right)\right]}{\sqrt{\sum_{t=1}^{n}\left(c(t)-\overline{c}\right)^2}\times\sqrt{\sum_{t=1}^{n}\left(v(t)-\overline{v}\right)^2}} \tag{4.12}$$

式中，$r_{(c,v)}$——两个变量的皮尔逊相关系数；

$c(t)$——温度变化成分；

$v(t)$——索力温度效应成分。

在实际应用中，相关性区间划分如表 4.7 所示。

表 4.7　皮尔逊相关系数评价范围

相关类型	无相关	弱相关	中等相关	强相关	极强相关
相关系数	$\|r\|\leqslant 0.2$	$0.2<\|r\|\leqslant 0.4$	$0.4<\|r\|\leqslant 0.6$	$0.6<\|r\|\leqslant 0.8$	$0.8<\|r\|\leqslant 1.0$

2) 误差评价指标

采用三个统计指标定量分析温度效应分离的效果，即平均绝对误差(MAE)、均方根误差(RMSE)、平均绝对百分误差(mean absolute percentage error，MAPE)[10]，计算过程如式(4.13)～式(4.15)所示：

$$\text{MAE} = \frac{1}{n}\sum_{t=1}^{n}\left|x(t)-z(t)\right| \tag{4.13}$$

$$\text{RMSE} = \sqrt{\frac{1}{n}\sum_{t=1}^{n}\left[x(t)-z(t)\right]^2} \tag{4.14}$$

$$\text{MAPE} = \frac{1}{n}\sum_{t=1}^{n}\left|\frac{x(t)-z(t)}{x(t)}\right|\times100\% \tag{4.15}$$

式中，$x(t)$——索力原信号；

$z(t)$——索力温度效应。

为了更直观地展现所提方法的优越性，将改进的百分比指数定义为

$$P_w = \frac{W_o - W_p}{W_o}\times100\% \tag{4.16}$$

式中，W_p——所提方法的分解误差指数，$W = \text{MAE,RMSE,MAPE}$；

W_o——所比较的模型的分解误差指数。

式(4.16)中，P_w 为正值，说明所提方法优于所比较模型。

4.3.2　实例分析

1. 仿真算例

1) 模型概况

在 Midas Civil 软件上建立某斜拉桥有限元模型，其中钢筋混凝土箱梁、桥塔、桥墩由梁单元模拟，拉索用仅受拉的桁架单元模拟(不考虑几何非线性的影响)，共建立 802 个节点，704 个单元(包括梁单元 592 个，桁架单元 112 个)，三维模型如图 4.15 所示，截面几何参数、材料特性如表 4.8 所示。

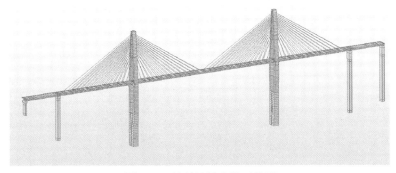

图 4.15　某斜拉桥有限元模型

表 4.8　结构模型参数

部件名称	材料名称	几何参数	泊松比	热膨胀系数/10⁻⁵
主梁	C55 混凝土	单箱单室截面，梁高 3.2m、宽 15m	0.2	1.0
上塔柱	C55 混凝土	空心矩形截面 10m×4m	0.2	1.0
下塔柱	C50 混凝土	空心矩形截面 12.6m×4m	0.2	1.0
P2 桥墩	C40 混凝土	墩高 23m，空心矩形截面 13.8m×4.8m	0.2	1.0
P3 桥墩	C40 混凝土	墩高 69m，空心矩形截面 13.4m×8.4m	0.2	1.0
P6 桥墩	C40 混凝土	墩高 96.5m，空心矩形截面 13.4m×8.4m	0.2	1.0
P7 桥墩	C40 混凝土	墩高 87m，空心矩形截面 13.4m×8.4m	0.2	1.0
斜拉索	Strand1770	—	0.3	1.2
预应力钢束	Strand1860	—	0.3	1.2

通过定义各个阶段的施工荷载工况，模拟桥梁施工过程。在全桥合龙，拆除吊架及挂篮荷载后，进行索力的二次张拉调整，以达到成桥时最优的受力状态及合理的线性，利用最小弯曲能量法进行索力调整，过程中全桥整体内力变化如

图 4.16 所示，边跨、主跨的跨中截面主梁应力变化情况如表 4.9 所示，南、北塔顶位移变化情况如表 4.10 所示。

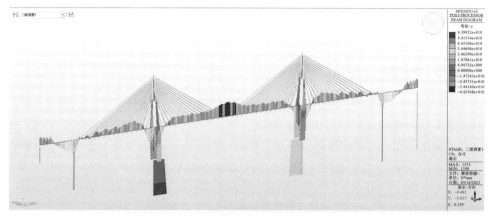

(a) 第1次索力调整

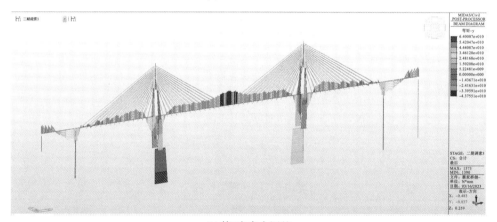

(b) 第2次索力调整

(c) 第3次索力调整

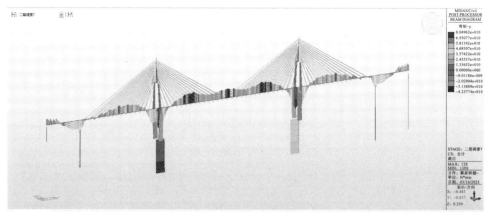

(d) 第4次索力调整

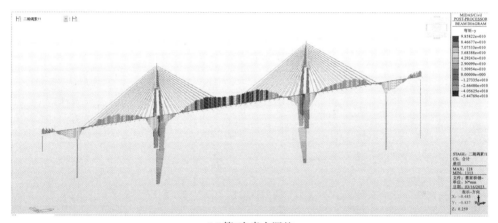

(e) 第5次索力调整

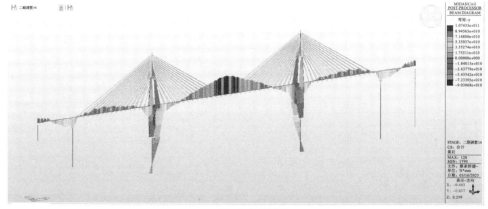

(f) 第6次索力调整

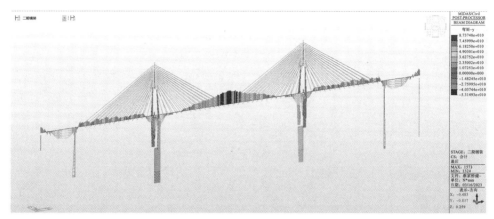

(g) 二期荷载加载

图 4.16　索力调整过程中全桥内力变化情况

表 4.9　索力调整过程中各截面应力变化

截面位置	调整过程/次	顶板应力/MPa	底板应力/MPa
主跨跨中	1	−4.40	−9.43
	2	−4.40	−9.41
	3	−4.47	−9.24
	4	−4.64	−8.87
	5	−4.29	−9.43
	6	−2.30	−13.26
	7	−3.83	−9.28
南岸边跨跨中	1	−6.06	−7.83
	2	−6.24	−7.77
	3	−6.11	−7.99
	4	−5.72	−8.80
	5	−5.60	−8.93
	6	−6.23	−8.33
	7	−6.84	−8.11
北岸边跨跨中	1	−6.23	−7.45
	2	−6.29	−8.26
	3	−6.21	−8.38
	4	−5.62	−9.01
	5	−5.65	−9.72
	6	−5.87	−9.17
	7	−6.61	−8.82

表 4.10　索力调整过程中南北塔顶位移

截面位置	调整过程/次	当前步骤位移量/mm
南岸塔顶	1	0.078
	2	0.071
	3	−0.489
	4	−2.241
	5	−7.373
	6	−10.282
	7	67.238
北岸塔顶	1	−0.104
	2	−0.096
	3	0.459
	4	2.208
	5	7.294
	6	10.124
	7	−68.099

由图 4.16 可知，主桥受力呈对称分布，桥梁主塔主要受到向外侧的弯矩作用，主桥中跨主要受到负弯矩的作用，即上部受拉、下部受压，相当于通过斜拉索的张拉索力的水平横向分量为主梁提供轴向预压力，使梁内弯矩大大减小，桥梁线型达到合理设计值，主桥边跨两斜拉索之间的梁段由拉索提供弹性支承，各梁段类似于连续梁的受力形式。在索力调整过程中，主梁跨中截面内力逐渐减小，并趋于均匀分布，主塔下端所受弯矩内力大幅度减小。

由表 4.9 可知，在成桥索力优化调整过程中，发现主梁整体受压，顶板、底板的应力变化并不大，大多控制在 10MPa 以内，最后一次索力调整在二期铺装后，主梁各截面顶板应力分别为−3.83MPa、−6.84MPa、−6.61MPa，底板应力分别为−9.28MPa、−8.11MPa、−8.82MPa。从桥梁整体受力来看，均优于调整之前的状态。由表 4.10 可知，在经过索力调整及添加二期荷载铺装后，南、北两塔塔顶的位移量分别为 47.0mm、48.2mm，塔顶的位移均在可控范围之内。

2)不同区域内索力温度响应分析

为了分析不同区域内索力受温度影响的变化情况，首先根据《公路桥涵设计通用规范》(JTG D60—2015)中温度作用类型的定义，得到关键部件温度作用类型，并以单位温度赋予在模型中，如表 4.11 所示。利用有限元模型计算各类温度作用引起的索力变化，以南岸上游侧斜拉索 S1#～S28#进行分析，结果如图 4.17 所示。

表 4.11　　温度荷载所用类型

作用名称	具体作用	温度荷载工况
整体升温	当地气温	升温 1℃
索梁温差	±10℃	温差 1℃
主梁温度梯度	线性模式	顶板升温 1℃
主塔温度梯度	±5℃	东侧面升温 1℃

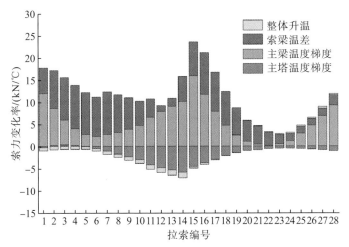

图 4.17　　各类温度作用下的索力变化计算值

由图 4.17 可知，各种单位温度荷载工况对不同位置处斜拉索的索力影响程度不同。根据索力变化率的变化情况，可总结如下索力的温度效应规律。

(1) 索梁温差和主梁温度梯度工况相较于其他温度工况对索力的变化影响更大，但对于不同位置处、不同长度的斜拉索索力影响不同，单位温度变化情况下均会引起索力增加。这两种工况对应的温度效应具有相似的变化趋势，大致表现为由索塔向两侧先减小，在中间的 S6#索、S23#索附近达到最小值后再向两侧增加。

(2) 整体升温对索力的影响：在 S21#索以左表现为单位温度变化引起索力减小，在 21#索以右表现为单位温度变化引起索力增大，分别在跨中和桥塔附近达到最大值。

(3) 主塔温度梯度对索力的影响相对较小，基本可以忽略不计。

综上所述，斜拉索中受温度影响相对较大的区域主要是靠近主塔的短索及边跨的长索。

3) 索力模拟信号

对于温度作用下索力信号的模拟，基于对箱梁各个截面的温度数据的统计分析，得到了沿桥梁纵向各截面的顶板、底板温差的标准值，以及通过对环境温度数据的统计分析，得出了四个季节日夜温差的标准值，利用截面温度梯度荷载和整体温度升降温的工况施加于有限元模型中。以南岸上游侧的 S1#索为分析对象，模拟全年索力信号的变化情况。假定日温度变化和年温度变化均为正弦变化的周期函数，其中整体日温差和截面日温差共同组成日温度变化，日温差取春季 9.5℃、夏季 12.9℃、秋季 8.3℃、冬季 5.7℃，截面日温差取各截面统计标准值的平均值（8.1℃），以及年环境温度变化取 40℃。桥梁模型整体温度上升 1℃，S1#索的索力变化−5.8kN；主梁截面温差线性增加 1℃，S1#索的索力变化−5.6kN，桥梁变形如图 4.18 所示。

(a) 整体升温1℃时的桥梁变形

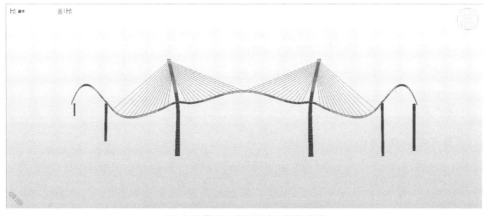

(b) 主梁截面温差1℃时的桥梁变形

图 4.18　温度作用下桥梁的变形

按照时间尺度一天 24 小时、一年 365 天共 8760 小时构成模拟信号，并在其中添加白噪声检验所提方法的抗噪性能，最后可将温度效应信号表达为

$$f(t) = f_1(t) + f_2(t) + \varsigma$$
$$f_2(t) = f_{21}(t) + f_{22}(t)$$

式中，$f(t)$——总的索力温度效应信号；

　　　$f_1(t)$——年温差效应；

　　　$f_2(t)$——日温差效应；

　　　$f_{21}(t)$——整体日温差效应；

　　　$f_{22}(t)$——截面日温差效应；

　　　ς——白噪声。

按时间尺度为一年，索力的温差效应可具体表达为

$$f_1(t) = 116\sin(\pi t / 4380), \quad 0 \leqslant t \leqslant 8760 \tag{4.17}$$

$$f_2(t) = \begin{cases} 27.6\sin(\pi t / 12) + 22.7\sin(\pi t / 12), & 0 \leqslant t < 2190 & \text{(春季)} \\ 37.4\sin(\pi t / 12) + 22.7\sin(\pi t / 12), & 2190 \leqslant t < 4380 & \text{(夏季)} \\ 24.1\sin(\pi t / 12) + 22.7\sin(\pi t / 12), & 4380 \leqslant t < 6570 & \text{(秋季)} \\ 16.5\sin(\pi t / 12) + 22.7\sin(\pi t / 12), & 6570 \leqslant t < 8760 & \text{(冬季)} \end{cases} \tag{4.18}$$

为更好地展示各索力温度效应成分信号及总体索力模拟温度效应信号，日温差效应选取前 8760h，年温差效应选取 30000h，如图 4.19 所示。

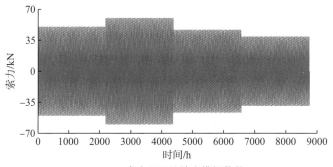

(a) 索力日温差效应模拟信号

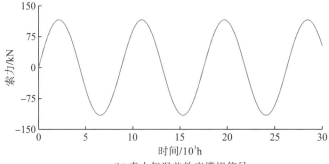

(b) 索力年温差效应模拟信号

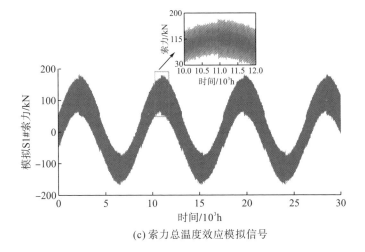

(c) 索力总温度效应模拟信号

图 4.19　各温度效应成分及索力总信号

4) 索力日温差效应、年温差效应分离

　　基于 IVMD 自适应分解模拟索力信号，得到 6 个 IMF 分量，如图 4.20(a) 所示。同时与 EMD、EEMD 进行对比分析，由图 4.20(b) 和 (c) 可知，EMD 得到 7 个 IMF 分量和 1 个残余分量，各分量的频率由高到低排列；在 EEMD 过程中，加入与输入信号标准偏差比值为 0.3 的高斯白噪声后进行 50 次运算，得到 7 个 IMF 分量。三种分解方法所获得的模态分量数均大于原来组成模拟信号的 2 个温度效应成分数，存在相似成分分量的干扰，如 EMD 所得分量中的 IMF2 和 IMF3、EEMD 所得分量中的 IMF3 和 IMF4，则需要对代表温度效应的特征 IMF 分量进行有效识别。

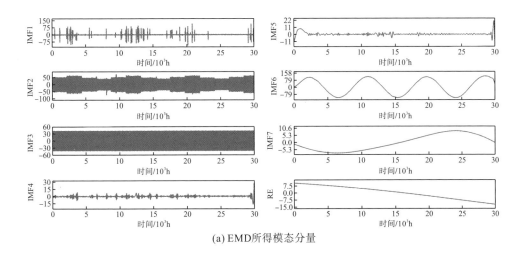

(a) EMD所得模态分量

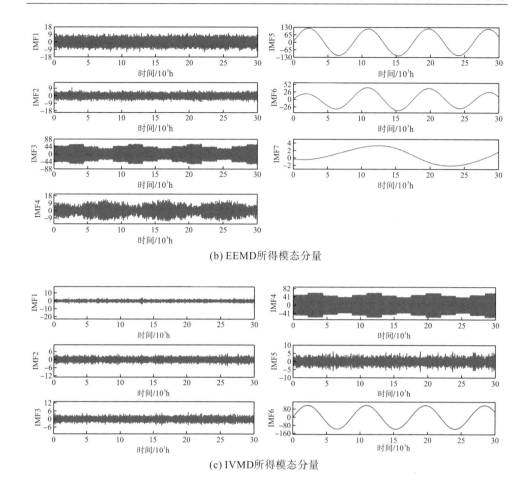

(b) EEMD所得模态分量

(c) IVMD所得模态分量

图 4.20　EMD、EEMD、IVMD 结果
RE 为残差，表示原始信号减去所有分解出的分量后剩下的信息

　　实际的温度效应成分在分离过程中可能被过度分解为多个模态分量，从而使几个子模态分量信号存在相似时序复杂性，即计算所得到的排列熵会接近。当直接利用 KLD 识别温度效应特征成分时，仅会保留个别子模态分量，导致其他蕴含温度效应成分的模态分量被遗漏，造成最终的温度效应成分信息丢失。计算各模态分量的 PE，然后将 PE 接近的模态分量叠加组合，从而避免此类情况发生。在计算 PE 之前，需要先确定嵌入维度 m 和时延 τ，不同的参数取值会对结果产生影响。以三种分解方法所得的 IMF1、IMF2 为例，讨论在不同 m 和 τ 取值下，各分量的 PE 变化情况，结果如图 4.21 所示。

　　由图 4.21 可知，当 τ 在 1～6 变化时，各模态分量信号的 PE 变化很小，说明参数 τ 对 PE 的影响非常小，因此取 $\tau=1$。对于嵌入维度 m，一般建议取值为 3～7。原因是如果 m 取值过小，取 1 或者 2 时，重构向量状态矩阵维度较低，不能准确反映信号本身的细微变化；如果 m 取值过大，重构向量空间将会均匀化时间序列，此时 PE 计算结果接近，不能较好地区分不同时间序列的差异。

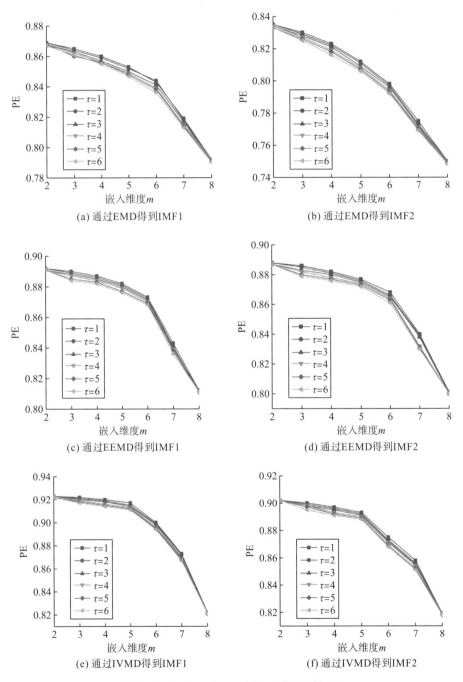

图 4.21　IMF1、IMF2 在不同时延下的 PE

根据图 4.21 中 PE 随嵌入维度 m 的变化情况，当 PE 较大时具有更好的识别度，因此取 m =4。在确定了合适的 m 和 τ 以后，分别计算通过 EMD、EEMD、IVMD 所得模态分量的 PE，并将具有相似值的分量进行叠加组合，计算结果如图 4.22 所示。

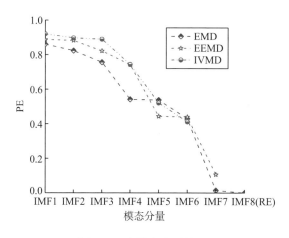

图 4.22　各模态分量的 PE

由图 4.22 可知，将 PE 接近的模态分量叠加组合，即 EMD 中的 IMF1、IMF2、IMF3、IMF4-5、IMF6、IMF7-8 叠加形成组合分量 E1、E2、E3、E4、E5、E6；EEMD 中的 IMF1-2、IMF3、IMF4、IMF5-6、IMF7 叠加形成组合分量 M1、M2、M3、M4、M5；IVMD 中的 IMF1、IMF2-3、IMF4、IMF5、IMF6 叠加形成组合分量 V1、V2、V3、V4、V5。

基于提出的利用 KLD 识别特征分量的方法，从概率密度分布的角度计算组合模态分量信号与原信号之间的 KLD，从而判断两信号之间的相关性，准确识别温度效应成分。三种分解方法所得 IMF 分量与原信号的 KLD 如表 4.12～表 4.14 所示。由表 4.12～表 4.14 可知，EMD 所得模态分量中，E2、E5 对应的 KLD 最小；EEMD 所得模态分量中，M2、M4 对应的 KLD 最小；IVMD 所得模态分量中，V3、V5 对应的 KLD 最小。KLD 越小代表分量信号与原始信号之间的关系越紧密，因此这些最小 KLD 对应的组合分量分别代表日温差效应和年温差效应。将经过 IVMD 和 KLD 识别的分量(V3、V5)，变换至频域观察其频率成分，如图 4.23 所示。由图 4.23 可知，IVMD-KLD 所得的日温差效应、年温差效应频率与合成之前的模拟信号频率基本保持一致，即分别对应时间尺度 24h 和一年 8760h，说明 IVMD-KLD 具备有效将复杂索力信号中的温度效应分离的能力。

表 4.12　EMD 组合分量与原信号之间的 KLD

方法	KLD					
	E1	E2	E3	E4	E5	E6
EMD	1.81	0.21	1.13	1.72	0.18	1.04

表 4.13　EEMD 组合分量与原信号之间的 KLD

方法	KLD				
	M1	M2	M3	M4	M5
EEMD	1.74	0.52	1.03	0.23	1.21

表 4.14　IVMD 组合分量与原信号之间的 KLD

方法	KLD				
	V1	V2	V3	V4	V5
IVMD	1.74	1.61	0.31	1.15	0.72

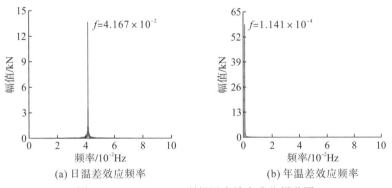

(a) 日温差效应频率　　　　　　(b) 年温差效应频率

图 4.23　IVMD-KLD 所得温度效应成分频谱图

利用能量熵增量与 KLD 的方法相互校核，验证 KLD 在识别特征分量时的有效性，归一化后的 KLD 与能量熵增量如图 4.24～图 4.26 所示，归一化过程如式(4.19)所示：

$$\mathrm{KLD}_{归一化} = \frac{\mathrm{KLD}_i}{\sum \mathrm{KLD}_i} \tag{4.19}$$

由图 4.24～图 4.26 可知，将模态分量的能量熵增量与模态分量的归一化 KLD 进行相互校核，对于 EMD 所得的 E2、E5 分量，EEMD 所得的 M2、M4 分量，IVMD 所得的 V3、V5 分量，当它们对应的 KLD 最小时，相应的能量熵增量最大，说明这些 IMF 分量在整个原始索力合成信号中所占的能量比值最大，包含的信息成分最多，代表合成信号中的日温差效应和年温差效应。能量熵增量的方法证明 KLD 方法具有选择最佳分量的优势。

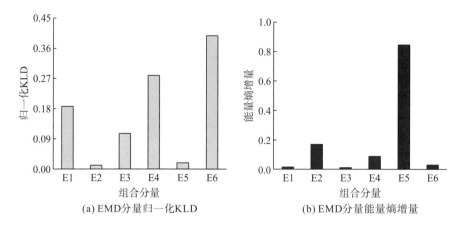

(a) EMD分量归一化KLD　　　　　　(b) EMD分量能量熵增量

图 4.24　EMD 对比结果

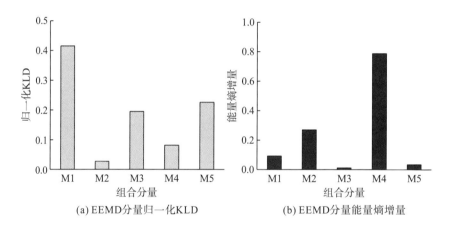

(a) EEMD分量归一化KLD　　　　　(b) EEMD分量能量熵增量

图 4.25　EEMD 对比结果

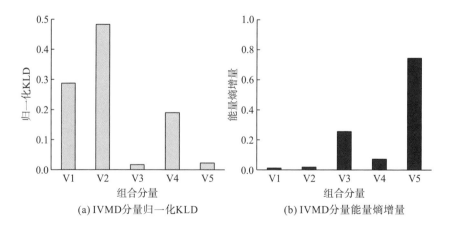

(a) IVMD分量归一化KLD　　　　　(b) IVMD分量能量熵增量

图 4.26　IVMD 对比结果

5) 分离效果评价

采用前述指标波形互相关系数(ρ)及 MAE、RMSE、MAPE 评价温度效应分离的效果，分离效果及分离误差评价指标如表 4.15～表 4.17 所示。

表 4.15　分离结果与原信号之间的波形互相关系数

索力成分	分离方法	ρ	所提方法提升程度/%
日温差效应	EMD-KLD	0.9012	9.12
	EEMD-KLD	0.8901	10.48
	IVMD-KLD (所提方法)	0.9834	—
年温差效应	EMD-KLD	0.8803	12.50
	EEMD-KLD	0.8911	11.13
	IVMD-KLD	0.9903	—

表 4.16　分离结果的误差指标

分离方法	评价指标	日温差效应/kN	年温差效应/kN
EMD-KLD	MAE	3.99	2.84
	RMSE	8.87	4.67
	MAPE	14.14	8.66
EEMD-KLD	MAE	4.56	2.11
	RMSE	5.48	2.87
	MAPE	15.37	10.24
IVMD-KLD (所提方法)	MAE	1.61	1.43
	RMSE	1.95	1.76
	MAPE	2.46	6.83

表 4.17　所提方法与其他方法分离结果对比

比较对象	百分比指数	MAE/%	RMSE/%	MAPE/%
EMD-KLD	日温差效应	59.6	78.0	82.6
	年温差效应	49.6	62.3	21.3
EEMD-KLD	日温差效应	64.7	64.4	84.0
	年温差效应	32.4	38.7	33.3

由表 4.15 的波形互相关系数ρ可知，本节所提方法与 EMD-KLD、EEMD-KLD 方法相比，原始模拟日温差效应信号与分解所得日温差效应成分之间的相关性分

别提升了 9.12%、10.48%，原始模拟的年温差效应信号与分解所得年温差效应成分之间的相关性分别提升了 12.50%、11.13%，即更好地还原了原信号的波形特征，取得了良好的效果。

同时，由表 4.16 和表 4.17 的分解误差评定指标可知，所提的 IVMD-KLD 分离方法与 EMD-KLD、EEMD-KLD 方法相比，相关的误差指标显著降低。其中，日温差效应的 MAE 分别优化提升了 59.6%、64.7%，RMSE 分别优化提升了 78.0%、64.4%，MAPE 分别优化提升了 82.6%、84.0%；年温差效应的 MAE 分别优化提升了 49.6%、32.4%，RMSE 分别优化提升了 62.3%、38.7%，MAPE 分别优化提升了 21.3%、33.3%。IVMD-KLD 相比于其他方法展现出了更佳的性能，主要原因是 IVMD 采用的是非递归的处理手段，将信号分解的过程转化为变分分解模式，实质上相当于多个自适应维纳滤波器组，能够实现信号频域内各个分量的自适应分割，具有较好的复杂数据分解精度及抗噪声干扰能力；EMD 采用递归分解的方式得到的子分量不稳定，在分离过程中会受到频率接近的成分相互影响，导致分离效果不佳；EEMD 在分解时加入了高斯白噪声，虽然在一定程度上改善了模态频率混叠现象，但引起了信号的失真，导致在一些分解误差指标上不如 EMD 方法，如其日温差效应的 MAE 反而大于 EMD 所得的值。

综上所述，通过三种分解方法的比较，基于 IVMD-KLD 方法所得的索力模拟信号温度效应分离结果更加精确。

2. 实桥验证

为进一步验证所提方法针对桥梁索力监测数据温度效应分离问题的普适性，对桥梁实际运营过程中索力监测数据进行分析，首先利用有效的方法对异常数据进行识别修正和缺失值填补，通过低通滤波的方法分离出索力数据中的车辆荷载效应、风荷载效应等快变成分，然后利用 IVMD-KLD 方法实现索力数据中日温差效应、年温差效应的分离，最后通过分离索力温度效应得到恒载索力变化趋势。

1) 工程概况

某斜拉桥位于重庆市连接高新区礼嘉组团与北碚区蔡家组团(图 4.27)，于 2014 年通车，为轨道交通六号线的正常运营提供了重要保障。其主桥结构型式为双索面混凝土斜拉桥，跨径布置为 60m+135m+250m+135m+60m，采取塔梁固结形式。南引桥为 2×45m 连续梁，北引桥为两联 3×60m、一联 3×50m 连续刚构桥，高墩采取墩梁固结。桥塔为菱形桥塔，桥面以上 78m，单肢横向宽 2.8m，纵向宽 6m。主桥主梁采用单箱单室等高混凝土箱梁，梁宽 15m，梁高 3.5m。标准梁段顶板厚 0.3m，腹板厚 0.5m，底板厚 0.3m。南引桥和北引桥第一联采用单箱单室截面，北引桥第二联和第三联位于曲线上，梁宽从 12m 变到 18.1m，采用单箱双室截面，梁高 3.5m，顶板厚 0.3m，腹板厚 0.65m，底板厚 0.3m。全桥共 56 对斜拉索，材质采用钢绞线，强度 f_{pk}=1860MPa。某斜拉桥相关传感器如图 4.28 所示。

图 4.27　某斜拉桥鸟瞰图

(a) 温度传感器　　　　　　　　(b) 振弦式索力计

图 4.28　某斜拉桥相关传感器

　　某斜拉桥健康监测系统于 2013 年 12 月建成投入运行，目前已积累一定数量的监测数据，如应力-应变、环境温度、主梁位移、加速度、索力等，这些数据为分析大跨桥梁服役状态提供了宝贵的信息。大桥健康监测系统中主要传感器的布设如下：主桥及引桥主梁共设 14 个应力观测截面，主桥主梁每个截面上顶板和下顶板各安装 3 个光纤应变传感器和 3 个光纤温度传感器；共设 18 个挠度观测截面，主桥以每个"T"梁的悬臂 1/2 长度及跨中作为主梁挠度观测截面，引桥以每跨跨中作为主梁挠度观测截面，每个截面平行布置 2 个挠度测点，共 36 个测点，同时在主桥与引桥的伸缩缝处各设有一个梁纵向位移测点；共设 2 个环境温度监测点，分别位于主桥跨中和南岸侧引桥处；加速度监测布置于主桥跨中、主跨 1/4 等关键截面，共计 5 个加速度传感器。索力测点布置于南北桥塔索面中具有代表性的 8 根长索、8 根中索、8 根短索共 24 根斜拉索，进行长期索力监测，同时利用弦振频率法进行定期检测。全桥主要监测点布置如图 4.29 所示。

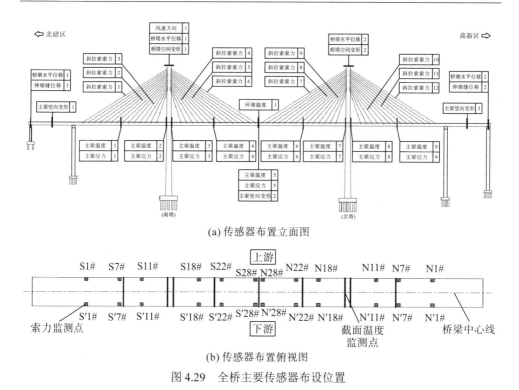

(a) 传感器布置立面图

(b) 传感器布置俯视图

图 4.29   全桥主要传感器布设位置

2) 索力监测数据分解

以 S7#索全年索力监测数据为例进行分析，其余斜拉索可采取同样的分析方法，利用 IVMD-KLD 温度效应分离方法对实桥运营索力监测数据中的温度效应成分进行分离。经滤波后的索力数据通过 IVMD 进行分解，得到 8 个模态分量，结果如图 4.30(a) 所示。同时也使用 EMD、EEMD 对索力数据进行分解，结果如图 4.30(b) 和(c) 所示，分别得到 7 个模态分量和 1 个残余分量[图 4.30(b)]，以及 9 个模态分量[图 4.30(c)]。经过快变成分分离后，利用时频分解方法将索力分解为一系列模态分量，模态分量中蕴含温度效应的成分信息，根据对索力数据的频谱分析可得到温度效应(主要有日温差效应和年温差效应)成分个数，下面需要对温度效应的分量进行有效、准确地识别。

3) 模态分量组合与识别

真实运营情况下的索力监测响应数据，由于受到各类环境因素(如骤然降温等天气情况)的影响，远比模拟的索力信号复杂多变，在分解过程中更容易造成温度效应成分混入其他模态分量中。因此，同样为了防止具有温度效应的信息分量丢失，须先利用 PE 进行各模态分量的时序复杂性判断，在获得组合分量后，再通过 KLD 识别代表温度效应的特征成分分量。

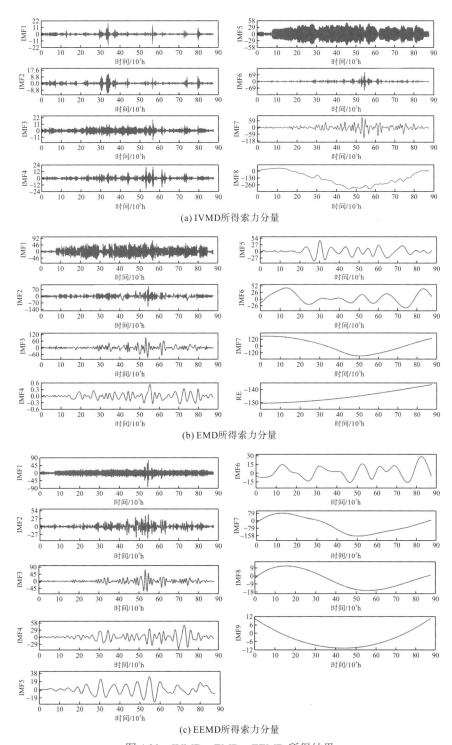

(a) IVMD所得索力分量

(b) EMD所得索力分量

(c) EEMD所得索力分量

图 4.30　IVMD、EMD、EEMD 所得结果

同样需要先确定嵌入维度 m 和时延 τ，仍以 IMF1、IMF2 为例，讨论在不同 m 和 τ 取值下，各分量的 PE 变化情况，结果如图 4.31 所示。由图 4.31 可知，在实测数据中不同的 τ 取值对 PE 的影响很小，因此取 $\tau=1$。由于实测数据中分解得到的 IMF 分量的 PE 都偏高，此时取中值 $m=5$ 进行对比，可较好地体现不同时间序列的差异。

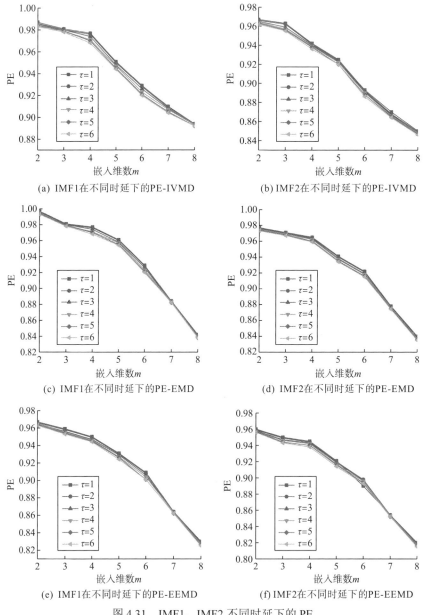

图 4.31 IMF1、IMF2 不同时延下的 PE

在确定了合适的 m 和 τ 值以后，分别计算 IVMD、EMD、EEMD 所得模态分量的 PE，计算结果如图 4.32 所示。

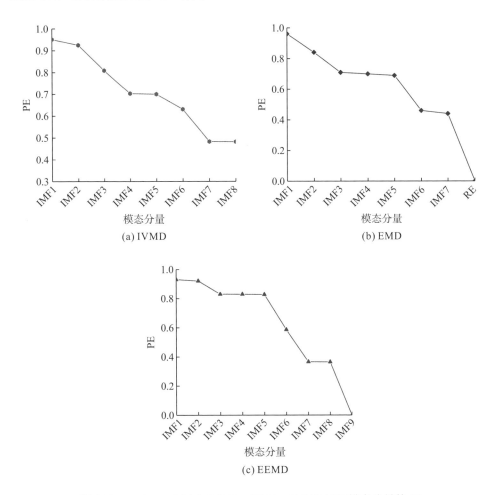

(a) IVMD

(b) EMD

(c) EEMD

图 4.32　$m=5$，$\tau=1$ 时由 IVMD、EMD、EEMD 所得模态分量的 PE

将具有相似值的分量进行叠加组合，由图 4.32 可知，将 IVMD 得到的 PE 相近的 IMF1-2、IMF3、IMF4-5、IMF6、IMF7-8 叠加得到 V1、V2、V3、V4、V5 组合分量；将 EMD 得到的 PE 相近的 IMF1、IMF2、IMF3-5、IMF6-7、RE 叠加得到 E1、E2、E3、E4、E5 组合分量；将 EEMD 得到的 PE 相近的 IMF1-2、IMF3-5、IMF6、IMF7-8、IMF9 叠加得到 M1、M2、M3、M4、M5 组合分量。

最后，经过分量的叠加组合可以有效避免温度效应成分的丢失，再使用 KLD 准确识别为温度效应特征分量，各组合分量的 KLD 计算结果如表 4.18 所示。

表 4.18　组合分量的 KLD

分解方法	KLD				
	1*	2*	3*	4*	5*
IVMD	4.97	3.82	1.02	3.52	0.73
EMD	5.21	4.73	0.96	0.39	5.89
EEMD	4.69	1.12	3.99	0.86	4.75

注：*组合分量编号，对应 IVMD 为 V1～V5，对应 EMD 为 E1～E5，对应 EEMD 为 M1～M5。

由表 4.18 可知，这些组合中 KLD 最小的分量如下：IVMD 所得组合分量中的 V3、V5，EMD 所得组合分量中的 E3、E4，EEMD 所得组合分量中的 M2、M4。这从概率分布的角度说明表中数据与原信号之间的关联更加紧密，因此可以认为这些组合分量是索力数据中的日温差效应成分和年温差效应成分。各组合分量的能量熵增量如表 4.19 所示。能量熵增量的结果同样表明，KLD 准确、有效地识别出了温度效应特征成分，证明了 KLD 方法的可行性。

表 4.19　各组合分量的能量熵增量值

分解方法	能量熵增量				
	1*	2*	3*	4*	5*
IVMD	0.021	0.268	0.022	0.082	0.607
EMD	0.052	0.103	0.262	0.494	0.089
EEMD	0.099	0.252	0.053	0.516	0.017

注：*组合分量编号，对应 IVMD 为 V1～V5，对应 EMD 为 E1～E5，对应 EEMD 为 M1～M5。

4）温度效应分离结果分析及评价

基于对温度监测频谱数据的分析及索力与温度之间的相关性分析，发现环境温度与运营索力之间存在一定的相关性，考虑若能将温度监测数据中的日温度变化成分、年温度变化成分和索力监测数据中的日温差效应成分、年温差效应成分同时分离出来，并求得它们之间的皮尔逊相关系数。相关性的强弱不仅可以说明所提方法分离出的索力分量确实由温度变化引起，明确其物理意义，还能将此作为评价几种时频分解技术分离结果优劣的一种方法。采用三种方法分离所得的日温差效应和年温差效应，结果如图 4.33 所示。

由图 4.33 可知，日温差效应引起索力变化的区间主要在[-60,80]，年温差效应引起索力变化的区间主要在[-350,150]。与 EMD-KLD、EEMD-KLD 方法相比，IVMD-KLD 方法的日温差效应成分信号的波形更加平稳，没有较大的幅值突变，这将更有利于体现受每日温度变化影响的索力温差效应的细节变化；在年温差效应成分信号方面，三种方法所得的曲线变化趋势大致相同，在一年中受温度变化影响索力存在约 500kN 的幅值变化量。

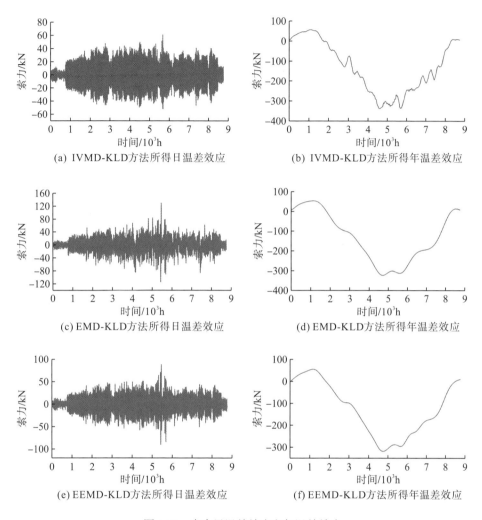

(a) IVMD-KLD方法所得日温差效应　　　　(b) IVMD-KLD方法所得年温差效应

(c) EMD-KLD方法所得日温差效应　　　　(d) EMD-KLD方法所得年温差效应

(e) EEMD-KLD方法所得日温差效应　　　　(f) EEMD-KLD方法所得年温差效应

图 4.33　索力日温差效应和年温差效应

同时，计算所得温度效应的频谱如图 4.34 所示。由频谱图可知，三种方法得到的日温差效应频率幅值集中在 $4.17×10^{-2}h^{-1}$ 和 $8.33×10^{-2}h^{-1}$ 附近。相比之下，可以明显看出，IVMD 所得的日温差效应成分频率分布更加集中，在低频带内没有混入其他频率成分信号，有效减少模态频率混叠的影响；年温差效应的频率比其他分量低得多，更容易被分离出来。因此，三种方法得到的频谱相似，频率幅值都集中在 $1.14×10^{-4}h^{-1}$ 附近。

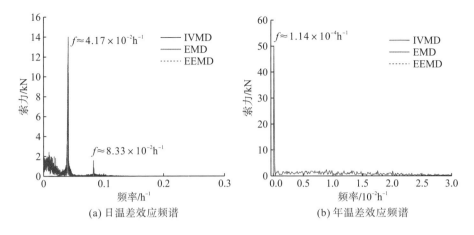

(a) 日温差效应频谱   (b) 年温差效应频谱

图 4.34   温度效应频谱图

为了对比体现所提方法的优势，同样采用 IVMD-KLD、EMD-KLD 和 EEMD-KLD 这三种方法将环境温度监测数据中的日温度变化成分和年温度变化成分分离出来，温度变化成分如图 4.35 所示。由图可知，一日内日温度变化的范围在 [−7℃,7℃]，一年内的年温度变化范围在 [5℃,45℃]。并利用皮尔逊相关系数 $r_{(c,v)}$ 量化温度与索力之间的相关性，计算结果如表 4.20 所示。

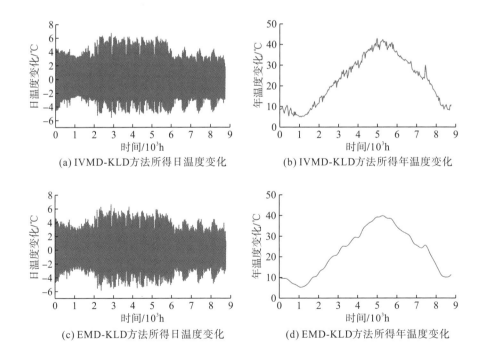

(a) IVMD-KLD方法所得日温度变化   (b) IVMD-KLD方法所得年温度变化

(c) EMD-KLD方法所得日温度变化   (d) EMD-KLD方法所得年温度变化

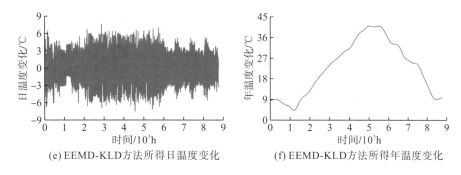

(e) EEMD-KLD方法所得日温度变化　　　(f) EEMD-KLD方法所得年温度变化

图 4.35　日温度变化和年温度变化

表 4.20　温度与 S7#索力之间的皮尔逊相关系数

索力温度效应	方法	$r_{(c,v)}$	所提方法提升程度/%
日温差效应	EMD-KLD	−0.815	17.42
	EEMD-KLD	−0.859	11.41
	IVMD-KLD（所提方法）	−0.957	—
年温差效应	EMD-KLD	−0.823	20.17
	EEMD-KLD	−0.882	12.13
	IVMD-KLD（所提方法）	−0.989	—

由表 4.20 可知，将温度和索力数据在时间尺度上均划分为日变化成分和年变化成分，然后利用皮尔逊相关系数量化出两变量之间的相关性，且相关系数均为负，说明两者之间呈强负相关性。同时，通过 IVMD-KLD 方法所得的日温差效应和年温差效应相关系数的绝对值均大于 0.95，体现出索力温度效应与温度变化之间的变化趋势保持高度一致性。与 EMD-KLD、EEMD-KLD 方法相比，IVMD-KLD 方法的日温差效应分离效果分别提升了 17.42%、11.41%，年温差效应分离效果分别提升了 20.17%、12.13%，IVMD-KLD 方法在索力数据温度效应分离上展现出了良好可行性，分离结果更精确。

在分解过程中产生的误差，同样利用所提的误差指标进行评定，由于无法预知索力实测数据中真实的温度效应，只能计算 S7#索力数据分离所获得的温度效应成分与原监测索力信号之间的误差指标值，本节仅采用 MAE 和 RMSE，结果如表 4.21 所示。由表 4.21 可知，由于只能计算温度效应成分与原索力监测值之间误差指标值，误差结果均较大，但还是可以明显看出，通过 IVMD-KLD 方法所得温度效应的分解误差明显小于 EMD-KLD 方法和 EEMD-KLD 方法，如年温差效应的 MAE 减少了约 50%。

表 4.21   S7#索力温度效应分解误差   （单位：kN）

分离方法	误差指标	日温差效应	年温差效应
EMD-KLD	MAE	38.6	16.7
	RMSE	55.6	32.5
EEMD-KLD	MAE	37.2	13.4
	RMSE	49.1	29.8
IVMD-KLD	MAE	33.2	7.5
	RMSE	42.3	20.7

最后，计算由 IVMD-KLD 所得的南岸侧上游和下游共 12 根斜拉索索力监测数据中的日温差效应成分、年温差效应成分与环境日温度变化、年温度变化之间的相关系数，结果如表 4.22 所示。同时，计算通过 EMD-KLD、EEMD-KLD 方法所得相关系数，结果分别如表 4.23 和表 4.24 所示。

表 4.22   温度与索力之间的皮尔逊相关系数（IVMD-KLD）

索力温度效应成分	拉索编号	皮尔逊相关系数	
		上游侧	下游侧
日温差效应	1#	−0.968	−0.965
	7#	−0.957	−0.959
	11#	−0.980	−0.981
	18#	−0.982	−0.984
	22#	−0.954	−0.952
	28#	−0.963	−0.956
年温差效应	1#	−0.981	−0.975
	7#	−0.989	−0.992
	11#	−0.991	−0.987
	18#	−0.988	−0.990
	22#	−0.983	−0.988
	28#	−0.985	−0.983

表 4.23   温度与索力之间的皮尔逊相关系数（EMD-KLD）

索力温度效应成分	拉索编号	皮尔逊相关系数	
		上游侧	下游侧
日温差效应	1#	−0.868	−0.859
	7#	−0.815	−0.823
	11#	−0.833	−0.841
	18#	−0.858	−0.851
	22#	−0.839	−0.832
	28#	−0.826	−0.831

续表

索力温度效应成分	拉索编号	皮尔逊相关系数	
		上游侧	下游侧
年温差效应	1#	−0.831	−0.808
	7#	−0.823	−0.822
	11#	−0.873	−0.876
	18#	−0.866	−0.859
	22#	−0.858	−0.856
	28#	−0.862	−0.871

表 4.24　温度与索力之间的皮尔逊相关系数（EEMD-KLD）

索力温度效应成分	拉索编号	皮尔逊相关系数	
		上游侧	下游侧
日温差效应	1#	−0.861	−0.863
	7#	−0.859	−0.848
	11#	−0.877	−0.872
	18#	−0.871	−0.875
	22#	−0.831	−0.840
	28#	−0.859	−0.864
年温差效应	1#	−0.872	−0.869
	7#	−0.882	−0.881
	11#	−0.887	−0.891
	18#	−0.879	−0.878
	22#	−0.870	−0.865
	28#	−0.871	−0.868

由表 4.22～表 4.24 可知，从各斜拉索的索力数据中分离出的日温差效应、年温差效应与环境日温度变化量、年温度变化量之间存在非常强的负相关性，其中在靠近塔附近的索力日温差效应与温度的相关系数绝对值均达到 0.98 及以上，说明此区域内的索力变化更容易受到温度的影响。此外，无论是日温差效应还是年温差效应，IVMD-KLD 方法的皮尔逊相关系数绝对值都大于 0.95，均优于 EMD-KLD 方法、EEMD-KLD 方法，再次说明所提方法能取得良好的分离准确度，可为桥梁结构真实响应的获取与状态评估奠定基础。

4.3.3　小结

针对 VMD 方法中参数复杂且需手动调试这一问题，本节提出了可自适应确定参数的 IVMD，通过仿真分析和工程实例对温度效应分离进行了研究，证明所提方法的有效性和优越性。主要结论如下：

(1)对于温度效应成分特征 IMF 分量的选取，为了避免温度效应成分的丢失，可采用 PE 判断各模态分量时序复杂性并依此叠加组合分量，再从两个信号之间概率分布差异的角度，计算 KLD 量化原信号与子模态分量信号之间的关联性，从而有效、准确地识别温度效应分量。

(2)通过对仿真信号的分解，与 EMD-KLD 方法相比，IVMD-KLD 方法的索力日温差效应、年温差效应信号分离前后的波形互相关系数分别提高了 9.12%、12.50%；与 EEMD-KLD 相比，IVMD-KLD 方法的索力日温差效应、年温差效应信号分离前后的波形互相关系数分别提高了 10.48%、11.13%，获得更高的分离准确度，大大降低了分解误差。

(3)在实际工程应用中，由于服役环境复杂多变，采用排列熵判断 IMF 分量信号的时序复杂性并组合分量，然后利用 KLD 进行分量筛选，取得了良好的效果。相比于 EMD-KLD 方法，IVMD-KLD 方法取得的日温差效应、年温差效应与日温度变化、年温度变化之间的皮尔逊相关系数分别提高了 17.42%、20.17%；相比于 EEMD-KLD 方法，IVMD-KLD 方法取得的日温差效应、年温差效应与日温度变化、年温度变化之间的皮尔逊相关系数分别提高了 11.41%、12.13%。

4.4 基于 TVFEMD-PE-KLD 的监测数据温度效应分离方法

VMD 方法已被证明对噪声具有鲁棒性，但其滤波器截止频率相对于时间是恒定的，这使得在分析非线性和非平稳信号时通常难以获得令人满意的分解结果。相比之下，TVFEMD 可以利用时变滤波来解决模态混合问题，其中影响分解效率的参数还可以很容易自适应选择。基于此，本节提出一种基于 TVFEMD、PE 和 KLD 的桥梁挠度监测数据温度效应分离方法(分离方法 3，即本节"所提方法")，结合 TVFEMD 更加适用于非线性和非平稳的监测信号的特点，分离桥梁挠度监测数据。通过数值算例和实桥健康监测数据的研究，验证本节所提方法对桥梁挠度温度效应分离问题的有效性。

4.4.1 分离方法步骤

首先，采用 TVFEMD 方法将桥梁挠度监测数据分解成多个不同的子序列，可以很好地解决原始数据的非平稳和非线性问题。其次，计算多个子序列的 PE，得到各个序列的复杂度，将复杂度相近的序列组合成新序列。然后，采用核密度估计求取各个序列的概率密度分布，接着应用基于 KLD 的特征标准，在所有子序列中进行选择，消除虚假子序列，并保留剩余子序列。最后，通过相关系数分析分离效果。基于 TVFEMD-PE-KLD 的桥梁挠度监测数据温度效应分离流程图如图 4.36 所示。

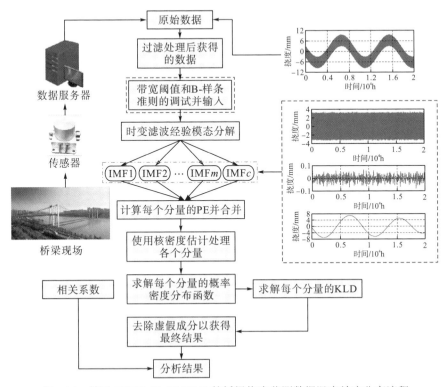

图 4.36　基于 TVFEMD-PE-KLD 的桥梁挠度监测数据温度效应分离流程

4.4.2　实例分析

1. 仿真算例

背景桥总长度为 1650.5m，桥面宽度为 22m，主桥为连续钢箱梁自锚式悬索桥，主梁为钢梁-混凝土梁混合结构，主墩为钢筋混凝土结构。跨径为 50m+210m+600m+210m+50m=1120m。建立该桥有限元模型，如图 4.37 所示。

图 4.37　背景桥有限元模型

利用有限元软件计算背景桥主桥跨中挠度，整体升温 1℃，主跨跨中下挠挠度 $f' = 0.395\text{mm}$（下挠）；梁截面温差升高 1℃，主跨跨中上拱挠度 $f'' = 0.294\text{mm}$（上拱）。现取整体日温差幅值为 24℃，梁截面日温差为 12℃，年温差为 32℃。日温差与年温差均为周期性函数且存在不同的时间尺度，因此假设其按照正弦变化，可以得到以下按时序变化的参数[11]。

总温度通过在多个温度分量下求和得到

$$T_0(t) = T_{1a}(t) + T_{1b}(t) + T_2(t) \tag{4.20}$$

其中，

$$T_{1a}(t) = 12\sin(\pi t / 12)$$
$$T_{1b}(t) = 6\sin(\pi t / 12)$$
$$T_2(t) = 16\sin(\pi t / 4380)$$

式中，$T_{1a}(t)$——整体日温差；

$T_{1b}(t)$——截面日温差；

$T_2(t)$——年温差。

跨中总温度挠度为

$$f_0(t) = f_1(t) + f_2(t) = f_{1a}(t) + f_{1b}(t) + f_2(t) \tag{4.21}$$

其中，

$$f_{1a}(t) = -4.74\sin(\pi t / 12)$$
$$f_{1b}(t) = 1.764\sin(\pi t / 12)$$
$$f_1(t) = -2.976\sin(\pi t / 12)$$
$$f_2(t) = -6.32\sin(\pi t / 4380)$$

式中，$f_{1a}(t)$——整体日温差效应；

$f_{1b}(t)$——截面日温差效应 ；

$f_1(t)$——日温差效应，为整体日温差效应与截面日温差效应之和；

$f_2(t)$——年温差效应。

仿真分析按照 1h 内采集 20 个挠度数据的方式进行仿真分析，选取 2×10^4 个数据点进行仿真。具有不同效果的模拟挠度信号的时程曲线和频谱如图4.38所示。

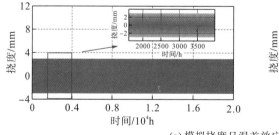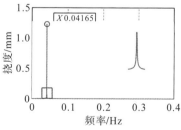

(a) 模拟挠度日温差效应

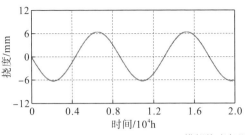
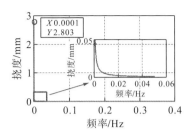

(b) 模拟挠度年温差效应

图 4.38 模拟得到的挠度温度效应时程曲线与频谱图

由图 4.38 可以看出, 挠度日温差效应的频率高于挠度年温差效应的频率, 但两者的频率都较低。将高斯白噪声添加到总模拟挠度温度效应中, 以确定每种方法的抗噪性能。模拟的挠度温度效应时程曲线和频谱如图 4.39 所示。

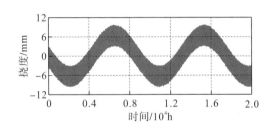
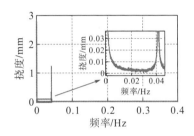

图 4.39 模拟温度效应时程曲线与频谱图

(1) 温度效应分离。

采用 TVFEMD 方法对总模拟挠度温度效应时间序列数据进行分解。TVFEMD 方法的参数设置包括带宽阈值和 B-样条准则, 可以参见文献[12]。此时, 采用 TVFEMD 方法分解总模拟挠度温度效应时程数据, 分解结果如图 4.40 所示。

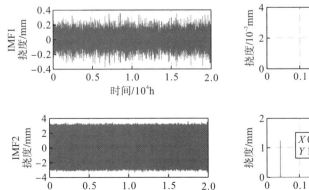
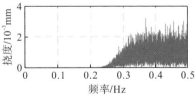
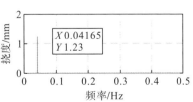

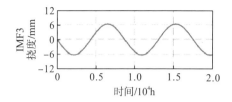 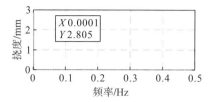

图 4.40　TVFEMD 的分解结果

由图 4.40 可以看出，TVFEMD 得到三个 IMF 分量，而总模拟挠度温度效应中只包含两个信号，因此存在一个干扰分量。为了验证所提方法的可靠性，采用 EMD 和 EEMD 方法对总模拟挠度温度效应进行分解。EMD 和 EEMD 获得的 IMF 数量分别为 10 和 12，分别如图 4.41 和图 4.42 所示。

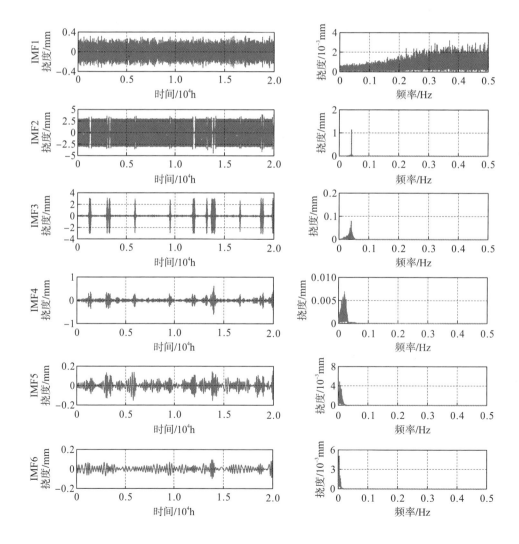

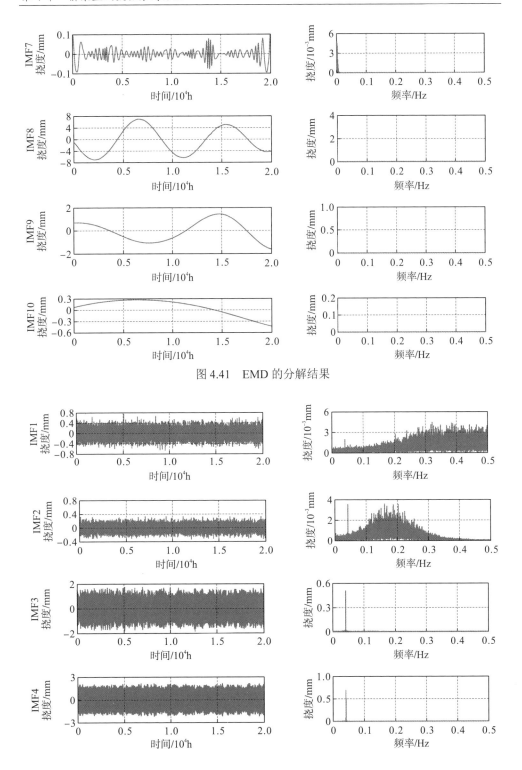

图 4.41　EMD 的分解结果

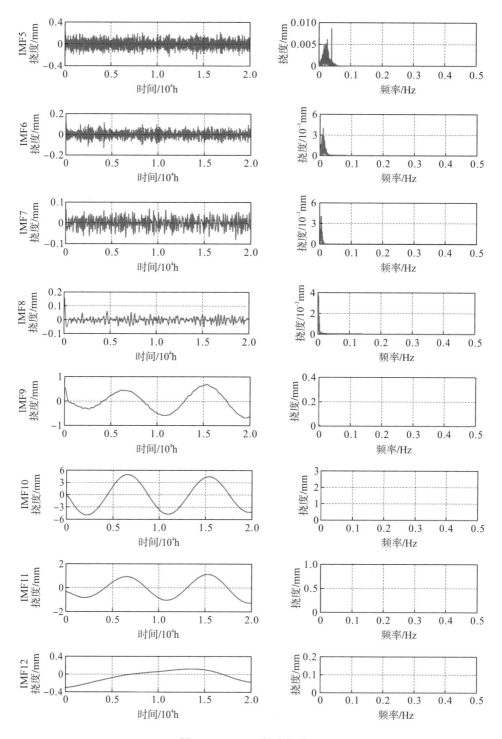

图 4.42 EEMD 的分解结果

　　在 TVFEMD 结果(图 4.40)中可以观察到，分量的振幅减小，频率不变，产生的干扰分量更少。然而，EMD 和 EEMD 方法的干扰分量(图 4.41 和图 4.42)比 TVFEMD 方法的干扰分量更多。其中，在 EMD 和 EEMD 的分离结果中，不同的 IMF 分量中都出现了相似的特征时间尺度分布。结果表明，TVFEMD 的时变滤波特性在分解过程中起着重要作用，为后续特征分量的准确提取提供了重要依据。

　　(2)剔除干扰分量。

　　EMD 和 EEMD 方法的分量结果中存在较多干涉分量，因此使用 KLD 剔除干扰分量。分别对运用排列熵(PE)和未运用 PE 的方法进行比较，目的是防止存在许多可能影响结果准确性的组分在分解时被过度剔除。其中，未运用 PE 时的计算结果如表 4.25 所示。

表 4.25　各分离方法未运用 PE 时各个分量结果

方法	IMF											
	1	2	3	4	5	6	7	8	9	10	11	12
EMD-KLD	0.8427	0.6673	1.8771	1.4792	0.9372	0.8625	0.9645	0.6012	0.6923	1.0536	—	—
EEMD-KLD	0.9551	1.0143	0.5490	0.5693	0.9673	0.9005	0.7160	1.1262	0.6517	0.5173	0.5976	0.7429
TVFEMD-KLD	0.9356	0.8171	0.7294									

注：表中 1~12 为 IMF 分量编号。

　　由表 4.25 可以看出，使用 KLD 方法可以实现对最佳分量的选择。但是，由于在分离的结果中存在干扰分量，以这种方式获得的结果可能会对准确性产生一定的影响。排列熵是计算信号复杂度的一种方法。为了防止信号分量被过度移除，需要计算每个信号的排列熵。然后，对具有相近 PE 和频率的分量进行重组，以确保结果的准确性[13]。排列熵的参数设置可以在文献[14]中找到。这些计算结果展示在图 4.43 中。

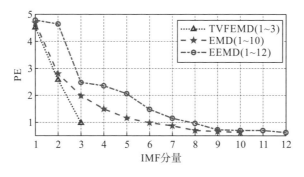

图 4.43　不同方法的 PE 结果

图 4.43 表明，TVFEMD 结果中各个分量的 PE 明显不同，因此这些分量没有进行组合。EMD 的多个分量根据排列熵进行组合，重组分量定义为 Rc1（IMF1）、Rc2（IMF2）、Rc3（IMF3）、Rc4（IMF4）、Rc5（IMF5-7）和 Rc6（IMF8-10）。同样，EEMD 的重组成分是 Rc1（IMF1-2）、Rc2（IMF3-5）、Rc3（IMF6-8）和 Rc4（IMF9-12）。随后，计算 KLD 和互信息（MI）以评估和比较重组分量。结果如表 4.26 所示。

表 4.26　参数结果

分离方法	计算方式	Rc1	Rc2	Rc3	Rc4	Rc5	Rc6	δ
EMD	PE-KLD	0.7355	0.6427	1.8771	1.4792	1.2460	0.6673	2.9206
	PE-MI	0.8555	0.8525	0.7181	0.7904	0.8186	0.8671	1.2075
EEMD	PE-KLD	0.9727	0.8151	0.9984	0.7304	—	—	1.3669
	PE-MI	0.8390	0.8598	0.8354	0.8679	—	—	1.0389
TVFEMD	PE-KLD	0.9356	0.8171	0.7294	—	—	—	1.2827
	PE-MI	0.8436	0.8586	0.8635	—	—	—	1.0236

注：$\delta = \mathrm{Max\,Rc}i / \mathrm{Min\,Rc}i (i = 1, 2, \cdots, 6)$。

在表 4.26 的三组结果中，KLD 的最小 δ 为 1.2827，MI 的最大 δ 为 1.2075。可以发现，使用 KLD 的结果呈现显著差异化。此外，可以使用 MI 选择最佳分量，但每个 MI 彼此接近，这很容易导致误判。因此，KLD 方法更适合用于最佳分量选择。将原始信号与分解计算后得到的信号进行比较，结果如图 4.44 所示。

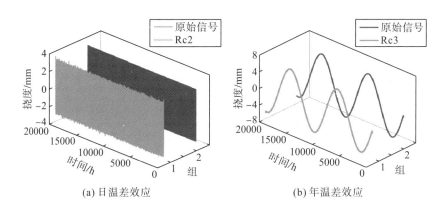

(a) 日温差效应　　　　　　　　　　(b) 年温差效应

图 4.44　分解前后模拟温度效应

如图 4.44 所示，通过 KLD 方法选择获得的最佳分量信号与分解前的分量信号保持相同的趋势和稳定性。随后，评估不同方法的分离结果。

(3)分离结果对比。

为了证明所提方法的可靠性，分别计算 TVFEMD-PE-KLD、EMD-KLD、EMD-PE-KLD、EEMD-KLD 和 EEMD-PE-KLD 得到的挠度温度效应的ρ、MAE 和 RMSE 结果。下面使用式(4.22)～式(4.25)计算这五种方法的结果，如表 4.27 所示。

表 4.27　不同分离模型的评估参数

温度效应	分离方法	ρ/%	Ie$_{PE}$/%	Ie/%	MAE	Ie$_{PE}$/%	Ie/%	RMSE	Ie$_{PE}$/%	Ie/%	SNR/dB	Ie/%
D	EMD-KLD	−93.24	—	7.11	0.2518	—	61.12	0.0029	—	79.31	—	—
A		−94.74	—	5.55	0.7301	—	96.75	0.0043	—	95.35	—	—
D	EMD-PE-KLD	−96.24	3.22	3.77	0.2518	0.00	61.12	0.0029	0.00	79.31	18.52	85.96
A		−98.07	3.51	1.97	0.029	96.03	18.28	0.0022	48.84	90.91	26.29	18.11
D	EEMD-KLD	−95.03	—	5.09	1.1049	—	91.14	0.0062	—	90.32	—	—
A		−97.59	—	2.47	1.0425	—	97.73	0.0058	—	96.55	—	—
D	EEMD-PE-KLD	−98.15	3.28	1.75	0.1128	89.79	13.21	0.0012	80.65	50.00	27.47	25.37
A		−99.48	1.94	0.52	0.0263	97.48	9.89	0.0013	77.59	84.62	29.09	6.72
D	TVFEMD-PE-KLD（所提方法）	−99.87	—	—	0.0979	—	—	0.0006	—	—	34.44	—
A		−100	—	—	0.0237	—	—	0.0002	—	—	31.05	—

注：D 表示日温差效应；A 表示年温差效应；ρ 表示分离结果与原始信号的相关系数；Ie$_{PE}$ 为通过不同方法添加 PE 后的增强程度；Ie 为所提方法与其余方法相比的提升程度。

它们的数学定义为

$$\rho_{l(t),\hat{l}(t)} = \frac{\text{cov}\left(l(t),\hat{l}(t)\right)}{\sqrt{\text{cov}\left(l(t),l(t)\right)\text{cov}\left(\hat{l}(t),\hat{l}(t)\right)}} \tag{4.22}$$

$$\text{MAE} = \frac{1}{n}\sum_{i=1}^{n}\left|l(t)-\hat{l}(t)\right| \tag{4.23}$$

$$\text{RMSE} = \sqrt{\frac{1}{n}\sum_{i=1}^{n}\left(l(t)-\hat{l}(t)\right)^2} \tag{4.24}$$

式中，$l(t)$——原始模拟温度效应信号值；

　　　$\hat{l}(t)$——最终分离出与 $l(t)$ 对应的温度效应信号值；

　　　$\text{cov}\left(l(t),\hat{l}(t)\right)$——$l(t)$ 和 $\hat{l}(t)$ 的协方差。

通常来说，$\rho_{l(t),\hat{l}(t)}$ 越接近于 1，表明分离效果越好。MAE 和 RMSE 越小，分离精度越高。SNR 越大，抗噪性能越好。此外，不同方法的效果比较公式构建如下，以计算提升效果。

$$Ie = \frac{\theta_{(T)} - \theta_{(x)}}{\theta_{(x)}} \times 100\% \tag{4.25}$$

式中，　$\theta_{(T)}$——TVFEMD 计算出的温度效应；

　　　　$\theta_{(x)}$——其余方法计算出的温度效应；

　　　　Ie——$\theta_{(T)}$ 相对于 $\theta_{(x)}$ 的提升百分比。

表 4.27 表明，EMD、EEMD、TVFEMD 这三种分离方法得到的挠度日温差效应与挠度年温差效应的相关系数均大于 80%，证明自适应分解法在处理非线性桥梁挠度温度效应信号方面是可行的，可以更好地分离桥梁监测数据中的挠度温度效应。尽管如此，TVFEMD-PE-KLD 分解得到的挠度日温差效应和挠度年温差效应的相关系数更为理想，分别达到 99.87% 和 100%。

使用和未使用 PE 方法的 EMD 和 EEMD 不同指标的结果表明，PE 的加入有效提高了每种方法的精度，同时也改善了 EMD 和 EEMD 模态混叠等问题。与其他方法相比，TVFEMD-PE-KLD 方法得到的日温差效应和年温差效应效果均得到提升：与 EMD-PE-KLD 方法的 ρ、MAE 和 RMSE 相比，其日温差效应分别提高了 15.76%、61.12% 和 79.31%，其年温差效应分别提高了 5.23%、18.28% 和 90.91%；同理，与 EEMD-PE-KLD 方法的 ρ、MAE 和 RMSE 相比，其日温差效应分别提高了 3.04%、13.21% 和 50.00%，其年温差效应分别提高了 1.93%、9.89% 和 84.62%。这表明 TVFEMD-PE-KLD 具有最高的分离精度。TVFEMD-PE-KLD 分离得到的日温差效应的 SNR 为 34.44，与 EMD-PE-KLD 与 EEMD-PE-KLD 相比分别提升了 85.96% 和 25.37%。这表明所提方法的抗噪性能最佳。

综上所述，TVFEMD-PE-KLD 方法在分离挠度温度效应方面比 EMD-PE-KLD 和 EEMD-PE-KLD 方法的结果更精确、干扰成分更少且抗噪性能更高。因此，TVFEMD-PE-KLD 方法分解挠度温度效应信号并去除干扰成分是可靠的。

2. 实桥验证

为保障桥梁的功能性、耐久性和安全性，背景桥建立了健康监测系统。主要监测桥梁挠度、应力、温湿度、索力等指标，其中挠度监测传感器选用智能数码压差式静力水准仪，该桥挠度监测点布置如图 4.45 所示。

在实测桥梁挠度数据中，温度与主梁的竖向挠度之间存在比较强的相关性[15]。其中，温度变化可以分为日温差变化和年温差(长期性)变化，因此采用日温差、年温差与日温差效应、年温差效应之间的相关系数来表示分离结果的好坏。由于日温差效应的频率高于年温差效应，为了更好地分析温差与温差效应之间的关系，将监测数据分为短期数据和长期数据进行处理。

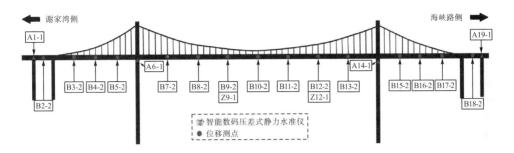

图 4.45　背景桥挠度监测点布置

A.基准点；B.挠度监测点；B3-2.第 3 个监测点上含有 2 个智能数码压差式静力水准仪（其余编号，以此类推）

(1)短期桥梁挠度监测信号分离。

为了更好地研究温度效应在短周期下的变化，现采集桥梁主跨跨中挠度七天的桥梁挠度、温度监测数据进行分析，采样频率为 1 次/10min。采集得到的实测桥梁挠度和温度监测信号如图 4.46 所示。

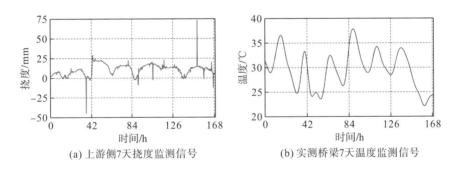

(a) 上游侧7天挠度监测信号　　(b) 实测桥梁7天温度监测信号

图 4.46　桥梁 7 天的温度与挠度监测信号

由图 4.46 可以看出，挠度监测信号包含高频信号，如移动负载，这将影响分离结果的精度。因此，在处理数据之前，需要对信号进行低通滤波。采用所提出的方法(分离方法 3)对温度和挠度监测信号分别进行处理，以精确消除干扰成分。然后，结合温度与温度-挠度效应之间的强相关性[15]，证明所提方法的有效性。应用 TVFEMD、EMD 和 EEMD 三种不同的方法处理实测挠度和温度数据，图 4.47 给出了 TVFEMD-PE-KLD 得到的日温差和挠度日温差效应的分离结果。三种方法的相关系数结果在表 4.28 中给出。

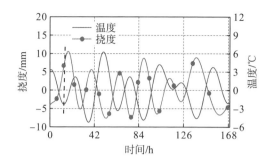

图4.47   温度与挠度日温差效应图

由图4.47可以看出，当日温度上升时，挠度日温差效应降低，两者均具有很强的负相关性。并且由图中虚线对应的温度与日温差效应可以看出，挠度日温差效应总体滞后于温度变化。

表4.28   不同方法分离结果

分离方法	ρ	改进效果*/%
EMD-PE-KLD	−62.11	20.06
EEMD-PE-KLD	−64.95	14.81
TVFEMD-PE-KLD	−74.57	—

注：*与其他分离方法相比，TVFEMD-PE-KLD方法的改进效果。

由表4.28可得，与EMD-PE-KLD、EEMD-PE-KLD方法相比，TVFEMD-PE-KLD方法所得相关系数结果分别提升了20.06%和14.81%，表明TVFEMD-PE-KLD方法更适应非线性、非平稳的时变挠度信号，没有引入噪声，结果准确度高。

（2）长期桥梁挠度监测信号分离。

为了更好地研究温度效应在长周期下的变化，现采集桥梁主跨跨中一年的桥梁挠度和温度监测数据进行分析，采样频率为 1 次/10min。传感器采集得到的实测桥梁挠度和温度监测信号分别如图4.48和图4.49所示。

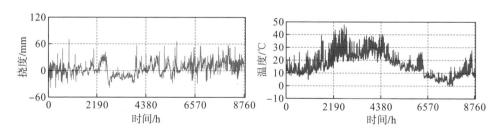

图4.48   实测桥梁挠度监测信号   图4.49   实测桥梁温度监测信号

用于分解桥梁挠度和温度监测信号的 B-样条阶次和带宽阈值参数与上述相同[12]。TVFEMD-PE-KLD 的分离结果如图 4.50 和图 4.51 所示。

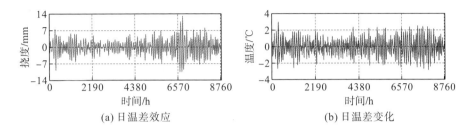

(a) 日温差效应　　　　　　　　　　　　　　(b) 日温差变化

图 4.50　分离结果

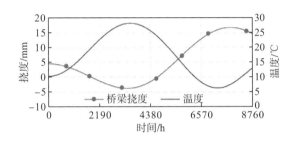

图 4.51　分离得到的年温差与年温差效应

由图 4.50 和图 4.51 可以看出，日温差效应和年温差效应分离后均趋于稳定，日温差和年温差变化趋势保持较强负相关。采用 TVFEMD-PE-KLD、EMD-PE-KLD 和 EEMD-PE-KLD 方法得到的日温差效应和年温差效应的结果如表 4.29 所示。

表 4.29　温差与温度效应结果

方法	温度效应	ρ	提升程度*/%
EMD-PE-KLD	D	−74.52	26.05
	A	−81.15	12.11
EEMD-PE-KLD	D	−81.20	15.68
	A	−84.03	8.27
TVFEMD-PE-KLD	D	−93.93	—
	A	−90.98	—

注：*与其他方法相比，TVFEMD-PE-KLD 的提升程度。

由表 4.29 可以看出，TVFEMD-PE-KLD 方法可以更好地分离桥梁挠度信号，得到的日温差效应和年温差效应相关系数在 90%以上，具有较强的相关性。将

TVFEMD-PE-KLD 结果与 EMD-PE-KLD 和 EEMD-PE-KLD 的结果进行比较，日温差效应结果的准确率分别提高了 26.05%和 15.68%，年温差效应结果的准确率分别提高了 12.11%和 8.27%。

4.4.3 小结

本节提出了一种基于 TVFEMD、PE 和 KLD 的分离方法，即 TVFEMD-PE-KLD 方法(分离方法 3)，用于分离桥梁挠度监测数据中的挠度温度效应。通过仿真分析和工程实例对温度效应分离进行了研究，证明了所提方法的有效性和优越性。主要结论如下：

(1)结果表明，TVFEMD-PE-KLD 方法更适合于桥梁挠度时变信号中的温度效应分离。与 EMD-PE-KLD 方法和 EEMD-PE-KLD 方法两种分离模型相比，TVFEMD-PE-KLD 方法可以更好地抵抗信号中的随机噪声和模态混叠问题，同时可以获得更平稳和更精确的结果。

(2)与 EMD-PE-KLD 方法和 EEMD-PE-KLD 相比，TVFEMD-PE-KLD 方法的分离效果均有较大提升：与 EEMD-PE-KLD 方法相比，TVFEMD-PE-KLD 方法的相关系数、MAE 和 RMSE 的日温差效应分别提高了 15.76%、61.12%、79.31%，年温差效应分别提高了 5.23%、18.28%、90.91%；与 EEMD-PE-KLD 相比，TVFEMD-PE-KLD 方法的相关系数、MAE 和 RMSE 的日温度效应分别提高了 3.04%、13.21%、50.00%，年温度效应分别提高了 1.93%、9.89%、84.62%。这表明，TVFEMD-PE-KLD 方法更准确。

(3)将 TVFEMD-PE-KLD 方法应用于实测桥梁挠度信号分离中，分别采用 7 天和一年的温度与桥梁挠度监测数据对日温差效应与年温差效应进行分析。在现场试验中，与 EMD-PE-KLD 和 EEMD-PE-KLD 相比，TVFEMD-PE-KLD 的日温差效应分离效果分别提高了 26.05%和 15.68%，年温差效应分离效果分别提高了 12.11%和 8.27%。现场试验验证了 TVFEMD-PE-KLD 方法在桥梁挠度监测数据中分离挠度温度效应的可靠性和有效性。

4.5 基于 VNCMD-PCA-FastICA 的监测数据 温度效应分离方法

实测得到的监测数据具有非平稳性、宽频带的特点，为了研究信号时频特性对分离结果的影响，本节结合变分非线性调频模态分解(VNCMD)、主成分分析(PCA)和快速独立成分分析(FastICA)，提出了一种基于 VNCMD-PCA-

FastICA 的桥梁应变监测数据温度效应分离方法(分离方法 4,即本节"所提方法")。VNCMD 是一种处理非平稳、时变、宽带信号的时频分析方法,能够准确识别并提取信号频率的时变特性,以搜寻时频脊线的方式确定分解模态数。通过引入增广拉格朗日函数,将约束变分问题转化为非约束变分问题。该方法对宽频带、不稳定的监测数据具有很好的处理效果。该方法克服了 EMD 产生的模态混合和端部效应问题。

4.5.1　分离方法步骤

通过将 VNCMD 与 PCA-FastICA 结合分离桥梁应变信号。首先,用 VNCMD 方法分解应变信号与温度信号,得到各自的模态分量;其次,对获得的若干模态分量进行 PCA 降维,确定主成分,以剔除虚假模态;然后,结合 FastICA 算法提取独立成分,排除各成分之间的相关性影响,进而准确分离出应变信号中的温度效应;最后,利用皮尔逊相关系数[16]评价分解得到的各应变成分结果。VNCMD-PCA-FastICA 算法分离桥梁原信号流程如图 4.52 所示。

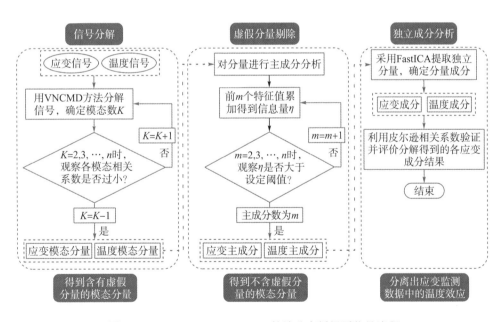

图 4.52　VNCMD-PCA-FastICA 算法分离桥梁原信号流程

1. VNCMD

VNCMD 算法[17]的目的是将多分量信号分解为非线性调频模态的和的形式。非线性调频模态为调幅调频信号,表达式为

$$g(t) = a(t)\cos\left[2\pi\int_0^t f(s)\mathrm{d}s + \phi\right] \tag{4.26}$$

式中，$a(t)$——瞬时幅度，$a(t)>0$；

$f(s)$——瞬时频率，$f(s)>0$；

ϕ——初始相位。

在实际场景中，接收信号往往包含多个非线性调频模态，且往往伴随着高斯白噪声，数学模型为

$$x(t) = \sum_{i=1}^{Q} a_i(t)\cos\left[2\pi\int_0^t f_i(s)\mathrm{d}s + \phi_i\right] + n(t) \tag{4.27}$$

式中，Q——信号中所包含的非线性调频模态的个数；

$n(t)$——均值为 0 的高斯白噪声，标准差为 σ，即 $n \sim N(0,\sigma^2)$。

对于式 (4.26) 所示的非线性调频模态，解析形式可以表示为

$$g_{\mathrm{A}}(t) = a(t)\exp\left[\mathrm{j}\left(2\pi\int_0^t f(s)\mathrm{d}s + \phi_0\right)\right] \tag{4.28}$$

定义解调算子[18](demodulation operator，DO) 为

$$D(t) = \exp\left[-\mathrm{j}2\pi\left(\int_0^t f_{\mathrm{d}}(s)\mathrm{d}s - f_{\mathrm{c}}t\right)\right] \tag{4.29}$$

调制算子[18](modulation operator，MO) 为

$$M(t) = \exp\left[\mathrm{j}2\pi\left(\int_0^t f_{\mathrm{d}}(s)\mathrm{d}s - f_{\mathrm{c}}t\right)\right] \tag{4.30}$$

当调制算子的瞬时频率 $f_{\mathrm{d}}(t)=f(t)$ 时，根据调制和解调的过程，式 (4.27) 可以表述为

$$x(t) = \sum_{i=1}^{Q}\left[u_i(t)\cos\left(2\pi\int_0^t \tilde{f}_i(s)\mathrm{d}s\right) + v_i(t)\sin\left(2\pi\int_0^t \tilde{f}_i(s)\mathrm{d}s\right)\right] + n(t) \tag{4.31}$$

式中，$u_i(t)$、$v_i(t)$——解调信号；

$\{\tilde{f}_i(t):i=1,2,\cdots,Q\}$——各解调算子的瞬时频率。

为计算基带信号的带宽，采用维纳滤波器和沃尔德-卡尔曼 (Vold-Kalman) 滤波器的思想来计算信号二阶导数的 L_2 范数[19]，则 VNCMD 算法中的变分问题可以表述为

$$\begin{cases} \min\limits_{\{u_i(t)\},\{v_i(t)\},\{\tilde{f}_i(t)\}}\left\{\sum_{i=1}^{Q}\left(\left\|u_i''(t)\right\|_2^2 + \left\|v_i''(t)\right\|_2^2\right)\right\} \\[2mm] \mathrm{s.t.}\left\|g(t) - \sum_{i=1}^{Q}u_i(t)\cos\left(2\pi\int_0^t \tilde{f}_i(s)\mathrm{d}s\right) + v_i(t)\sin\left(2\pi\int_0^t \tilde{f}_i(s)\mathrm{d}s\right)\right\|_2 \leqslant \varepsilon \end{cases} \tag{4.32}$$

式中，ε——噪声强度决定的上限。

假设数据采样时间为 $t = t_0,t_1,\cdots,t_{N-1}$，则式 (4.32) 的离散形式为

$$\begin{cases} \min_{\{u_i\},\{v_i\},\{f_i\}} \left\{ \sum_{i=1}^{Q} \left(\|\boldsymbol{\Omega} \boldsymbol{u}_i\|_2^2 + \|\boldsymbol{\Omega} \boldsymbol{v}_i\|_2^2 \right) \right\} \\ \text{s.t.} \left\| \boldsymbol{g} - \sum_{i=1}^{Q} \left(\boldsymbol{A}_i \boldsymbol{u}_i + \boldsymbol{B}_i \boldsymbol{v}_i \right) \right\|_2 \leqslant \varepsilon \end{cases} \tag{4.33}$$

其中，

$$\varepsilon = \sqrt{N\sigma^2} , \quad \boldsymbol{u}_i = \left[u_i(t_0), \cdots, u_i(t_{N-1}) \right]^{\mathrm{T}} , \quad \boldsymbol{v}_i = \left[v_i(t_0), \cdots, v_i(t_{N-1}) \right]^{\mathrm{T}}$$

$$\tilde{\boldsymbol{f}}_i = \left[f_i(t_0), \cdots, f_i(t_{N-1}) \right]^{\mathrm{T}} , \quad \boldsymbol{g} = \left[g(t_0), \cdots, g(t_{N-1}) \right]^{\mathrm{T}}$$

$$\boldsymbol{A}_i = \mathrm{diag}\left[\cos(\varphi_i(t_0)), \cdots, \cos(\varphi_i(t_{N-1})) \right] \tag{4.34}$$

$$\boldsymbol{B}_i = \mathrm{diag}\left[\sin(\varphi_i(t_0)), \cdots, \sin(\varphi_i(t_{N-1})) \right] \tag{4.35}$$

$$\varphi_i(t) = 2\pi \int_0^t \tilde{f}_i(s)\mathrm{d}s$$

为了减小差分运算产生的端点效应，$\boldsymbol{\Omega}$ 是一种改进的二阶差分算子：

$$\boldsymbol{\Omega} = \begin{bmatrix} -1 & 1 & 0 & \cdots & 0 & 0 & 0 \\ 1 & -2 & 1 & \cdots & 0 & 0 & 0 \\ \vdots & \vdots & \vdots & & \vdots & \vdots & \vdots \\ 0 & 0 & 0 & \cdots & 1 & -2 & 1 \\ 0 & 0 & 0 & \cdots & 0 & 1 & -1 \end{bmatrix} \tag{4.36}$$

本质上，约束集 $\left\| \boldsymbol{g} - \sum_i \left(\boldsymbol{A}_i \boldsymbol{u}_i + \boldsymbol{B}_i \boldsymbol{v}_i \right) \right\|_2 \leqslant \varepsilon$ 是圆心为 0、半径为 ε 的欧几里得球：

$$\mathcal{C}_\varepsilon \triangleq \left\{ c \in \mathbb{R}^{N \times 1} : \|c\|_2 \leqslant \varepsilon \right\} \tag{4.37}$$

进一步定义集合(4.37)的指示函数为

$$\mathcal{I}_{\mathcal{C}_\varepsilon}(z) \triangleq \begin{cases} 0, & z \in \mathcal{C}_\varepsilon \\ +\infty, & z \notin \mathcal{C}_\varepsilon \end{cases} \tag{4.38}$$

通过引入辅助变量 $\omega \in \mathbb{R}^{N \times 1}$，式(4.33)可等价为

$$\begin{cases} \min_{\{u_i\},\{v_i\},\{f_i\},\omega} \left\{ \mathcal{I}_{\mathcal{C}_\varepsilon}(\omega) + \sum_i \left(\|\boldsymbol{\Omega} \boldsymbol{u}_i\|_2^2 + \|\boldsymbol{\Omega} \boldsymbol{v}_i\|_2^2 \right) \right\} \\ \text{s.t.} \ \omega = \boldsymbol{g} - \sum_i \left(\boldsymbol{A}_i \boldsymbol{u}_i + \boldsymbol{B}_i \boldsymbol{v}_i \right) \end{cases} \tag{4.39}$$

式中，ω 又称为噪声变量，表示噪声对分解结果的影响，考虑噪声影响使 VNCMD 算法在噪声环境中具有更好的收敛性和滤波(或去噪)特性。为求解约束优化问题式(4.39)，相应增广拉格朗日表示[20]为

$$L_\alpha\left(\{\boldsymbol{u}_i\},\{\boldsymbol{v}_i\},\{\boldsymbol{f}_i\},\omega,\lambda\right)$$

$$=\mathcal{I}c_\varepsilon(\omega)+\sum_i\left(\left\|\boldsymbol{\Omega u}_i\right\|_2^2+\left\|\boldsymbol{\Omega v}_i\right\|_2^2\right) \tag{4.40}$$

$$+\frac{\alpha}{2}\left\|\omega+\sum_i\left(\boldsymbol{A}_i\boldsymbol{u}_i+\boldsymbol{B}_i\boldsymbol{v}_i\right)-g+\frac{1}{\alpha}\lambda\right\|_2^2-\frac{1}{2\alpha}\|\lambda\|_2^2$$

式中，α——惩罚因子，$\alpha>0$；

$\lambda\in\mathbb{R}^{N\times1}$——拉格朗日乘子。

为了解决上述变分问题，引入交替方向乘子法（ADMM）[21]求解上述问题，求得 L_α 的极小值点。该方法的主要思想是将一个复杂的优化问题分解成多个子问题，子问题中每个变量分别进行更新。算法的第一步是更新辅助变量（或称为噪声变量）ω。

$$\omega^{k+1}=\underset{\omega}{\arg\min}\left\{L_\alpha\left(\{\boldsymbol{u}_i\},\{\boldsymbol{v}_i\},\{\boldsymbol{f}_i\},\omega,\lambda\right)\right\}$$

$$=\underset{\omega}{\arg\min}\left\{\mathcal{I}_{C_\varepsilon}(\omega)+\frac{\alpha}{2}\left\|\omega+\sum_i\left(\boldsymbol{A}_i\boldsymbol{u}_i+\boldsymbol{B}_i\boldsymbol{v}_i\right)-g+\frac{1}{\alpha}\lambda\right\|_2^2\right\} \tag{4.41}$$

由邻近算子[22]的定义可知，式（4.41）的解为

$$\omega^{k+1}=\mathcal{P}c_\omega\left(g-\sum_i\left(\boldsymbol{A}_i\boldsymbol{u}_i+\boldsymbol{B}_i\boldsymbol{v}_i\right)+\frac{1}{\alpha}\lambda\right) \tag{4.42}$$

$$\mathcal{P}c_\omega(x)\triangleq\begin{cases}\dfrac{\varepsilon}{\|x\|_2}\cdot x,&\|x\|_2>\varepsilon\\[2mm]x,&\|x\|_2\leqslant\varepsilon\end{cases} \tag{4.43}$$

下面将两个解调的正交信号 $\boldsymbol{u}_i$ 和 $\boldsymbol{v}_i$ 分别更新为

$$\boldsymbol{u}_i^{k+1}=\left(\frac{2}{\alpha}\boldsymbol{\Omega}^{\mathrm{T}}\boldsymbol{\Omega}+\boldsymbol{A}_i^{\mathrm{T}}\boldsymbol{A}_i\right)^{-1}\boldsymbol{A}_i^{\mathrm{T}}\cdot r_{c_i} \tag{4.44}$$

$$\boldsymbol{v}_i^{k+1}=\left(\frac{2}{\alpha}\boldsymbol{\Omega}^{\mathrm{T}}\boldsymbol{\Omega}+\boldsymbol{B}_i^{\mathrm{T}}\boldsymbol{B}_i\right)^{-1}\boldsymbol{B}_i^{\mathrm{T}}\cdot r_{s_i} \tag{4.45}$$

$$r_{c_i}=g-\sum_{m\neq i}\boldsymbol{A}_m\boldsymbol{u}_m-\sum_m\boldsymbol{B}_m\boldsymbol{v}_m-\omega-\frac{1}{\alpha}\lambda \tag{4.46}$$

$$r_{s_i}=g-\sum_m\boldsymbol{A}_m\boldsymbol{u}_m-\sum_{m\neq i}\boldsymbol{B}_m\boldsymbol{v}_m-\omega-\frac{1}{\alpha}\lambda \tag{4.47}$$

式中，r_{c_i}、r_{s_i}——只包含有关信号的残余信号。

利用式（4.44）和式（4.45），可以将对应的模态更新为

$$g_i^{k+1}=\boldsymbol{A}_i\boldsymbol{u}_i^{k+1}+\boldsymbol{B}_i\boldsymbol{v}_i^{k+1}=\boldsymbol{A}_iH_{c_i}\boldsymbol{A}_i^{\mathrm{T}}r_{c_i}+\boldsymbol{B}_iH_{s_i}\boldsymbol{B}_i^{\mathrm{T}}r_{s_i} \tag{4.48}$$

$$f_i^{k+1}=f_i^k+\gamma\cdot\Delta f_i^{k+1} \tag{4.49}$$

式中，γ——用于稳定算法的比例因子，$0<\gamma<1$。

算法的最后一步是将拉格朗日乘子更新为

$$\lambda^{k+1} = \lambda^k + \alpha \left(\omega^{k+1} + \sum_i g_i^{k+1} - g \right) \tag{4.50}$$

2. PCA

PCA 是数据统计分析、数据压缩和特征提取的经典方法，在结构健康监测领域有着不同的应用方式[23]。从数学角度来看，PCA 是多元统计分析方法中的一种降维处理技术，其目的是用 $r(r<n)$ 个新向量代表整个 n 维向量的主要特征。其处理过程可以表示为[24]

$$\boldsymbol{R} = E(\boldsymbol{A}\boldsymbol{A}^{\mathrm{T}}) \tag{4.51}$$

$$\boldsymbol{R}\boldsymbol{V} = \boldsymbol{V}\boldsymbol{\Lambda} \tag{4.52}$$

式中，$\boldsymbol{A}$——经过分解得到的 IMF 分量 $m \times N$ 矩阵；

$\boldsymbol{R}$——m 个变量 IMF 的自相关矩阵；

$\boldsymbol{V}$——$\boldsymbol{R}$ 的 $m \times m$ 阶特征向量矩阵；

$\boldsymbol{\Lambda}$——$\boldsymbol{R}$ 的特征对角矩阵，第 i 个对角线上的元素为 $\lambda_i(i=1,2,\cdots,m)$。

构造得到 $m \times N$ 阶新变量，即

$$\boldsymbol{Y} = \boldsymbol{V}^{\mathrm{T}}\boldsymbol{A} = \left\{ y_1, y_2, \cdots, y_m \right\}^{\mathrm{T}} \tag{4.53}$$

然后对 λ_i 按照降序排列，得到信号累计贡献率 η 为

$$\eta = \frac{\lambda_1 + \lambda_2 + \cdots + \lambda_p}{\lambda_1 + \lambda_2 + \cdots + \lambda_m} \tag{4.54}$$

式中，分母为所有特征值之和；分子为从 1 到 p，p 个特征值的总和。

根据 η 的取值确定 $\boldsymbol{W}$，最终得到新变量：

$$\boldsymbol{T} = \boldsymbol{W}^{\mathrm{T}}\boldsymbol{Y} \tag{4.55}$$

式中，$\boldsymbol{T}$——PCA 降维后的信号；

$\boldsymbol{W}$ —— $\boldsymbol{W}_1, \boldsymbol{W}_2, \cdots, \boldsymbol{W}_p$，$\boldsymbol{W}_i(i=1,2,\cdots,p)$ 为 λ_i 对应的特征向量。

经过 PCA 处理后的信号可以作为 FastICA 模型输入信号，最后进行盲源分离。

3. FastICA

FastICA 算法[25]，又称固定点(fixed-point)算法，是一种快速寻优迭代算法，采用批处理的方式，向负熵最大进行搜寻，可以从混合信号中提取独立源。此外，该算法采用定点迭代的优化算法，使收敛更加快速、稳健。FastICA 算法流程如下。

引入固定点迭代的两步算式：

$$\boldsymbol{w}^+ = E\left\{ \boldsymbol{z}g\left(\boldsymbol{w}^{\mathrm{T}}\boldsymbol{z} \right) \right\} - E\left\{ g'\left(\boldsymbol{w}^{\mathrm{T}}\boldsymbol{z} \right) \right\} \boldsymbol{w} \tag{4.56}$$

$$w = \frac{w^+}{\|w^+\|} \tag{4.57}$$

式中，z——白化数据；

g——非线性函数。

$$\begin{cases} g_1(y) = \tanh(a_1 y) \\ g_2(y) = y e^{-y^2/2} \\ g_3(y) = y^3 \end{cases} \tag{4.58}$$

其中，$1 \leqslant a_1 \leqslant 2$，通常取 $a_1 = 1$。

根据库恩-塔克(Kuhn-Tucker)条件，在 $E\{(w^\mathrm{T}z)^2\} = \|w\|^2 = 1$ 时，$E\{G(w^\mathrm{T}z)\}$ 的最值成立条件为

$$E\{zg(w^\mathrm{T}z)\} - \beta w = 0 \tag{4.59}$$

$$\beta = E\{w_0^\mathrm{T}zg(w_0^\mathrm{T}z)\} \tag{4.60}$$

式中，w_0 是优化后的 w。用 F 表示式(4.59)左边的函数，可得 F 的雅可比矩阵 $JF(w)$ 如下：

$$JF(w) = E\{zz^\mathrm{T}g'(w^\mathrm{T}z)\} - \beta I \tag{4.61}$$

为了简化矩阵的求逆，需对式(4.61)的第一项求近似。由于数据被白化，得到近似关系：

$$E\{zz^\mathrm{T}g'(w^\mathrm{T}z)\} \approx E\{zz^\mathrm{T}\} \cdot E\{g'(w^\mathrm{T}z)\} = E\{g'(w^\mathrm{T}z)\} \cdot I \tag{4.62}$$

此时雅可比矩阵变成对角阵，比较容易求逆。因此，可以得到以下近似牛顿迭代公式：

$$w^+ = w - \frac{E\{zg(w^\mathrm{T}z)\} - \beta w}{E\{g'(w^\mathrm{T}z)\} - \beta} \tag{4.63}$$

简化后可以得到 FastICA 算法的迭代公式。

4.5.2 实例分析

1. 仿真算例

桥梁在运营期间由温度效应引起的应变变化主要受日温差和年温差的影响，为了能够更好地模拟其应变信号，通过有限元软件建立实桥模型并进行结构仿真分析。

经计算，整体升温 1℃时主跨跨中应力为 $\sigma = -0.562\text{MPa}$，对应的应变

$\varepsilon = \sigma / E = -2.728$，其中弹性模量 $E = 2.06 \times 10^5 \mathrm{MPa}$；截面梯度温度升高 $1℃$，跨中应力为 $\sigma = 1.524 \mathrm{MPa}$，对应的应变 $\varepsilon = \sigma / E = 7.398$。取每天的整体日温差为 $8℃$，截面温差为 $4℃$，年温差为 $30℃$[3]。

假设温度变化引起桥梁结构应变呈线性关系，日温差和年温差均为周期函数，按正弦函数考虑变化[11]，日温差周期为 24h，年温差考虑为 365d，即 8760h。振幅取每个温差的 1/2，则温度信号表示如下：

$$T_0(t) = T_{1a}(t) + T_{1b}(t) + T_2(t) \tag{4.64}$$

$$T_{1a}(t) = 4\sin(\pi t / 12) \tag{4.65}$$

$$T_{1b}(t) = 2\sin(\pi t / 12) \tag{4.66}$$

$$T_2(t) = 15\sin(\pi t / 4380) \tag{4.67}$$

式中，$T_0(t)$——总温度；

$\quad\quad T_{1a}(t)$——整体日温差；

$\quad\quad T_{1b}(t)$——截面日温差；

$\quad\quad T_2(t)$——年温差。

对应的应变可以写为

$$\varepsilon_0(t) = \varepsilon_{1a}(t) + \varepsilon_{1b}(t) + \varepsilon_2(t) \tag{4.68}$$

$$\varepsilon_{1a}(t) = -2.728 \cdot T_{1a} = -10.912\sin\left(\pi t / 12\right) \tag{4.69}$$

$$\varepsilon_{1b}(t) = 7.398 \cdot T_{1b} = 14.796\sin\left(\pi t / 12\right) \tag{4.70}$$

$$\varepsilon_2(t) = -2.728 \cdot T_2 = -40.92\sin\left(\pi t / 4380\right) \tag{4.71}$$

式中，$\varepsilon_0(t)$——跨中总应变；

$\quad\quad \varepsilon_{1a}(t)$——整体日温差效应；

$\quad\quad \varepsilon_{1b}(t)$——截面日温差效应；

$\quad\quad \varepsilon_2(t)$——年温差效应。

为了清楚地观察这一趋势，图 4.53 显示了时长两年的数据。

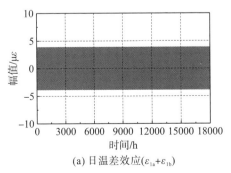

(a) 日温差效应($\varepsilon_{1a}+\varepsilon_{1b}$)

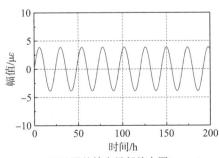

(b) 日温差效应局部放大图($\varepsilon_{1a}+\varepsilon_{1b}$)

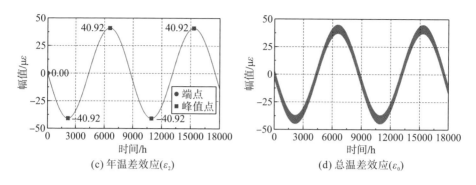

(c) 年温差效应(ε_2)　　　　　　(d) 总温差效应(ε_0)

图 4.53　模拟应变信号时程曲线

为了模拟车辆荷载引起的应变和环境噪声，在原始信号中加入均值为 0、标准偏差为 $2\mu\varepsilon$ 的高斯白噪声 n，得到跨中总应变 $\varepsilon_0(t) = \varepsilon_1(t) + \varepsilon_2(t) + \varepsilon_3(t) + n$。当标准差为 2 时，信噪比小于 3，能够较好地模拟实际监测环境中噪声的干扰[26]。噪声信号和总模拟应变信号如图 4.54 所示。

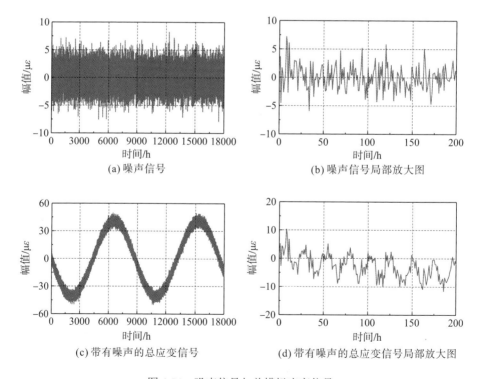

(a) 噪声信号　　　　　　　　　　(b) 噪声信号局部放大图

(c) 带有噪声的总应变信号　　　　(d) 带有噪声的总应变信号局部放大图

图 4.54　噪声信号与总模拟应变信号

（1）信号分解。

通过 VNCMD 对跨中总模拟应变信号分解，预先确定其模态数 K，模态数 K 的大小决定了分解得到各模态分量的准确性，过小易导致欠分解，过大易导致过分解。高估模态的数量，会得到一些主要由噪声组成的伪模态。这些模态在时频分析中通常表现出较差的能量集中，并且与原始信号的相关性较低。因此，采用观察相关系数法确定模态数 K，结果如表 4.30 所示。当 K=3 时，相关系数为 0.0010 和 0.0902，相差近两个数量级，证明此时 K=3 已经存在过分解，故 K 取 2。VNCMD、EMD 所得各模态的时程曲线分别如图 4.55 和图 4.56 所示。

表 4.30　不同模态数 K 对应下的相关系数

K	相关系数			
	IMF1	IMF2	IMF3	IMF4
2	0.9958	0.0903	—	—
3	0.9958	0.0902	0.0010	—
4	0.9958	0.0903	0.0012	0.0004

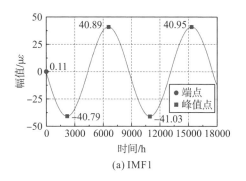

(a) IMF1

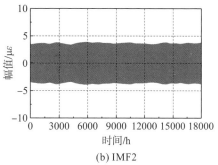

(b) IMF2

图 4.55　原始信号经 VNCMD 处理后所得 IMF1、IMF2 时程曲线

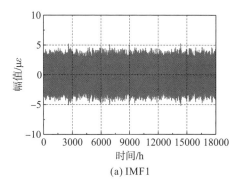

(a) IMF1

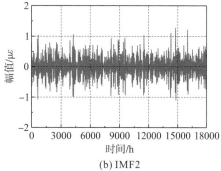

(b) IMF2

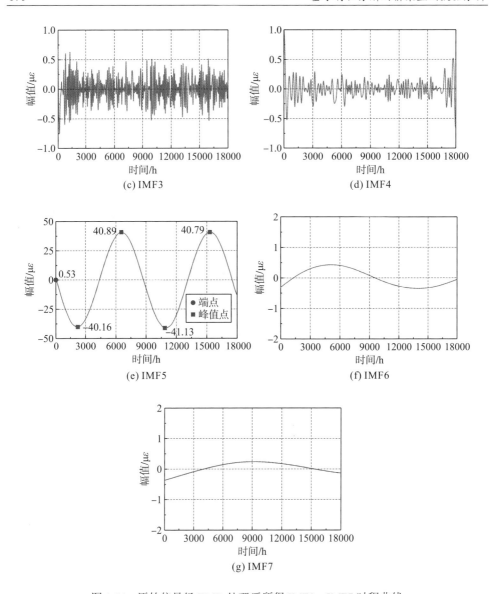

图 4.56   原始信号经 EMD 处理后所得 IMF1～IMF7 时程曲线

观察图 4.55 和图 4.56 不难发现,图 4.55 中通过 VNCMD 方法分解得到的 IMF1 和 IMF2 分别对应图 4.53 中的年温差效应成分和日温差效应成分。图 4.56 中则是 IMF5 和 IMF1 分别对应图 4.53 中的年温差效应成分和日温差效应成分。数值算例中原信号成分已知,因此通过对比即可直观地看出分解后的各效应成分。然而,实际工程中原信号成分未知,分解后没有可比较对象,要确认各效应成分需对分量进行进一步处理。

（2）剔除虚假模态。

在数值模拟信号中，应变由日温差效应、年温差效应和高斯白噪声组成。VNCMD 具有滤波功能，可以消除白噪声的影响，分解结果如图 4.55 所示。原信号由两个分量组成，分解结果仍然是两个分量。因此，在数值模拟信号的分解过程中，VNCMD 中没有虚假分量。如图 4.56 所示，EMD 结果包含 7 个 IMF 分量。与模拟应变信号的时程曲线相比，可以得出结论，分解结果中有 5 个虚假成分。为了消除虚假成分，使用 PCA 获得主成分，然后使用累计贡献率作为指标来确定主成分的数量。EMD 结果的特征值和累计贡献率如表 4.31 所示。

表 4.31　特征值和累计贡献率

组成成分	特征值	累计贡献率/%
1	803.106	99.106
2	6.977	99.967
3	0.105	99.979
4	0.077	99.989
5	0.039	99.994
6	0.026	99.997
7	0.024	100.000

前两个分量的信号累计贡献率达到 99.967%。相比之下，其余成分的特征值均小于 1，其累计贡献率小于 1%。因此，分量 1 和分量 2 足以表示原始信号的主要特征，其余分量可以视为虚假模态。值得注意的是，此处提到的分量 1 和分量 2 并不是 EMD 结果的 IMF1 和 IMF2，而是通过计算贡献率和特征值然后重新排序的分量。根据 VNCMD 和 EMD 进行 PCA 的结果如图 4.57 所示。

（3）盲源分离。

使用 FastICA 对仍保留的真实模态进行盲源分离，分离出各真实模态之间重叠的部分，保证每一个模态都是真实且独立的，分离结果如图 4.58 所示。

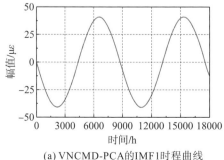

(a) VNCMD-PCA的IMF1时程曲线

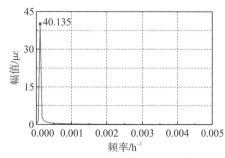

(b) VNCMD-PCA的IMF1频谱图

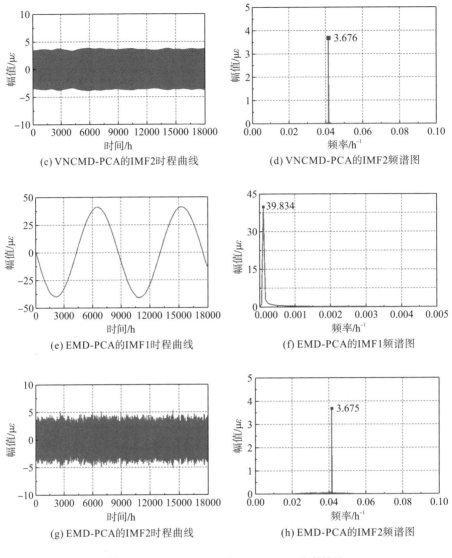

(c) VNCMD-PCA的IMF2时程曲线   (d) VNCMD-PCA的IMF2频谱图

(e) EMD-PCA的IMF1时程曲线   (f) EMD-PCA的IMF1频谱图

(g) EMD-PCA的IMF2时程曲线   (h) EMD-PCA的IMF2频谱图

图 4.57   VNCMD-PCA 与 EMD-PCA 分离结果

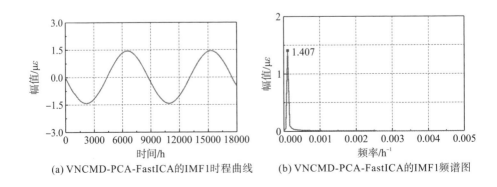

(a) VNCMD-PCA-FastICA的IMF1时程曲线   (b) VNCMD-PCA-FastICA的IMF1频谱图

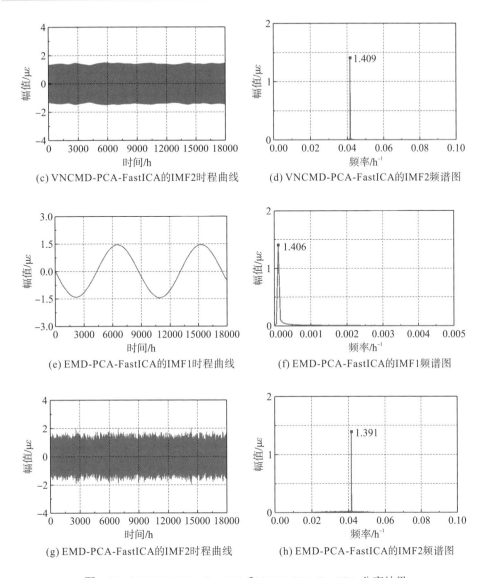

(c) VNCMD-PCA-FastICA的IMF2时程曲线   (d) VNCMD-PCA-FastICA的IMF2频谱图

(e) EMD-PCA-FastICA的IMF1时程曲线   (f) EMD-PCA-FastICA的IMF1频谱图

(g) EMD-PCA-FastICA的IMF2时程曲线   (h) EMD-PCA-FastICA的IMF2频谱图

图 4.58   VNCMD-PCA-FastICA 和 EMD-PCA-FastICA 分离结果

与图 4.57 相比，图 4.58 中的分量振幅均有所下降。其原因是 FastICA 中输出信号的幅度不确定，为了解决这个问题，研究人员提出了修正系数：

$$\varphi = \frac{P_{\text{PCA}}}{P_{\text{FastICA}}} \tag{4.72}$$

式中，P_{PCA} ——经过主成分分析后分量的频谱峰值；

P_{FastICA} ——分量经 FastICA 处理后的频谱峰值。

经校正后的分量 $C_{\text{corrected}}$ 可以表示为

$$C_{\text{corrected}} = \varphi \cdot C_{\text{FastICA}} \tag{4.73}$$

式中，C_{FastICA}——经 FastICA 处理后的分量。

通过校正计算得到最终的温度效应，比较结果如图 4.59 所示。

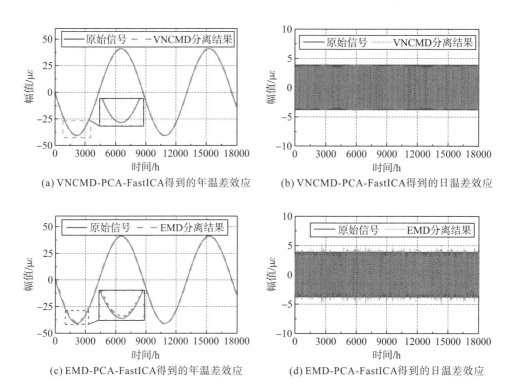

(a) VNCMD-PCA-FastICA得到的年温差效应   (b) VNCMD-PCA-FastICA得到的日温差效应

(c) EMD-PCA-FastICA得到的年温差效应   (d) EMD-PCA-FastICA得到的日温差效应

图 4.59　分离结果与原始模拟分量

如图 4.59 所示，经两种方法分解得到的分量与原始信号基本一致。与 VNCMD-PCA-FastICA 得到的结果相比，EMD-PCA-FastICA 得到的分量与原始信号偏离更明显。同时，图 4.59(b) 的包络更平滑，而图 4.59(d) 中可以发现大量毛刺。这些现象表明，VNCMD-PCA-FastICA 在信号分解方面比 EMD-PCA-FastICA 表现更好。

(4) 结果分析。

在模拟信号日温差效应、年温差效应已知的情况下，常用评价指标为相关系数。然而，相关系数只能表明分离结果与原信号变化趋势是否匹配，不能说明分离结果的保真程度。因此，此处采用信噪比 (SNR) 对模拟信号分离结果进行效果评价。它的单位一般为分贝 (dB)，其值为 10 倍对数信号与噪声功率比：

$$\text{SNR} = P_s / P_n \tag{4.74}$$

$$\text{SNR} = 10\lg\left(P_s / P_n\right) \tag{4.75}$$

式中，P_s——原信号有效功率；

　　　P_n——噪声有效功率。

信噪比越大，说明混在信号中的噪声越小，采集到的信号质量越高。将 VNCMD 与 EMD 处理后的仿真信号用 PCA-FastICA 方法筛选，得到真实特征信号，计算各效应应变信噪比，并进行效果比较，结果如表 4.32 所示。

表 4.32　VNCMD-PCA-FastICA 与 EMD-PCA-FastICA 特征信号的分离效应的信噪比

应变成分	分离方法	信噪比	提升效果*/%
日温差效应	VNCMD-PCA-FastICA	85.761	40.67
	EMD-PCA-FastICA	60.964	
年温差效应	VNCMD-PCA-FastICA	76.087	52.04
	EMD-PCA-FastICA	50.043	

注：*与 EMD-PCA-FastICA 相比，VNCMD-PCA-FastICA 的提升效果。

由表 4.32 可知，VNCMD-PCA-FastICA 得到的低频应变分量更准确，保真度较高；其日温差效应、年温差效应的信噪比分别为 85.761、76.087；相比于 EMD-PCA-FastICA，其日温差效应、年温差效应与模拟信号的信噪比分别提升了 40.67%、52.04%，主要原因是 VNCMD-PCA-FastICA 不是单考虑时程图与频谱的分析，而是对原信号进行时频分析，在此过程中可以灵活控制带宽。它可以看成一个时频滤波器组，可同时提取所有的信号模态，且分解得到的各成分带宽较窄，有效克服了 EMD-PCA-FastICA 算法分解信号产生的模态混叠等问题，使得分解结果更准确。

2. 实桥验证

为保障桥梁的功能性、耐久性和安全性，该桥建立了健康监测系统。采用表面智能数码弦式应变计对桥梁主梁重点部位进行应力监测，该传感器应变测量精度可达到 0.1%F.S.，其钢弦线膨胀系数为 12.2με/℃。全桥共 16 个截面，每个截面均布设 8 个测点，共计 128 个测点。监测断面仪器安装位置详见图 4.60 和图 4.61 所示。

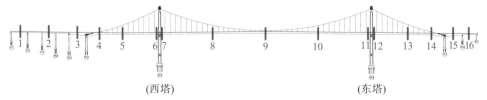

图 4.60　主梁应力及温度测试断面纵向布置示意图

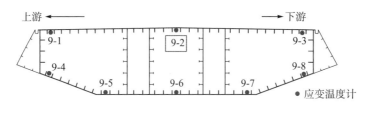

图 4.61　应变温度计布置图

为了验证所提方法对实桥数据的分离效果,采集 9 号监测截面 9-2 测点于 2020 年 1 月 1 日至 2021 年 1 月 1 日(1 年)的应变数据与温度数据进行分离,采样间隔为 1h,采集得到的桥梁应变监测数据如图 4.62 所示。桥梁结构监测环境复杂,观测数据中可能存在大量的随机噪声[27]。温度效应是观测数据中的低频信号,因此采用巴特沃斯低通滤波算法处理,剔除环境噪声和移动荷载等外界高频信号。

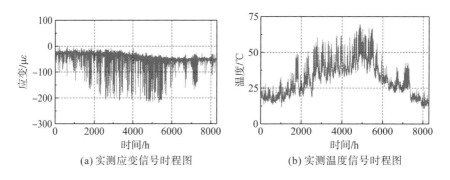

(a) 实测应变信号时程图　　　　　　(b) 实测温度信号时程图

图 4.62　实测信号的时程曲线

在对实桥数据进行分解前,选取 2020 年 7 月 1 日至 2020 年 7 月 3 日(3 天)的温度与应变数据,对二者变化趋势进行分析,二者时程图如图 4.63 所示。由于选取时间较短,可以忽略长期应变的影响,当前应变信号的变化主要由荷载作用、日温差效应及环境噪声引起。由图 4.63 可得,应变与温度两者的变化趋势有着明显负相关关系,温度效应影响显著,应变温度效应的分离尤为重要。此外,通过应变与温度的强相关关系,在对实桥数据的分析中,可采用皮尔逊相关系数对分离结果进行效果评价,即应变的日温差分量与温度的日温差分量、应变的年温差分量与温度的年温差分量,都具有较强相关性。

在对实测的原始应变和温度数据进行滤波后,分别采用 VNCMD-PCA-FastICA 和 EMD-PCA-FastICA 进行分解,分解的温度日温差分量及应变日温差分量如图 4.64 所示,分解后的温度年温差分量及应变年温差分量如图 4.65 所示。

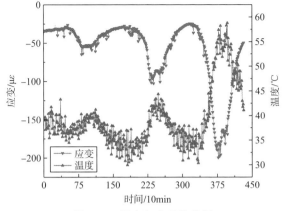

图 4.63　温度与应变趋势图

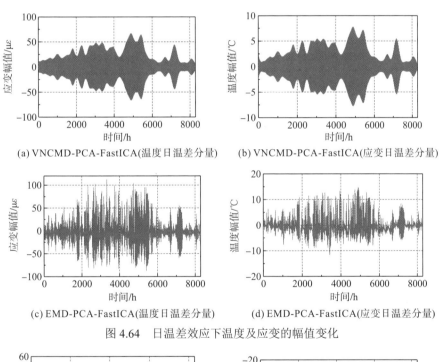

(a) VNCMD-PCA-FastICA(温度日温差分量)　　(b) VNCMD-PCA-FastICA(应变日温差分量)

(c) EMD-PCA-FastICA(温度日温差分量)　　(d) EMD-PCA-FastICA(应变日温差分量)

图 4.64　日温差效应下温度及应变的幅值变化

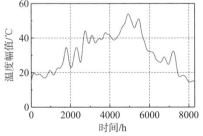
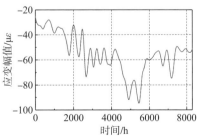

(a) VNCMD-PCA-FastICA(温度年温差分量)　　(b) VNCMD-PCA-FastICA(应变年温差分量)

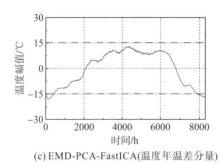 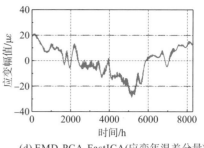

(c) EMD-PCA-FastICA(温度年温差分量)   (d) EMD-PCA-FastICA(应变年温差分量)

图 4.65　年温差效应下温度与应变幅值变化

由图 4.64 和图 4.65 可得，分离出的各应变成分与对应温度成分之间具有较高的相关性，应变变化与温差变化的波峰、波谷出现时间一致，日温差引起的应变变化较为平直，而年温差引起的应变变化波动较大。从年温差变化可以明显观察到，大约在 5000h 时温度最高，此时应变最小，表现为压应变，该时间大约在 7 月，与真实情况相符，并且应力变化与模型计算一致。在日温差成分中，EMD-PCA-FastICA 与 VNCMD-PCA-FastICA 结果相近，日温差幅值主要变化区间为[−5,5]，日温差应变幅值主要变化区间为[−50,50]。在年温差成分中，EMD-PCA-FastICA 与 VNCMD-PCA-FastICA 结果相差较大，EMD-PCA-FastICA 年温差幅值主要变化区间为[−15,15]，年温差应变幅值主要变化区间为[−20,20]；VNCMD-PCA-FastICA 年温差幅值主要变化区间为[15,50]，年温差应变幅值主要变化区间为[−90,−30]。结合实测应变与温度时程图，从年温差成分的差异不难看出，EMD-PCA-FastICA 年温差成分与实测值相差较大，且应变成分幅值也有所衰减，这是由 EMD-PCA-FastICA 的端效应引起的，造成上下包络拟合误差，使得 IMF 分量不准确，分量过多导致能量被分配到虚假模态中。将 VNCMD、EMD 结合 PCA-FastICA 方法分离出的各应变温度效应，采用相关系数突出效果变化程度，如表 4.33 所示。

表 4.33　实测信号分离后对应成分的相关系数

应变成分	分离方法	相关系数	提升效果*/%
日温差效应	VNCMD-PCA-FastICA	−0.9426	52.90
	EMD-PCA-FastICA	−0.6165	
年温差效应	VNCMD-PCA-FastICA	−0.8053	4.26
	EMD-PCA-FastICA	−0.7724	

注：*与 EMD-PCA-FastICA 相比，VNCMD-PCA-FastICA 的提升效果。

从表 4.33 可知，实测应变信号与实测温度信号分离对应成分相关系数均为负相关，与实测信号的相关关系吻合；与 EMD-PCA-FastICA 方法相比，基于 VNCMD-PCA-FastICA 的桥梁应变温度效应分离方法的日温差效应、年温差效应分离效果分别提升了 52.90%和 4.26%，与对应温度成分相关性更高，分离效果更精确。

4.5.3　小结

为剔除温度效应对桥梁应变的影响，将 VNCMD 与 PCA-FastICA 相融合，提出了一种分离桥梁应变监测数据温度效应的新方法，即 VNCMD-PCA-FastICA 方法(分离方法 4)。通过实桥模型的数值仿真与监测数据验证，得出以下结论：

(1)在 VNCMD-PCA-FastICA 算法中分解问题可以表述为一个最优解调问题，该方法可以看成一个时频滤波器组，同时提取所有的信号模态，有效克服了 EMD-PCA-FastICA 算法分解信号产生的模态混叠等问题，从模型先进性角度来看，具有理论上的优势。

(2)结合 PCA 剔除虚假分量，用降维后的主成分作为 FastICA 模型的输入值，降低了计算复杂程度，实现了应变温度效应的精准分离。VNCMD-PCA-FastICA 得到的日温差效应、年温差效应与仿真信号的信噪比分别达到了 85.761 和 76.087，相比于 EMD-PCA-FastICA，分别提升了 40.67%、52.04%。验证了 VNCMD-PCA-FastICA 算法分离桥梁监测数据中各应变温度效应成分的有效性。

(3)将 VNCMD-PCA-FastICA 算法应用于模拟应变信号和实测应变信号的分离中，模拟应变信号分离结果表明，VNCMD-PCA-FastICA 得到的低频应变分量更准确，与 EMD-PCA-FastICA 相比，前者的实测信号分离日温差效应、年温差效应分别提升了 52.90%和 4.26%。

4.6　基于 TVFEMD-IMF 能量熵增量的监测数据噪声分离方法

桥梁结构服役环境复杂，监测信号干扰因素众多，影响桥梁真实结构响应的准确获取，从而使得监测数据可靠性降低。因此，开展桥梁监测数据降噪研究，对于提升数据准确性、增强桥梁健康评估的可靠性具有重要的科学研究意义与工程应用价值。针对上述问题，本节提出一种基于 TVFEMD-IMF 能量熵增量的桥梁监测数据降噪分离方法(分离方法 5，即本节"所提方法")，引入 TVFEMD 方法解离信号的多尺度信息，结合 IMF 能量熵增量方法准确提取有效信号。然后，通过仿真算例和工程实例证明所提方法的有效性。

4.6.1　分离方法步骤

　　首先，利用 TVFEMD 方法处理桥梁监测数据，将其分解为多个具有稳定性和规律性的子序列；然后，结合 IMF 能量熵增量得到有效信号；最后，利用 MAE、RMSE 和 SNR 评价分离结果。所提方法的工作流程如图 4.66 所示。

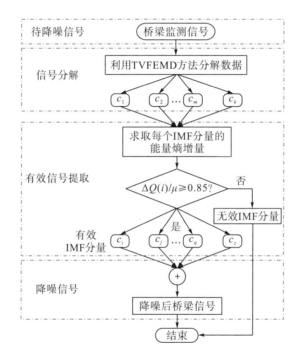

图 4.66　所提方法的框架

4.6.2　实例分析

1. 仿真算例

　　桥梁监测数据往往伴随着不同频率的噪声，此处以两个正弦信号 y_1、y_2（频率分别为 0.5Hz 和 2Hz）和一个高斯白噪声 y_3（声噪比为 10dB）构造模拟信号[28]，其中，$y_1 = 3\sin(2 \times 0.5\pi t)$，$y_2 = 7\sin(2 \times 2\pi t)$，采样频率为 F_s=100Hz，采样点数为 1000 个。原始信号和加噪信号分别如图 4.67(a) 和 (b) 所示。

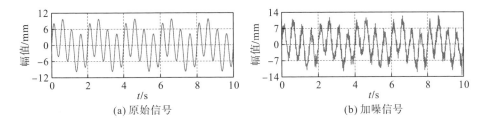

(a) 原始信号　　　　　　　　　　　(b) 加噪信号

图 4.67　原始信号及加噪后信号

(1) 仿真信号分解。

为证明方法的有效性与优越性，分别利用 TVFEMD 与 EMD 方法对模拟信号进行分解，其中 TVFEMD 方法的带宽阈值和 B-样条阶次参数设置参考文献[16]，分别设置为 0.25 和 26。两种方法的分解结果均为 7 个 IMF 分量，分别如图 4.68(a) 和 (b) 所示。

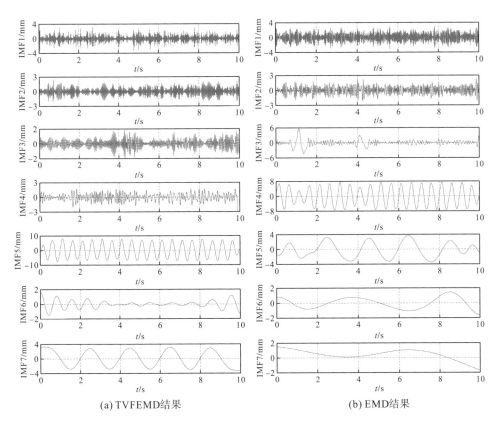

(a) TVFEMD结果　　　　　　　　　　(b) EMD结果

图 4.68　两种方法分离结果

由图 4.68 可以看出，两种方法都能将不同频率的信号解离出来，TVFEMD 得到的低频分量较为平缓；与 TVFEMD 相比，EMD 得到的低频分量中发现相似的特征时间尺度分布在不同分量中，如 IMF3 与 IMF4，即出现了模态混叠问题。

(2)模拟信号降噪及评价。

利用 IMF 能量熵增量求得 EMD 和 TVFEMD 结果中各 IMF 信号能量熵增量 $\Delta Q(i)$，进而得到$\Delta Q(i)/\mu$，根据$\Delta Q(i)/\mu$ 大小确定真实分量，EMD 和 TVFEMD 的结果分别展示在表 4.34 中。

表 4.34   不同方法的 IMF 能量熵增量结果

分离模型	评价参数	IMF1	IMF2	IMF3	IMF4	IMF5	IMF6	IMF7
TVFEMD	$\Delta Q(i)$	0.1122	0.0796	0.0490	0.0713	0.2105	0.0383	0.2872
	$\Delta Q(i)/\mu$	0.5610	0.3980	0.2450	0.3565	1.0525	0.1915	1.4360
EMD	$\Delta Q(i)$	0.1613	0.0784	0.1305	0.2444	0.2702	0.0735	0.0836
	$\Delta Q(i)/\mu$	0.8065	0.3920	0.6525	1.2220	1.3510	0.3675	0.4180

由表 4.34 可知，在 TVFEMD 得到的子序列中，IMF5 和 IMF7 的 $\Delta Q(i)/\mu$ 分别为 1.0525 和 1.4360，均大于 0.85，因此 IMF5 和 IMF7 为真实分量。同理，EMD 的真实分量为 IMF4 和 IMF5，$\Delta Q(i)/\mu$ 分别为 1.2220 和 1.3510。利用快速傅里叶变换对 IMF 能量熵增量计算得到的真实分量进行频谱分析，如图 4.69 所示。

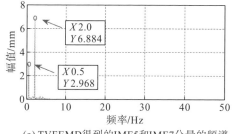

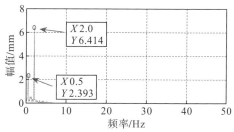

(a) TVFEMD得到的IMF5和IMF7分量的频谱   (b) EMD得到的IMF4和IMF5分量的频谱

图 4.69   不同方法的有效分量频谱

由图 4.69 可知，两组信号的频率分别为 0.5Hz 和 2.0Hz，证明 IMF 能量熵增量可以准确筛选出模拟监测信号时输入的 0.5Hz 和 2.0Hz 的有效信号。EMD 与 TVFEMD 分解得到的有效信号幅值均接近模拟信号预设幅值(3mm、7mm)。对比而言,TVFEMD-IMF 能量熵增量法中有效信号的频谱幅值为 2.968mm 和 6.884mm，EMD-IMF 能量熵增量法中有效信号的频谱幅值为 2.393mm 和 6.414mm。因此，TVFEMD 分解得到有效信号的幅值相对于 EMD 更加准确。相比于 EMD 方法，TVFEMD 方法得到的 0.5Hz 与 2.0Hz 信号幅值逼近效果分别提升了 24.03%和

7.33%，表明 TVFEMD 方法相比于 EMD 方法分解得到的信号保真度更高。将 EMD-IMF 能量熵增量法(分离方法 5)、Kalman 滤波降噪法与 TVFEMD-IMF 能量熵增量法得到的降噪信号分别与原始信号进行对比，如图 4.70 所示。

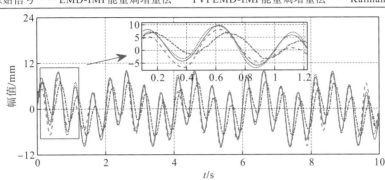

图 4.70　不同方法降噪信号对比

由图 4.70 可知，所提方法(分离方法 5)相比于 EMD-IMF 能量熵增量法、Kalman 滤波降噪法，得到的降噪信号与原始模拟信号重合度更高。利用 MAE、RMSE 和 SNR 评估参数对 EMD-IMF 能量熵增量法、Kalman 滤波与 TVFEMD-IMF 能量熵增量法的降噪信号进行降噪效果评价。另外，添加信噪比分别为 10dB、20dB 和 30dB 的高斯白噪声信号进行去噪，计算过程同上，结果如表 4.35 所示。

表 4.35　不同方法下模拟信号的降噪效果

评价参数	高斯白噪声强度/dB	评价结果及提升程度				
		TVFEMD-IMF 能量熵增量法	Kalman 滤波降噪法	EMD-IMF 能量熵增量法	R/%	
					T-K[①]	T-E[②]
MAE	10	0.4676	3.3153	1.1052	85.90	57.69
	20	0.3622	1.0799	0.7062	66.46	48.71
	30	0.2868	1.3137	0.5331	78.17	46.20
RMSE	10	0.0137	0.0834	0.0333	83.57	58.86
	20	0.0107	0.0274	0.0214	60.95	50.00
	30	0.0084	0.0327	0.0165	74.31	49.09
SNR	10	10.0623	8.3743	7.2973	20.16	37.89
	20	18.8173	12.3527	13.6453	52.33	37.90
	30	29.9000	19.7646	14.5511	51.28	105.48

注：$R = \left| Y_{(T)} - Y_{(x)} \right| / Y_{(x)} \times 100\%$，$Y_{(T)}$ 为 TVFEMD 计算得到的 MAE、RMSE 或 SNR，$Y_{(x)}$ 为对比方法计算得到的 MAE、RMSE 或 SNR。
①与 Kalman 滤波降噪法相比，TVFEMD-IMF 能量熵增量法的提升程度(后文同)。
②与 EMD-IMF 能量熵增量法相比，TVFMD-IMF 能量熵增量法的提升程度(后文同)。

由表 4.35 可知,与 EMD-IMF 能量熵增量法、Kalman 滤波降噪法相比,TVFEMD-IMF 能量熵增量法在不同信噪比高斯白噪声(10dB、20dB 和 30dB)情况下,均取得了更优的降噪效果。与 EMD-IMF 能量熵增量法、Kalman 滤波降噪法相比,TVFEMD-IMF 能量熵增量法(分离方法 5)降噪信号的 SNR 提升程度均不小于 20.16%,所提方法(分离方法 5)抗噪性能更优。主要原因在于 TVFEMD 能够较大程度克服 EMD 过程中产生的模态混叠等问题。

2. 实桥验证

为进一步探究所提监测数据降噪方法的有效性,选取一座钢筋混凝土箱板拱桥对所提方法进行实桥验证。该桥全长 290.7m,桥宽 8.5m,跨径组合为 3×25.0m+1×140.0m+2×25.0m,矢高 35.0m,主拱圈矢跨比 1/4。选取桥梁挠度监测数据进行降噪处理,此桥挠度监测点布置在主跨 $L/4$、$L/2$ 和 $3L/4$ 处,如图 4.71 所示。

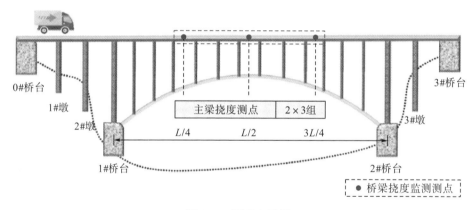

图 4.71　测点布置图

采集 2020 年 3 月 2 日 00:00 至 2020 年 3 月 5 日 24:00 的桥梁挠度监测数据,采样频率为 1 次/min,取前 50h 的监测数据进行分析。采集得到的实测桥梁挠度监测数据如图 4.72 所示。

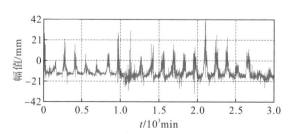

图 4.72　实测桥梁监测数据

由图 4.72 可以看出,实测桥梁竖向位移在[−33.51,41.98]范围变化,在实测信号中出现了−33.51mm、30.40mm 等多个突变异常值,实测信号存在随机噪声影响。

分别采用 EMD 和 TVFEMD 方法对桥梁监测数据进行分解,EMD 方法得到 12 个 IMF 分量,TVFEMD 方法参数设置与仿真算例一致,分解得到 10 个 IMF 分量,分解结果如图 4.73 所示。

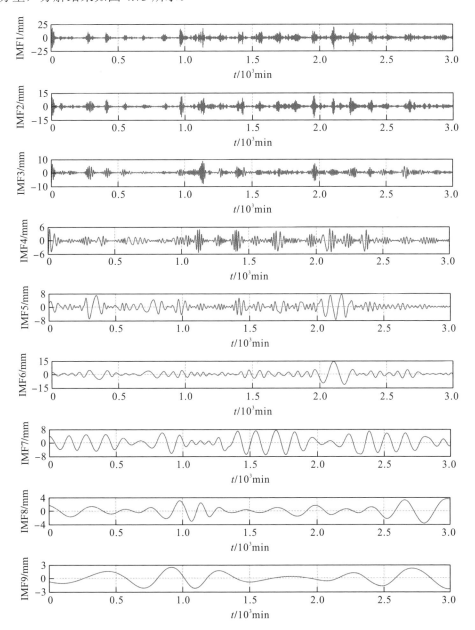

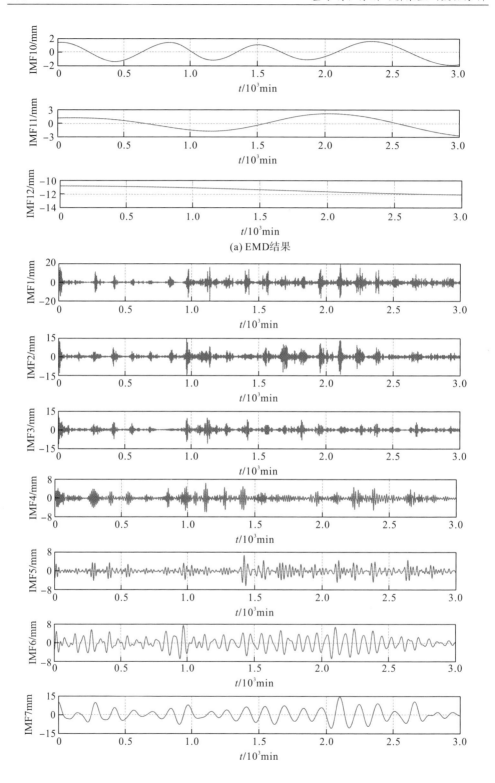

(a) EMD结果

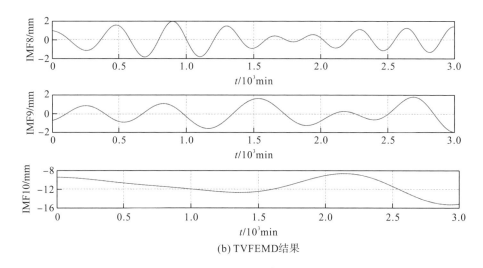

(b) TVFEMD结果

图 4.73　两种方法的分解结果

由图 4.73（a）与（b）可以看出，EMD 和 TVFEMD 得到的 IMF1～IMF4 分量受噪声影响较大。分别利用 IMF 能量熵增量法计算 EMD 和 TVFEMD 得到的各分量的 $\Delta Q(i)/\mu$，结果如表 4.36 所示。

表 4.36　各分量的 IMF 能量熵增量结果

分离模型	评价参数	IMF 分量											
		1	2	3	4	5	6	7	8	9	10	11	12
TVFEMD	$\Delta Q(i)$	0.1399	0.0991	0.0665	0.0424	0.0473	0.1736	0.2460	0.0256	0.0253	0.2255	—	—
	$\Delta Q(i)/\mu$	0.6995	0.4955	0.3325	0.2120	0.2365	0.8680	1.2300	0.1280	0.1265	1.1275	—	—
EMD	$\Delta Q(i)$	0.1587	0.0925	0.0482	0.0480	0.0923	0.1579	0.1770	0.0483	0.0384	0.0304	0.0475	0.2435
	$\Delta Q(i)/\mu$	0.7935	0.4625	0.2410	0.2400	0.4615	0.7895	0.8850	0.2415	0.1920	0.1520	0.2375	1.2175

由表 4.36 可知，TVFEMD 得到的 IMF6、IMF7 和 IMF10 分量的 IMF 能量熵增量分别为 0.1736、0.2460 和 0.2255，这三个分量的 $\Delta Q(i)/\mu$ 结果分别为 0.8680、1.2300 和 1.1275，均大于 0.85，即以上三个信号是真实信号，其余为干扰分量。同理，EMD 得到的 IMF7 和 IMF12 分量的 $\Delta Q(i)/\mu$ 分别为 0.8850 和 1.2175，这两个信号为真实信号。将不同方法下的真实信号分别重组，得到降噪后的监测信号。另外，利用 Kalman 滤波降噪法对原始信号进行降噪，将原始信号与三种方法得到的降噪信号进行对比，如图 4.74 所示。

由图 4.74 可得，经 TVFEMD-IMF 能量熵增量降噪后的信号竖向位移变化区间在[−19.82,12.56]，所提方法得到的降噪信号比其他方法更接近原始信号；同时，降噪信号去除了噪声和监测数据异常点，可以获得原始信号中的有效信息。利用

MAE、RMSE 和 SNR 对不同降噪方法得到的降噪信号进行评价，结果如表 4.37 所示。

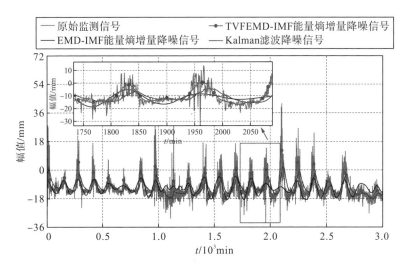

图 4.74　监测数据降噪前后的信号

表 4.37　实测桥梁监测数据降噪效果评价

评价参数	评价结果及提升程度				
	TVFEMD-IMF 能量熵增量法	EMD-IMF 能量熵增量法	Kalman 滤波降噪法	*R*/%	
				T-K	T-E
MAE	2.9582	4.0452	3.8844	23.84	26.87
RMSE	0.1772	0.2328	0.2263	21.70	23.88
SNR	15.2005	10.9788	7.1253	113.33	38.45

由表 4.37 可知，EMD-IMF 能量熵增量法得到的降噪信号的 MAE 和 RMSE 分别为 4.4052 和 0.2328，Kalman 滤波降噪法得到的降噪信号的 MAE 和 RMSE 分别为 3.8844 和 0.2263，TVFEMD-IMF 能量熵增量法得到的降噪信号的 MAE 和 RMSE 分别为 2.9582 和 0.1772。与 EMD-IMF 能量熵增量法和 Kalman 滤波降噪法两种方法得到的降噪信号相比，TVFEMD-IMF 能量熵增量法(分离方法 5)计算得到的降噪后信号 MAE 和 RMSE 分别提升了 23.84%和 21.70%及以上，所提方法(分离方法 5)对实测桥梁监测数据的降噪效果更佳。TVFEMD-IMF 能量熵增量法得到的降噪信号的 SNR 为 15.2005，相比于 EMD-IMF 能量熵增量法、Kalman 滤波降噪法分别提升了 38.45%、113.33%，表明所提方法的抗噪性能更好。以上结果对比证明了所提方法用于实桥监测数据降噪的有效性。

4.6.3　小结

　　针对桥梁监测数据受多重噪声影响，影响结构真实响应获取的问题，本节提出了一种融合 TVFEMD 与 IMF 能量熵增量的桥梁监测数据降噪的新方法(分离方法 5)，通过数值算例和工程实例验证，得出以下结论：

　　(1) TVFEMD 分离模型不仅弥补了 EMD 分离模型分解时要求上、下包络线相对于时间轴局部对称而易造成模态混叠等问题，还保留了信号的时变特性，从模型先进性角度来看，具有理论上的优势。

　　(2) 在分析复杂的桥梁监测数据时，TVFEMD-IMF 能量熵增量法优于 EMD-IMF 能量熵增量法，可以更好地解决虚假成分的干扰问题，有效去除监测数据中的异常点和噪声，更容易获得准确的桥梁结构真实响应。

　　(3) 在仿真算例中，证明了所提方法对于不同强度的噪声干扰具有较好的适用性。在工程实例中，TVFEMD-IMF 能量熵增量法的 MAE、RMSE 和 SNR 相对于 EMD-IMF 能量熵增量法和 Kalman 滤波降噪法分别提升了 23.84%、21.70%和 38.45%及 113.33%。以上结果证明了所提方法用于桥梁监测数据降噪具有更高的准确性、抗噪性和实用性。

4.7　本 章 小 结

　　处于自然环境下的大跨径桥梁，监测数据可直观反映出结构在综合作用下的响应。然而实际监测数据由多种效应成分组成，且在数据采集及传输过程中存在大量噪声，使得通过解读监测数据信息来评价桥梁服役状态的可靠度降低，多种效应成分相互耦合给桥梁健康监测带来了巨大挑战。针对上述问题本章介绍了多种监测数据分离方法，对挠度、应变、索力等实测响应进行分离，主要结论如下：

　　(1) 提出了基于 VMD-KLD 的桥梁挠度温度效应分离方法(分离方法 1)，融合了 VMD 自适应、抗噪能力强和 KLD 快速选取最优信号的优势，克服了传统 EMD 模态混叠等缺陷，减少了虚假分量的干扰，将二者结合使得分解及筛选特征信号分量高效可靠，温度效应分离效果良好。

　　(2) 开展了基于信号模态分解技术的索力监测数据温度效应分离方法理论研究，提出了基于 IVMD-KLD 温度效应分离模型(分离方法 2)。通过模态中心频率变异系数和信噪比的判定，实现变分模态分解过程中参数的自适应确定；排列熵可有效量化模态分量的时序复杂性，为组合模态分量提供有效依据，避免了温度效应成分丢失；从概率分布差异的角度来看，计算 KLD 可以有效量化原始信号与子模态分量信号之间的关联性，准确识别温度效应成分，以某斜拉桥为工程依托，验证了方法的可靠性和实用性，研究成果可为在线实现索力监测数据温度效应分离提供一种新的方法。

（3）提出了一种基于 TVFEMD、PE 和 KLD 方法的新方法（分离方法 3），用于分离桥梁挠度监测数据中的挠度温度效应。TVFEMD 的结果表明，其更适合于桥梁挠度时变信号中的温度效应分离。与 EMD、EEMD 两种分离模型相比，TVFEMD 可以更好地抵抗信号中的随机噪声和模态混叠问题，同时可以获得更平稳和更精确的结果。所提方法可为桥梁挠度监测数据温度效应在线分离提供一种新的思路。

（4）提出了一种基于 VNCMD-PCA-FastICA 的桥梁应变监测数据温度效应分离方法（分离方法 4）。VNCMD 是一种处理非平稳、时变、宽带信号的时频分析方法，该方法可以看成一个时频滤波器组，同时提取所有的信号模态，有效克服了传统 EMD 算法分解信号产生的模态混叠等问题，结合 PCA 剔除虚假分量，用降维后的主成分作为 FastICA 模型的输入值，降低了计算复杂程度，实现了应变温度效应的精准分离

（5）提出了一种融合 TVFEMD 与 IMF 能量熵增量的桥梁监测数据降噪的新方法（分离方法 5），TVFEMD 模型不仅解决了 EMD 模型分解时要求上、下包络线相对于时间轴局部对称而易造成模态混叠等问题，还保留了信号的时变特性，结合 IMF 能量熵增量得到有效信号，实现了监测数据中的异常点和噪声精准分离与剔除，更容易获得准确的桥梁结构真实响应。

本章研究中仍有以下几个方面有待继续深入探讨：

（1）在进行实桥索力监测数据分解时，所采集的时间跨度应大于一年，以更好地体现年温差效应引起的索力变化规律。在实际工程环境下，某些偶然的荷载作用可能形成与温度变化尺度相近的频率成分，会对温度效应的准确分离产生干扰，需要对此进行更精细化的处理。

（2）所提方法仅在某一单一桥型实现了桥梁监测数据的分离与降噪。面向不同结构型式（刚度）桥梁的多类型监测响应数据温度效应分离的有效性验证与改进，将是下一步工作的主要方向。

参 考 文 献

[1] He J, Xin H, Wang Y, et al. Effect of temperature loading on the performance of a PC bridge in Oklahoma: Reliability analysis[J]. Structures, 2021, 34: 51-60.

[2] Xin J, Jiang Y, Zhou J, et al. Bridge deformation prediction based on SHM data using improved VMD and conditional KDE[J]. Engineering Structures, 2022, 261: 114285.

[3] 刘纲, 邵毅敏, 黄宗明, 等. 长期监测中结构温度效应分离的一种新方法[J]. 工程力学, 2010, 27(3): 55-61.

[4] Dragomiretskiy K, Zosso D. Variational mode decomposition[J]. IEEE Transactions on Signal Processing, 2014, 62(3): 531-544.

[5] 唐春会. 大跨径 PC 梁桥挠度信号分离研究[D]. 广州: 广州大学, 2012.

[6] Soni A, Sreejeth N, Saxena V, et al. Series optimized fractional order low pass butterworth filter[J]. Arabian Journal for Science and Engineering, 2020, 45(3): 1733-1747.

[7] Lahmiri S. Comparing variational and empirical mode decomposition in forecasting day-ahead energy prices[J]. IEEE Systems Journal, 2017, 11(3): 1907-1910.

[8] 李泽文, 郭田田, 曾祥君, 等. 基于波形相关性分析的输电线路暂态保护方法[J]. 电力系统及其自动化学报, 2018, 30(8): 44-50.

[9] Liu Y, Mu Y, Chen K, et al. Daily activity feature selection in smart homes based on Pearson correlation coefficient[J]. Neural Processing Letters, 2020, 51(2): 1771-1787.

[10] Zhu G, Peng S, Lao Y, et al. Short-term electricity consumption forecasting based on the EMD-Fbprophet-LSTM method[J]. Mathematical Problems in Engineering, 2021(1): 6613604.

[11] 刘夏平, 杨红, 孙卓, 等. 基于 LS-SVM 的桥梁挠度监测中温度效应分离[J]. 铁道学报, 2012, 34(10): 91-96.

[12] Zhang X, Liu Z, Miao Q, et al. An optimized time varying filtering based empirical mode decomposition method with grey wolf optimizer for machinery fault diagnosis[J]. Journal of Sound and Vibration, 2018, 418: 55-78.

[13] Huang S, Wang X, Li C, et al. Data decomposition method combining permutation entropy and spectral substitution with ensemble empirical mode decomposition[J]. Measurement, 2019, 139: 438-453.

[14] Sharma S, Tiwari S K, Singh S. Integrated approach based on flexible analytical wavelet transform and permutation entropy for fault detection in rotary machines[J]. Measurement, 2021, 169: 10838.

[15] Yue Z, Ding Y, Zhao H, et al. Mechanics-guided optimization of an LSTM network for real-time modeling of temperature-induced deflection of a cable-stayed bridge[J]. Engineering Structures, 2022, 252: 113619.

[16] 李明, 钟继卫, 严凤. 结构温度与悬索桥主梁挠度的关联性分析[J]. 振动与冲击, 2018, 37(11): 237-245.

[17] Chen S, Dong X, Peng Z, et al. Nonlinear chirp mode decomposition: A variational method[J]. IEEE Transactions on Signal Processing, 2017, 65(22): 6024-6037.

[18] Meignen S, Pham D H, McLaughlin S. On demodulation, ridge detection, and synchrosqueezing for multicomponent signals[J]. IEEE Transactions on Signal Processing, 2017, 65(8): 2093-2103.

[19] Pan M, Lin Y. Further exploration of Vold-Kalman-filtering order tracking with shaft-speed information—I: Theoretical part, numerical implementation and parameter investigations[J]. Mechanical Systems and Signal Processing, 2006, 20(5): 1134-1154.

[20] Hou T, Shi Z. Sparse time-frequency decomposition based on dictionary adaptation[J]. Philosophical Transactions Series A, Mathematical, Physical, and Engineering Sciences, 2016, 374(2065): 20150192.

[21] Boyd S. Distributed optimization and statistical learning via the alternating direction method of multipliers[J]. Foundations and Trends in Machine Learning, 2010, 3(1): 1-122.

[22] Sadeghi M, Babaie-Zadeh M. Iterative sparsification-projection: Fast and robust sparse signal approximation[J]. IEEE Transactions on Signal Processing, 2016, 64 (21): 5536-5548.

[23] Yuan J, Shao H, Cai Y, et al. Energy efficiency state identification of milling processing based on EEMD-PCA-ICA[J]. Measurement, 2021, 174: 109014.

[24] Karl P. LIII. On lines and planes of closest fit to systems of points in space[J]. The London, Edinburgh, and Dublin Philosophical Magazine and Journal of Science, 1901, 2 (11): 559-572.

[25] Shen H, Li J, Wang S, et al. Prediction of load-displacement performance of grouted anchors in weathered granites using FastICA-MARS as a novel model[J]. Geoscience Frontiers, 2021, 12 (1): 415-423.

[26] Wang X, Huang S, Kang C, et al. Integration of wavelet denoising and HHT applied to the analysis of bridge dynamic characteristics[J]. Applied Sciences, 2020, 10 (10): 3605.

[27] Xin J, Zhou J, Yang S, et al. Bridge structure deformation prediction based on GNSS data using Kalman-ARIMA-GARCH model[J]. Sensors, 2018, 18 (1): 298.

[28] 熊春宝, 王猛, 于丽娜. 桥梁 GNSS-RTK 变形监测数据的 CEEMDAN-WT 联合降噪法[J]. 振动与冲击, 2021, 40 (9): 12-18.

第5章 桥梁监测数据预测方法

5.1 引　　言

在桥梁健康监测系统中,外部作用(如车辆荷载、风荷载、温度变化等)被视为桥梁系统的输入数据,桥梁结构在这些作用下产生的响应(如位移、应变、加速度等)则被视为系统的输出数据[1-3]。通过对这些输入数据和输出数据的预测分析,可以有效评估桥梁未来的安全状态和潜在风险,从而确保桥梁的长期可靠性和安全性。一般来说,桥梁监测数据预测方法可以分为确定性预测方法和概率性预测方法两类。其中,确定性预测方法通常基于已有的结构力学原理、材料特性及历史监测数据预测未来某个时刻桥梁的外部作用或结构响应,而不考虑模型的不确定性和输入数据的变异性等。相比而言,概率性预测方法考虑了预测过程中的不确定性因素,通常采用统计方法或机器学习算法,对大量监测数据进行分析,并估计各种状态参数的概率特性。上述两类方法已取得一定发展,但在实际应用中仍需面对数据噪声、模型复杂性和计算成本等挑战。

鉴于此,本章综合运用结构力学原理、信号处理技术、机器学习算法和统计学等相关知识,系统阐述桥梁外部作用及桥梁结构响应的确定性预测方法和概率性预测方法。在桥梁外部作用预测方面,以风速为例,提出基于集合经验模态分解(EEMD)-最小二乘支持向量机(least squares support vector machine,LSSVM)-库尔贝克-莱布勒散度(KLD)的桥梁外部作用确定性预测方法,基于增强变分模态分解(reduced-order variational mode decomposition,RVMD)-最小二乘支持向量机(least squares support vector machine,LSSVM)-深度特征选择(deep feature selection,DFS)-多重误差修正(multi-error modification,MEM)的桥梁外部作用概率性预测方法;在桥梁结构响应预测方面,以结构变形为例,提出基于卡尔曼(Kalman)滤波-自回归差分移动平均模型(ARIMA)-广义自回归条件异方差(generalized autoregressive conditional heteroskedasticity,GARCH)的桥梁结构响应确定性预测方法,基于改进变分模态分解(IVMD)-条件核密度估计(conditional kernel density estimation,CKDE)的桥梁结构响应概率性预测方法,并通过实际桥梁监测中的应用案例,分析讨论这些预测方法的优势与局限性。

5.2 基于 EEMD-LSSVM-KL 的桥梁外部作用确定性预测方法

桥梁外部作用预测对于确保桥梁的安全性和耐久性至关重要，涉及评估桥梁可能遭受的各种外部作用力，包括但不限于交通荷载、风荷载和地震荷载等。通过外部作用预测可以有效评估桥梁的承载能力和应对突发事件的能力，确保桥梁在各种荷载条件下都能安全稳定地运行。

自然风具有较高的不确定性和非平稳性，通常难以实现可靠的风速预测[4]。因此，本节以风速为例，介绍一种基于 EEMD-LSSVM-KL 桥梁外部作用的确定性预测方法(预测方法 1，本节"所提方法")。该方法对风速时间序列应用集合经验模态分解(EEMD)，将时间序列分解成若干个本征模态函数(IMF)和一个残余项，并基于 KLD 方法和能量标准进行特征选择，以减少子序列间虚假分量的影响。然后根据误差的相互依赖结构和异方差，利用最小二乘支持向量机(LSSVM)模型对相应的误差分量进行建模。

5.2.1 预测方法步骤

基于分解的预测模型主要集中在不同的分解方法和预测模型上，最终的预测结果一般等于所有子序列预测结果的总和。然而，最近的一些研究表明，某些子序列预测结果的求和可能具有更高的预测精度[5,6]。这可能是由于分解方法引入了一些虚假成分。本研究采用预处理特征选择方法对所有分解子序列中的虚假成分进行识别，减少其对风速预测的影响。为了进一步提高预测精度，还采用了后处理误差预报修正。所提方法的流程如图 5.1 所示，具体步骤如下：

(1) 将原始数据分为两部分，包括训练部分 ($\{x'(1),\cdots,x'(n)\}$) 和预测部分 ($\{x'(n+1),\cdots,x'(n+N)\}$)。

(2) 从训练部分提取平均值 $\bar{x} = \frac{1}{n}\sum_{t=1}^{n} x'(t)$，得到平均值训练部分，用 $x(1),\cdots,x(n)$ 表示。然后，用 EEMD 将零均值时间序列分解成若干单独的子序列 $c_j(1),\cdots,c_j(n)$，同时假设预测部分不可用。

(3) 在所有子序列中应用 KLD 和基于能量的标准进行特征选择。剔除虚假子集，保留其余子集。

(4) 构建 LSSVM 预测模型，从其余子序列的第 n 个数据中预测第 $n+1$ 个数据。分析该误差分量并建立合适的模型来预测第 $n+1$ 次误差。汇总这些预测结果和平均值，得到最终预测结果。

（5）获取实际的数据点，更新训练数据。重复上述步骤，即可得到相应的预测结果。以此类推，继续进行 1 步预测，直至完成所有预测任务。

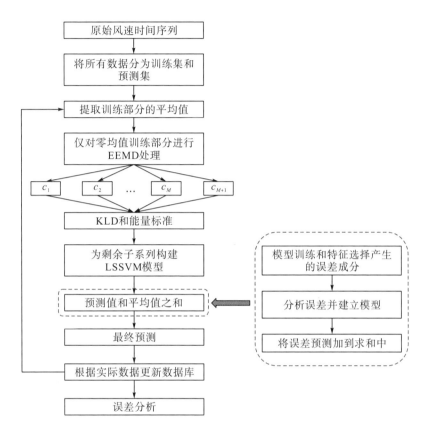

图 5.1　基于 EEMD-LSSVM-KLD 的监测数据预测流程

EMD 具有模态混叠的缺点，研究人员提出了一种集合经验模态分解方法，进行与 EMD 相同的迭代筛选过程。该算法在原信号中加入一定数量的高斯白噪声样本，增强各频段的信号，从而抑制模态混叠。然后利用统计集合平均去除白噪声，得到 IMF。本书中所设定的集合次数及附加白噪声幅值估计参数分别为 100 和 0.2。此外，终端效应在 EMD 和 EEMD 中都存在，可以通过镜像对称方法来减小。分解结果求和为

$$x(t) = \sum_{j=1}^{M+1} c_j(t), \quad j = 1, 2, \cdots, M \tag{5.1}$$

式中， $c_j(t)$ ——第 j 层的 IMF；

$c_{M+1}(t)$ ——残差。

5.2.2　实例分析

1. 数据集介绍

为了检验所提方法的有效性和可靠性，采用了美国科罗拉多州测量的风速数据集（数据集 1）（包括 300 个样本），如图 5.2 所示。原始时间序列分为两部分：第 1～225 个采样点用于训练，第 226～300 个数据用于测试。训练部分用于建立预测模型，其余部分用于验证所提模型的性能。

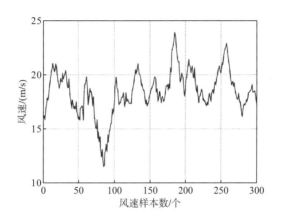

图 5.2　风速数据（数据集 1）

2. 误差分量分析

图 5.3 为数据集 1 中第 1～225 个数据点的零均值数据及其分解结果。图 5.4 显示了根据 KLD 和能量大小排列的所有子序列。如图 5.4 所示，根据上述两个特征选择标准，将 c_1、c_2 视为虚假分量。然后，对剩余子序列（c_3～c_6）建立 LSSVM 模型，进行 1 步预测。

c_3～c_6 的维数 m 分别为 4、6、7 和 8。每个子序列中只有第 1～225 个数据点有训练结果。因此，在特征选择和模型训练造成的所有误差中，只有第 9～225 个样本是有效的，这些样本表示为误差分量 1，如图 5.5 所示。

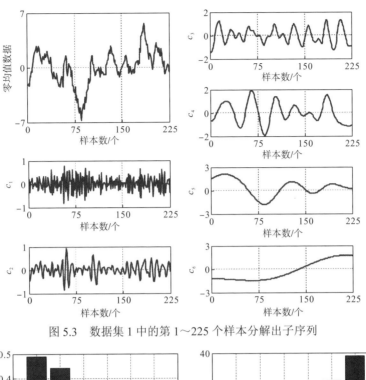

图 5.3　数据集 1 中的第 1～225 个样本分解出子序列

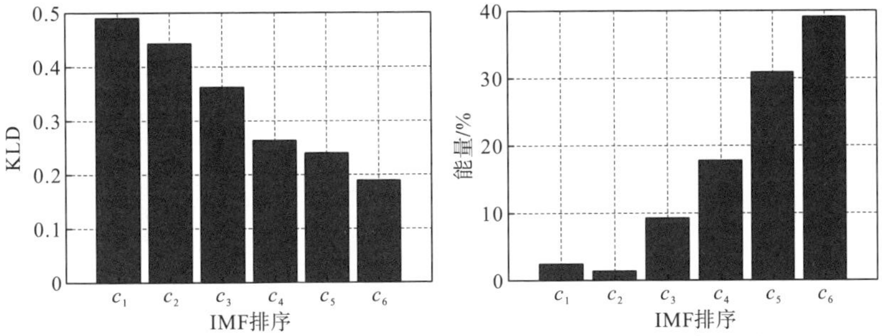

(a) 每个子序列的KLD

(b) 每个子序列的能量

图 5.4　每个子序列的 KLD 和能量

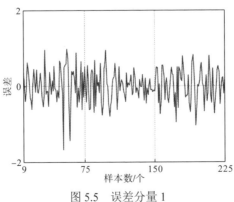

图 5.5　误差分量 1

图 5.6 显示了自相关系数和偏自相关系数对误差分量 1 的分析结果。可以看出，误差分量 1 存在明显的相关关系。然后，采用 LSSVM 模型对该误差分量进行建模。通过最小化模型训练输出的 RMSE，该误差分量的维数 m 为 5。

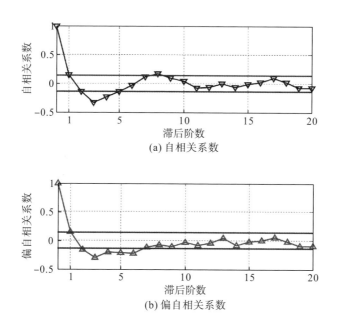

(a) 自相关系数

(b) 偏自相关系数

图 5.6   误差分量 1 具有 95%的置信区间的自相关系数和偏自相关系数

因此，误差分量 1 中只有第 6 个至最后一个数据点具有有效的训练结果，相应的模型训练误差如图 5.7 所示，表示为误差分量 2。

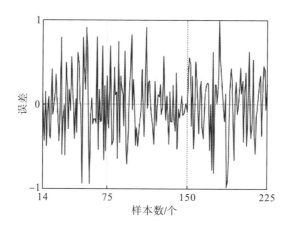

图 5.7   误差分量 2

图 5.8 显示了误差分量 2 的自相关系数和偏自相关系数。由图可以看出，误差分量 2 不存在明显的相关关系，存在异方差。

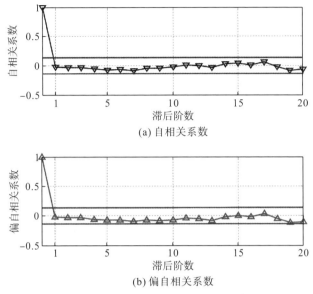

(a) 自相关系数

(b) 偏自相关系数

图 5.8　误差分量 2 具有 95% 的置信区间的自相关系数和偏自相关系数

根据上述分析结果，误差分量的相关性和异方差不容忽视。最终的预测结果等于均值、剩余子序列预测结果和误差修正结果的总和。对其他训练部分同样执行上述步骤，得到相应的预测结果。

3. 预测结果及讨论

为了说明本节所提方法的性能，研究人员构建了 6 个预测模型：ARIMA 模型、LSSVM 模型、本节所提模型和其他 3 个模型，如表 5.1 所示。根据这 6 个模型进行 1 步预测，预估误差结果如表 5.2 所示。与其他 5 个模型相比，所提模型的改进总结如表 5.3 所示。

表 5.1　6 个预测模型的预测结果（数据集 1）

评价指标	所提模型	LSSVM 模型	ARIMA 模型	模型 1	模型 2	模型 3
MAE	0.500	0.577	0.618	0.645	0.624	0.577
RMSE	0.605	0.703	0.706	0.772	0.731	0.641
MRPE	0.026	0.030	0.033	0.034	0.032	0.031
RMSRE	0.032	0.037	0.037	0.040	0.037	0.034

注：MAE 为平均绝对误差，RMSE 为均方根误差，MRPE 为平均相对百分比误差，RMSRE 为均方根相对误差。

表5.2 所提模型的改进效果（数据集2）

评价指标	与 LSSVM 模型相比所提模型改进程度/%	与 ARIMA 模型相比所提模型改进程度/%	与模型 1 相比所提模型改进程度/%	与模型 2 相比所提模型改进程度/%	与模型 3 相比所提模型改进程度/%
MAE	13.269	19.010	22.491	19.905	13.297
RMSE	13.931	14.281	21.660	17.305	5.663
MRPE	13.499	19.558	22.662	17.723	14.015
RMSRE	14.526	15.362	21.727	15.385	6.798

表5.3 从统计学意义上评价所提模型与不同模型的对比结果（数据集3）

评价指标	与 LSSVM 模型相比所提模型改进程度/%	与 ARIMA 模型相比所提模型改进程度/%	与模型 1 相比所提模型改进程度/%	与模型 2 相比所提模型改进程度/%	与模型 3 相比所提模型改进程度/%
MAE	0.070	0.011	0.018	0.050	0.065
RMSRE	0.047	0.018	0.018	0.036	0.043

图5.9显示了基于所提方法、单一 LSSVM 模型和模型1的第226～300次数据的预测结果。

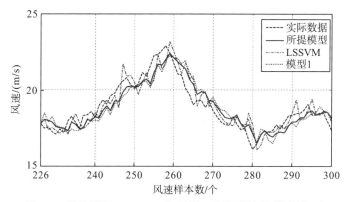

图5.9 所提模型、LSSVM 和模型1的预测结果（数据集1）

由表5.1～表5.3和图5.9可以看出：

（1）单一 LSSVM 模型与单一 ARIMA 模型相比具有更好的预测性能。例如，单一 LSSVM 模型的 MAE 和 MRPE 分别为0.577和0.030，单一 ARIMA 模型的 MAE 和 MRPE 分别为0.618和0.033，这可以归因于数据中存在非线性。

（2）模型1与其他5个模型相比，整体表现更差。例如，单一 LSSVM 模型的 MAE、RMSE、MRPE 和 RMSRE 四项指标分别为0.577、0.703、0.030和0.037，而模型1的 MAE、RMSE、MRPE 和 RMSRE 四项指标分别为0.645、0.772、0.034和0.040。

(3) 模型 2、模型 3 与模型 1 相比具有更高的预测性能。这意味着特征选择和误差校正的结合都有利于预测。例如，模型 3 与模型 1 相比，模型 3 在整体性能上略有提升。MAE、RMSE、MRPE 和 RMSRE 分别下降 0.068、0.131、0.003 和 0.006。

(4) 与单一 LSSVM 模型相比，模型 2 和模型 3 的预测结果可能都不理想。这意味着只有一种修正可能不足以提供令人满意的预测精度。

(5) 模型 3 优于模型 2。这表明在提高预测精度方面，减少虚假分量的干扰可能比误差修正更有效。

(6) 所提方法充分利用了模型 2 和模型 3 的优点，显著优于其他 5 种模型。例如，与模型 3 相比，所提方法在 MAE、RMSE、MRPE 和 RMSRE 方面的改进分别为 13.297%、5.663%、14.015% 和 6.798%。其原因可能是误差修正与特征选择相结合对提高预测精度更为有效。

4. 数值算例 2

为了检验所提方法的稳定性，使用另一个数据(数据集 2)进行 1 步预测。图 5.10 为美国明尼苏达州测得的风速数据。为便于观察，表 5.4～表 5.6 中只给出了计算值。第 226～300 个数据的预测结果如图 5.11 所示。

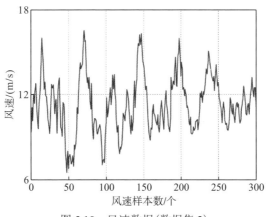

图 5.10　风速数据(数据集 2)

表 5.4　6 个不同模型的预测结果(数据集 2)

评价指标	所提模型	LSSVM 模型	ARIMA 模型	模型 1	模型 2	模型 3
MAE	0.732	0.818	0.859	0.907	0.885	0.835
RMSE	0.881	1.008	1.038	1.084	1.067	0.979
MRPE	0.063	0.070	0.074	0.077	0.075	0.072
RMSRE	0.075	0.085	0.089	0.091	0.091	0.085

表 5.5　所提模型的改进效果（数据集 2）

评价指标	与 LSSVM 模型相比所提模型改进程度/%	与 ARIMA 模型相比所提模型改进程度/%	与模型 1 相比所提模型改进程度/%	与模型 2 相比所提模型改进程度/%	与模型 3 相比所提模型改进程度/%
MAE	10.533	17.369	19.286	17.286	12.324
RMSE	12.547	17.759	18.728	17.438	9.992
MRPE	10.072	18.350	18.653	17.035	12.663
RMSRE	12.436	19.611	18.147	17.432	11.878

表 5.6　从统计学意义上评价所提模型与不同模型的对比结果（数据集 2）

评价指标	与 LSSVM 模型相比所提模型改进程度/%	与 ARIMA 模型相比所提模型改进程度/%	与模型 1 相比所提模型改进程度/%	与模型 2 相比所提模型改进程度/%	与模型 3 相比所提模型改进程度/%
MAE	0.075	0.018	0.043	0.057	0.067
RMSRE	0.083	0.023	0.054	0.065	0.077

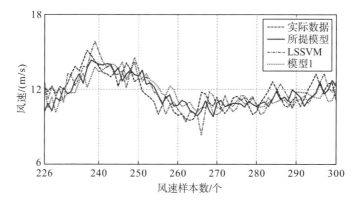

图 5.11　所提模型、LSSVM 和模型 1 的预测结果（数据集 2）

由表 5.4~表 5.6 和图 5.11 可以发现，主要结果与数据集 1 的结果相似，可以得出：

(1)实时 EEMD-LSSVM 预测方法与其他模型相比可能是无效的。

(2)模型 2、模型 3 与模型 1 相比，都能在一定程度上提高预测精度，但与LSSVM 模型相比效果不理想。

(3)LSSVM 模型优于 ARIMA 模型。

(4)所提方法与 LSSVM 模型、ARIMA 模型和模型 1~3 相比更具有优势。

(5)本节的评价标准具有统计显著性，从统计学角度来看，所提方法优于其他模型。

5.2.3　小结

为了解决基于实时分解的预测方法在实际应用中可能效果不佳这一难题，本节提出了一种基于 EEMD-LSSVM-KLD 的桥梁外部作用确定性预测方法，并通过两个风速实测数据的算例研究，总结出以下结论。

(1)基于实时分解的预测方法在实际应用中可能效果不佳。原始数据的非平稳性可以明显降低，但实时分解可能会增加另一个困难。这可能是分解导致的虚假成分的影响。

(2)无论是特征选择还是误差修正，所提方法都能在一定程度上提高基于实时分解的预测方法的预测精度。然而，与单一 LSSVM 模型相比，预测结果可能不令人满意。

(3)所提方法采用基于 KDE 的 KLD 方法和能量度量进行特征选择，以减小子序列间虚假成分的影响，并根据误差的相互依存结构和异方差性，采用 LSSVM-GARCH 模型对相应的误差成分进行建模。结果表明，与其他方法(包括 ARIMA、LSSVM、EEMD-LSSVM、基于特征选择的 EEMD-LSSVM 和基于误差修正的 EEMD-LSSVM)相比，所提方法在准确性和稳定性方面都有令人满意的表现。

5.3　基于RVMD-LSSVM-DFS-MEM的桥梁外部作用概率性预测方法

在 5.2 节中，以风速为例，介绍了一种桥梁外部作用的确定性预测方法，这类方法提供了对未来风速单一、明确的预测值。然而，在实际应用中往往需要更全面地了解预测结果的不确定性，以便更好地进行风险管理和决策制定。本节仍然以风速为例，介绍一种基于 RVMD-LSSVM-DFS-MEM 的桥梁外部作用概率性预测方法(预测方法 2，本节"所提方法")。这种方法不仅可以给出一个预期值，还能提供与该预测相关的概率信息。

该方法首先对原始数据进行增强变分模态分解(RVMD)，并结合希尔伯特变换和经验模型分解自适应优化其分解层次数。在此基础上，提出了一种融合 Kullback-Leibler 散度(KLD)、格拉姆-施密特(Gram-Schmidt)正交(GSO)和样本熵 (SE)的特征选择方法，进行深度特征选择(DFS)。最后，在最小二乘支持向量机 (LSSVM)进行确定性预测后，生成后处理的多误差修正来实现概率预测。通过四个实例研究，表明该方法可以对风速监测数据进行有效预测。

5.3.1 预测方法步骤

所提方法框架如图 5.12 所示，具体步骤总结如下：

(1)采用增强变分模态分解自适应地将原始数据分解为多个性能更好的不同子序列[7]。

(2)使用基于深度特征选择的信号重构从不同角度识别目标子序列，然后将其聚合成一个新的子序列(c_1)。同时，将剩下的子级数相加，构造另一个新的子级数(c_2)。

(3)利用最小二乘支持向量机对每个重构子序列进行确定性预测。

(4)采用多重误差修正进行概率预测，进一步提高预测性能。该方法可以很好地解释误差分量中嵌入的不同特性(如非高斯性、异方差及其耦合性)。

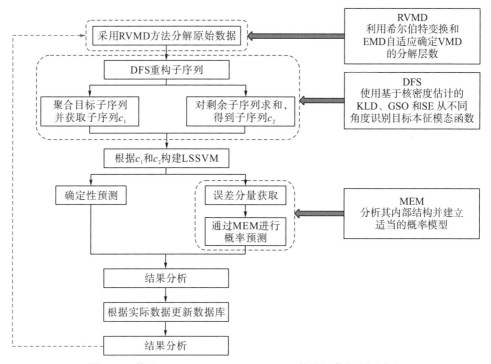

图 5.12　基于 RVMD-LSSVM-DFS-MEM 的监测数据预测流程

1. 增强变分模态分解

RVMD 是在 VMD 基础上改进的一种信号处理技术。VMD 中的参数 k 需要预先赋值，这会对 VMD 的分解结果产生很大的影响。例如，较少的分解级别可能不利于降低信号中隐藏的非平稳性和非线性，而更多的分解级别可能会带出无关分量。随着信号分解技术的引入，这些不合理的结果必然增加了风速预测的难度。参数 k 可以通过影响分解结果来控制预测精度，但它通常依据经验规定，缺乏自适应的程序。

为了提高分解效率，研究人员提出了一种快速自动确定合适参数 k 的 RVMD 方法。该方法的具体步骤如下。

对于具有 k 个分解子序列 $s_j(t), j = 1, 2, \cdots, k$ 的信号 $x(t)$，每个子序列都可以通过希尔伯特变换为以下形式：

$$\hat{s}_j(t) = \mathrm{HT}[s_j(t)] = \frac{1}{\pi} \int_{-\infty}^{\infty} \frac{s_j(\tau)}{t - \tau} \mathrm{d}\tau \tag{5.2}$$

则对应的瞬时相位 $\omega_j(t)$ 和频率 $\theta_j(t)$ 可由式 (5.1) 得到

$$\theta_j(t) = \arctan(\hat{s}_j(t) s_j(t)), \quad \omega_j(t) = \mathrm{d}\theta_j(t)/\mathrm{d}t \tag{5.3}$$

此时，信号 $s_j(t)$ 的平均频率可定义为

$$\omega_j = \frac{1}{n} \sum_{t=1}^{n} \omega_j(t), \quad j = 1, 2, \cdots, k \tag{5.4}$$

之后，所有 ω_j 的变异系数 CV_k 表示为

$$\mathrm{CV}_k = \frac{u_k}{\sigma_k}, \quad u_k = \frac{1}{k} \sum_{j=1}^{k} \omega_j, \quad \sigma_k = \frac{1}{k} \sum_{j=1}^{k} (\omega_j - u_k)^2 \tag{5.5}$$

式中，CV_k 用来衡量不同 k 下的分解性能，通常 CV_k 越大，表示不同子序列之间的差异越明显，对应的参数 k 可以认为是最优分解层次数。由以上步骤可以看出，只需要预分配参数 k 的变化范围即可完成分解。

2. 最小二乘支持向量机

LSSVM 是 SVM 的改进版，它可以将二次规划问题转化为线性方程的解。以子级数 $s_j(t), t = 1, 2, \cdots, n$ 为例，其 L 步预测的建模过程如下。

将子序列 $s_j(t)$ 重构为 $(n-m) \times (m+1)$ 维矩阵 $[\boldsymbol{S}, \boldsymbol{Y}]$，即

$$\begin{cases} \boldsymbol{S} = \begin{bmatrix} \boldsymbol{s}_1 \\ \boldsymbol{s}_2 \\ \vdots \\ \boldsymbol{s}_{n-m} \end{bmatrix} = \begin{bmatrix} s_j(1) & s_j(2) & \cdots & s_j(m) \\ s_j(2) & s_j(3) & \cdots & s_j(m+1) \\ \vdots & \vdots & & \vdots \\ s_j(n-m) & s_j(n-m+1) & \cdots & s_j(n-1) \end{bmatrix}_{(n-m) \times m} \\ \boldsymbol{Y} = \begin{bmatrix} y_1 \\ y_2 \\ \vdots \\ y_{n-m} \end{bmatrix} = \begin{bmatrix} s_j(m+L) \\ s_j(m+L+1) \\ \vdots \\ s_j(n) \end{bmatrix}_{(n-m) \times 1} \end{cases} \tag{5.6}$$

式中，S——为输入矩阵；

      Y——目标向量；

      s_j——$s_j \in R^m$，$j = 1, 2, \cdots, n - m$，R 为实数；

      m——重构维数，可通过最小化建模输出与目标值的均方根误差得到。

LSSVM 的具体建模过程定义为

$$\tilde{y}_i = \mathbf{w}^{\mathrm{T}} \phi(\mathbf{s}_i) + b \tag{5.7}$$

式中，$\tilde{y}_i$——输入向量 $\mathbf{s}_i$ 对应的拟合值；

      $\phi(\cdot)$——处理非线性问题的高维映射函数；

      $\mathbf{w}$ 和 b——待确定的参数，可通过最小化代价函数得到，即

$$\min \mathcal{J}(\mathbf{w}, \xi_j) = \frac{1}{2} \mathbf{w}^{\mathrm{T}} \mathbf{w} + \frac{\gamma}{2} \sum_{i=m+1}^{n} \xi_j^2(i) \tag{5.8}$$

$$y_i = \tilde{y}_i + \xi_j(i), \quad i = m + 1, 2, \cdots, n$$

式中，ξ_j——误差向量的样本，$\{\xi_j(i), i = m+1, m+2, \cdots, n\}$，其中每个样本表示目标 y_i 与其拟合值 $\tilde{y}_i$ 的差值；

      γ——正则化因子，控制模型复杂度和精度之间的权衡。

完成上述优化后，超前 L 步预测表示为

$$\tilde{s}_j(n + L) = \tilde{y}_{n+L} = \sum_{i=1}^{n-m} \beta_i \cdot K_m(\mathbf{Y}, \mathbf{s}_i) + b \tag{5.9}$$

式中，β_i——拉格朗日乘子；

      $K_m(\cdot)$——m 维核函数。采用高斯核函数，因为它具有简单方便的特点。

在上述预测模型中，误差向量 ξ_j 可能包含大量的不确定信息。在确定性预测中，这一特征可能没有得到很好的处理，有时会对预测精度产生很大的干扰。然而，概率预测方法可以很好地克服这个缺点。

3. 基于深度特征选择的信号重构

信号分解技术的使用可能会出现不相关的成分，这可能会降低预测的可靠性。通过 DFS 将分解后的 RVMD 子序列重构为一组新的子序列，即

$$x(t) = \sum_{j=1}^{2} c_j(t) \tag{5.10}$$

式中，$c_1(t)$——DFS 得到的目标子序列的和；

      $c_2(t)$——其余子级数的集合。

原始数据的主要不确定性可能存在于子序列 $c_1(t)$ 中，子序列 $c_2(t)$ 则传递了数据中主要的确定性信息。通过这种处理有利于选择预测模型来分别解释数据中的确定性和概率成分。

4. 多误差修正

在 RVMD 和 DFS 完成子序列重建后，使用 LSSVM 对每个重建的子序列建立预测模型。显然，最终的误差分量来自上述两次模型训练。为了获得更可靠的结果，提出了一种多误差修正方法，即 MEM。该方法采用无偏条件核密度估计(unbiased conditional kernel density estimation，UCKDE)-广义自回归条件异方差(GARCH)模型、条件非参数核密度估计(UCKDE)模型、广义自回归条件异方差(GARCH)模型和核密度估计(KDE)模型四种不同的混合模型来反映数据中嵌入的不同特征。其中，UCKDE-GARCH 能解释自相关、非高斯性和异方差较高的数据；UCKDE 可用于描述具有自相关和非高斯性的数据；GARCH 可以捕捉数据的异方差；KDE 适用于描述可视为非高斯随机成分的数据。MEM 的整个实现过程具体步骤如下：

(1)从 LSSVM 获取最终的误差分量 $\{\xi(i), i = m+1, m+2, \cdots, n\}$。

(2)采用偏自相关函数分析和自相关函数分析检验 ξ_i 的自相关性，并采用 LM 统计量检验相应的异方差。

(3)根据上述检测结果建立相应的误差修正模型。

5.3.2　实例分析

1. 数据集介绍

采用美国国家海洋和大气管理局(National Oceanic and Atmospheric Administration，NOAA)提供的四组 10min 平均风速数据证明所提方法的可靠性。这些数据收集的时间分别为 2011 年 7 月 1 日至 2011 年 7 月 9 日、2012 年 3 月 5 日至 2012 年 3 月 13 日、2015 年 6 月 12 日至 2015 年 6 月 20 日和 2016 年 10 月 4 日至 2016 年 10 月 12 日。每组数据都是在海拔 26ft($1ft=3.048\times10^{-1}$m)处测量的，然后根据指数风廓线准则转换到 80m 的高度。四组数据的总采样点为 1200 个，如图 5.13 所示。其中，前 1000 个数据作为建立预报模型的训练集，其余 200 个数据作为性能评估的测试集。

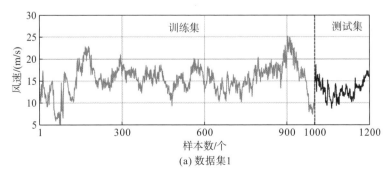

(a) 数据集1

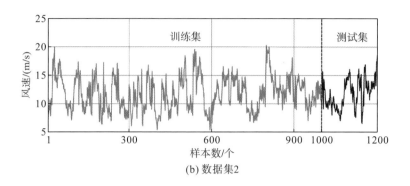

(b) 数据集2

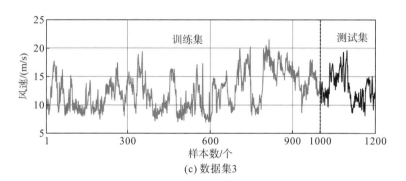

(c) 数据集3

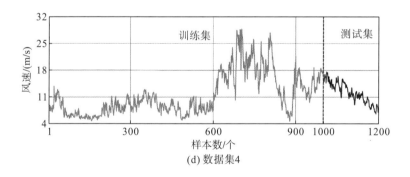

(d) 数据集4

图 5.13   四组 10min 平均风速数据

　　为了更好地理解数据特征，分别测量了它们的均值、标准差、最大值、最小值、偏度、峰度和平稳性，如表 5.7 所示。其中，平稳性采用反向排列检验，当其值位于[162,272]范围内时，可认为对应的数据采集过程为平稳过程。偏离该范围越大，表明非平稳性越强。偏度=0，峰度=3，表示数据服从高斯分布；离这些目标值越远，表明数据的非高斯性越强。

表 5.7 四个数据集的数据特征

数据集	均值	标准差	最大值	最小值	偏度	峰度	平稳性
数据集 1	15.03	3.20	25.18	4.50	0.01	3.47	229
数据集 2	11.78	2.91	20.36	5.38	0.28	2.48	211
数据集 3	12.51	3.04	21.49	7.01	0.36	2.28	158
数据集 4	11.53	5.09	28.75	4.69	1.56	4.81	138

2. 预测结果及讨论

为了验证该方法的优越性，将增强变分模态分解-多重误差修正（RVMD-MEM）、增强变分模态分解-深度特征选择-广义自回归条件异方差（RVMD-DFS-GARCH）、增强变分模态分解-深度特征选择-核密度估计（RVMD-DFS-KDE）、增强变分模态分解-深度特征选择-条件非参数核密度估计-广义自回归条件异方差（RVMD-DFS-UCKDE-GARCH）、增强变分模态分解-深度特征选择-条件非参数核密度估计（RVMD-DFS-UCKDE）、变分模态分解-多重误差修正（VMD-MEM）、最小二乘支持向量机-多重误差修正（LSSVM-MEM）、变分模态分解-最小二乘支持向量机-分位数回归（VMD-LSSVM-QR）、自回归-高斯过程回归（AR-GPR），与本节所提方法进行比较。表 5.8～表 5.11 采用预测区间覆盖概率（PICP）、预测区间归一化平均宽度（PINAW）、覆盖宽度准则（CWC）和加权得分（WS）4 个评价指标对上述 10 种模型的预测结果进行比较。

表 5.8 10 种预测模型的结果比较（数据集 1）

模型	PICP	PINAW	CWC	WS	运行时间/s
所提方法	0.950	0.343	0.343	−0.404	9.856
RVMD-MEM	0.975	0.548	0.548	−0.575	11.968
RVMD-DFS-GARCH	0.885	0.215	5.749	−2.246	7.212
RVMD-DFS-KDE	1.000	0.617	0.617	−0.629	6.381
RVMD-DFS-UCKDE-GARCH	0.975	0.487	0.487	−0.544	8.652
RVMD-DFS-UCKDE	0.955	0.444	0.444	−0.519	7.547
VMD-MEM	1.000	0.672	0.672	−1.926	8.365
LSSVM-MEM	0.995	0.645	0.645	−0.642	3.145
VMD-LSSVM-QR	0.975	0.713	0.713	−1.124	6.896
AR-GPR	1.000	0.663	0.663	−0.838	6.855

表 5.9　10 种预测模型的结果比较(数据集 2)

模型	PICP	PINAW	CWC	WS	运行时间/s
所提方法	0.950	0.295	0.295	−0.420	10.214
RVMD-MEM	0.975	0.375	0.375	−0.519	13.153
RVMD-DFS-GARCH	0.875	0.196	8.545	−0.957	7.521
RVMD-DFS-KDE	0.995	0.456	0.456	−0.587	6.642
RVMD-DFS-UCKDE-GARCH	0.950	0.332	0.332	−0.547	8.714
RVMD-DFS-UCKDE	0.980	0.382	0.382	−0.523	7.872
VMD-MEM	0.980	0.676	0.676	−0.631	8.442
LSSVM-MEM	0.995	0.472	0.472	−0.604	3.238
VMD-LSSVM-QR	1.000	0.692	0.692	−0.742	6.838
AR-GPR	1.000	0.587	0.587	−0.611	6.921

表 5.10　10 种预测模型的结果比较(数据集 3)

模型	PICP	PINAW	CWC	WS	运行时间/s
所提方法	0.950	0.282	0.282	−0.411	11.175
RVMD-MEM	0.970	0.368	0.368	−0.502	14.621
RVMD-DFS-GARCH	0.895	0.232	3.859	−1.123	8.132
RVMD-DFS-KDE	0.985	0.424	0.424	−0.521	7.027
RVMD-DFS-UCKDE-GARCH	0.955	0.312	0.312	−0.462	9.386
RVMD-DFS-UCKDE	0.980	0.392	0.392	0.493	8.549
VMD-MEM	0.990	0.445	0.445	−0.540	9.438
LSSVM-MEM	0.990	0.470	0.470	−0.564	3.745
VMD-LSSVM-QR	1.000	0.493	0.493	−0.632	7.132
AR-GPR	1.000	0.537	0.537	−0.698	6.958

表 5.11　10 种预测模型的结果比较(数据集 4)

模型	PICP	PINAW	CWC	WS	运行时间/s
所提方法	0.990	0.261	0.261	−0.296	12.224
RVMD-MEM	1.000	0.357	0.357	−0.391	15.337
RVMD-DFS-GARCH	0.875	0.248	10.793	−0.982	9.041
RVMD-DFS-KDE	0.995	0.409	0.409	−0.435	7.538
RVMD-DFS-UCKDE-GARCH	0.985	0.321	0.321	−0.376	9.425
RVMD-DFS-UCKDE	0.995	0.384	0.384	−0.415	8.977
VMD-MEM	1.000	0.416	0.416	−0.459	9.583
LSSVM-MEM	1.000	0.450	0.450	−0.494	4.169
VMD-LSSVM-QR	1.000	0.435	0.435	−0.541	7.185
AR-GPR	1.000	0.481	0.481	−0.615	7.368

通过对比分析，得出以下结论：

(1)LSSVM-MEM 与 AR-GPR 相比，在所有案例研究中都表现出明显的优势。例如，这两种方法的 PINAW 指数分别为 0.645 和 0.663(数据集 1)。原因可能是 LSSVM-MEM 在提取数据的有意义信息方面有更好的性能，这也可以从 VMD-MEM 和 VMD-LSSVM-QR 的比较中推断出来。

(2)RVMD-DFS-GARCH 占据了最窄的 PI 宽度，但从全局角度来看，它的性能最差。例如，其系统评价指标 CWC 为 5.749，而 RVMD-DFS-KDE 的系统评价指标 CWC 为 0.617(数据集 1)。造成这种现象的原因是，与数据集的异方差相比，这些数据集的随机性和非高斯性所占比例更为显著。

(3)RVMD-DFS-UCKDE-GARCH 和 RVM-DFS-UCKDE 的比较表明，前者在数据集 2~数据集 4 的案例研究中具有较好的性能，但在基于数据集 1 的案例研究中表现较差。例如，数据集 2 的这两个模型的 PINAW 指数分别为 0.332 和 0.382。而数据集 1 的对应结果分别为 0.487 和 0.444。这可能是由于这三个数据集的异方差高于数据集 1 的异方差，其中额外的 GARCH 修正并没有提高预测能力。因此，模型复杂度越高并不意味着性能越好，最终的模型选择应取决于实际数据的特征。

(4)RVMD-DFS-UCKDE 与 RVMD-DFS-KDE 相比具有更好的性能。例如，这两个模型的 CWC 指数分别为 0.392 和 0.424(数据集 3)。这表明误差分量的相关性较为显著。此时，随机误差分量的假设可能不合适。

(5)VMD-MEM 和 LSSVM-MEM 之间的比较显示了两个相反的观察结果，即前者在数据集 3 和数据集 4 的案例研究中表现出优越的能力，但在其他两个案例研究中表现较差。同时，AR-GPR 与 VMD-MEM 的对比也显示出相似的结果。这些结果表明，基于分解的预测方法在实践中可能并不总是有效的。在这些方法中，信号分解技术可以减少隐藏在数据中的非平稳性，但它们也会带来其他预测挑战。

(6)除 RVMD-DFS-GARCH 外，其他基于 RVMD 的预测模型在预测性能上均优于 LSSVM-MEM。结果表明，通过适当的修正，基于分解的预测方法可以获得较好的预测效果。

(7)与所有基于 RVMD-DFS 的预测模型相比，基于 MEM 的方法总体上降低了评价指标 CWC。表明基于 MEM 的模型比单个模型更适合风速预测，因为它能更好地描述不同的数据特征，可以很好地解释非高斯性、随机性和异方差。

(8)DFS 可能是风速预测的一种有效尝试。众所周知，分解技术有时会引入虚假分量，从而干扰最终的预测结果。因此，为了提高基于分解模型的预测能力，DFS 的修正是必要的。

(9)所提方法是 RVMD、DFS、LSSVM 和 MEM 的混合。因此，与其他基于 RVMD-DFS 的模型相比，它的复杂度最高，计算效率最低。一般来说，提高预测性能可以通过增加模型复杂度来实现。因此，在实际应用之前，需要平衡模型的精度和复杂性。每次预测所需的时间间隔(10min)大于所提方法的相应时间消耗。

因此，它可以在实践中得到有效应用。

（10）通过这几个案例的比较，可知所提方法可能更适合于非平稳性和非高斯性较高的数据。例如，该方法在数据集 4 中的 CWC 指数为 0.261，而在数据集 1、数据集 2 和数据集 3 中的 CWC 指数分别为 0.343、0.295 和 0.282。

图 5.14～图 5.17 直观地展示了 RVMD-MEM、LSSVM-MEM 和所提方法对最近 200 个数据点的预测结果。

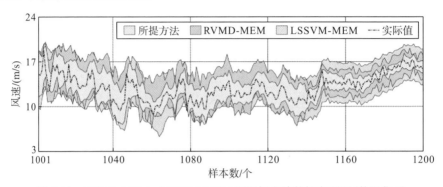

图 5.14　RVMD-MEM、LSSVM-MEM 和所提方法的概率预测（数据集 1）

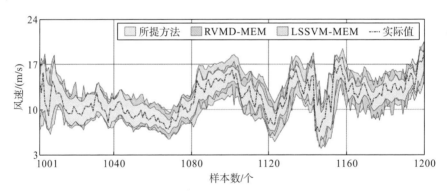

图 5.15　RVMD-MEM、LSSVM-MEM 和所提方法的概率预测（数据集 2）

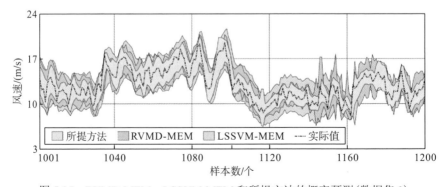

图 5.16　RVMD-MEM、LSSVM-MEM 和所提方法的概率预测（数据集 3）

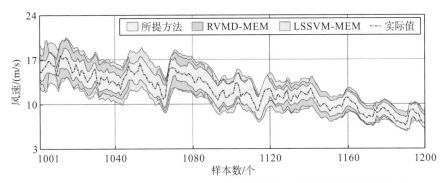

图 5.17　RVMD-MEM、LSSVM-MEM 和所提方法的概率预测(数据集 4)

　　为了进一步展示本节所提方法的性能，图 5.18～图 5.21 给出了基于上述三种方法的每个数据集第 1011 个数据点的概率密度函数(PDF)。一般来说，预测区间覆盖概率(PICP)与预设区间覆盖概率(PINC)之间的差距越小意味着质量越高[8]。可以看出，所提方法的预测区间(PI)宽度比 RVMD-MEM 和 LSSVM-MEM 的 PI 宽度更窄，该方法对每个数据集的预测结果都非常显著，并且具有较高的性能。

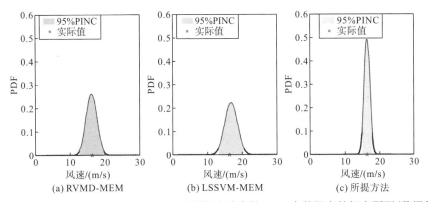

图 5.18　RVMD-MEM、LSSVM-MEM 及所提方法在第 1011 个数据点的概率预测(数据集 1)

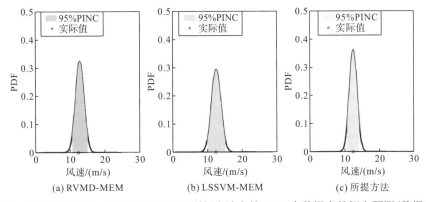

图 5.19　RVMD-MEM、LSSVM-MEM 及所提方法在第 1011 个数据点的概率预测(数据集 2)

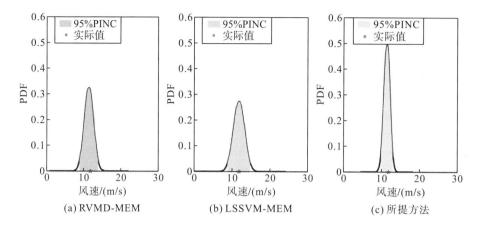

图 5.20   RVMD-MEM、LSSVM-MEM 及所提方法在第 1011 个数据点的概率预测(数据集 3)

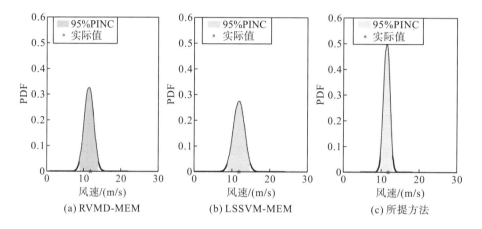

图 5.21   RVMD-MEM、LSSVM-MEM 及所提方法在第 1011 个数据点的概率预测(数据集 4)

5.3.3   小结

本节提出了一种基于 RVMD-LSSVM-DFS-MEM 的桥梁外部作用概率性预测方法。该方法首先采用 RVMD、LSSVM 和 DFS 相结合的方法进行确定性预测,然后采用 MEM 进行概率性预测。通过 4 个 1 步预测的案例分析,验证了该方法的优越性,得出了以下主要结论:

(1)利用希尔伯特变换和经验模态分解(EMD),建立了 RVMD。该方法在抑制端点效应和模态混叠问题的影响方面,具有比 VMD 方法更好的性能。除了保留 VMD 的优点外,还可以自适应优化分解层次的数量。实验结果表明,RVMD 比 VMD 更适合于风速预测。

(2)DFS 可以深入提取 RVMD 生成的子序列中的特征。该方法是基于

Kullback-Leibler 散度(KLD)、Gram-Schmidt 正交(GSO)和样本熵(SE)的核密度估计的混合,可以减少分解技术本身带来的预测困难。结果表明,该方法在提高预测性能方面是有效的。

(3)MEM 是核密度估计(KDE)、无偏条件核密度估计(UCKDE)、广义自回归条件异方差(GARCH)和 UCKDE-GARCH 的组合,用于捕获数据中的不同特征(如随机性、非高斯性、异方差及其耦合)。该方法具有良好的预测能力,更适用于非平稳性和非高斯性较高的数据。

5.4 基于 Kalman-ARIMA-GARCH 的桥梁结构响应确定性预测方法

5.2 节和 5.3 节中以风速为例,分别介绍了桥梁外部作用确定性预测方法和概率性预测方法。桥梁结构响应反映了桥梁在承受荷载和环境影响时的实际状态,准确预测桥梁结构响应对于确保桥梁的安全性同样重要。

桥梁结构变形是桥梁健康状况的重要指标之一,直接反映了桥梁结构刚度的变化。然而,由于桥梁性能演变的复杂机制,仅靠简单的数据驱动方法难以获得令人满意的预测结果。因此,本节以桥梁结构变形为例,介绍一种基于 Kalman-ARIMA-GARCH 的桥梁结构响应确定性预测方法(预测方法 3,本节"所提方法")。该方法集成了卡尔曼滤波、自回归差分移动平均模型(ARIMA)和广义自回归条件异方差(GARCH)模型。首先,使用卡尔曼滤波器对原始变形数据进行预处理以减少噪声。随后,建立线性递归 ARIMA 模型以分析和预测结构变形。最后,引入非线性递归 GARCH 模型进一步提高预测的准确性。

5.4.1 预测方法步骤

对某一特定现象的某一变化进行长期观测和记录,可形成一组按时间排序的随机数据,这样一组数据可称为时间序列。广泛使用的桥梁实时健康监测系统所采集到的监测数据,具有典型的时间序列特质,通过分析变形序列自身的统计相关关系,能够揭示桥梁系统的动态结构特性及其发展变化规律,从而达到预测其发展趋势的目的。桥梁变形受温度、湿度等服役环境,车辆、人流等外部荷载,以及劣化、损伤等自身特性等多重因素的影响,不仅反映桥梁力学变化的内在趋势,还包含一定的随机噪声。因此,首先,采用 Kalman 滤波对变形数据进行降噪处理;然后,建立线性递归 ARIMA 模型对数据进行分析和预测;最后,引入非线性递归 GARCH 模型对数据的预测模型精度进行进一步提升。总体思路如图 5.22 所示。

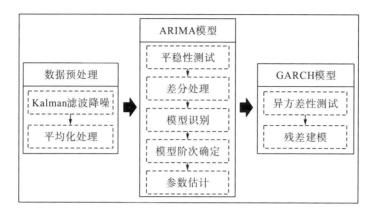

图 5.22　行为预测流程

1. Kalman 滤波

桥梁结构监测环境复杂，监测数据中可能存在大量的随机噪声。本节采用最小均方差意义下的最优估计 Kalman 滤波算法对数据进行随机噪声的降噪处理。大多数情况下，主要运用的是离散卡尔曼滤波，其数学模型(状态方程和观测方程)如下：

$$X_k = F_{k|k-1}X_{k-1} + G_{k-1}W_{k-1} \tag{5.11}$$

$$L_k = H_k X_k + V_k \tag{5.12}$$

式中，　X_k——系统在 t_k 时刻的状态 $u \times 1$ 维向量；

　　　　$F_{k|k-1}$——系统从 t_{k-1} 时刻到 t_k 时刻的状态 $u \times u$ 转移矩阵；

　　　　G_{k-1}——t_{k-1} 时刻动态噪声的 $u \times r$ 维矩阵；

　　　　W_{k-1}——t_{k-1} 时刻动态噪声 $r \times 1$ 维向量；

　　　　L_k——t_k 时刻观测 $v \times 1$ 维向量；

　　　　H_k——t_k 时刻系统的 $v \times u$ 维观测矩阵；

　　　　V_k——t_k 时刻观测噪声的 $v \times 1$ 维向量。

上述公式为 Kalman 滤波的函数模型，基于最小二乘原理，可推导出 Kalman 滤波的递推公式，其过程如下。

(1)状态向量的 1 步预测：

$$X_{k|k-1} = F_{k|k-1}X_{k|k-1} \tag{5.13}$$

(2)状态向量的 1 步预测方差阵：

$$P_{k|k-1} = F_{k|k-1}P_{k-1}F_{k|k-1}^{\mathrm{T}} + G_{k-1}Q_{k-1}G_{k-1}^{\mathrm{T}} \tag{5.14}$$

(3)状态向量的估计值：

$$\hat{X}_k = \hat{X}_{k|k-1} + K(L_k - H_k\hat{X}_{k|k-1}) \tag{5.15}$$

(4)滤波增益矩阵：

$$K = \frac{P_{k|k-1}H_k^{\mathrm{T}}}{H_kP_{k|k-1}H_k^{\mathrm{T}}+R_k} \tag{5.16}$$

5)更新 $\hat{X}_k$ 的协方差：

$$P_k = (1-KH_k)P_{k|k-1} \tag{5.17}$$

2. 自回归积分滑动平均

时间序列模型可以分为两类：一种是平稳模型，如自回归模型(AR)、移动平均模型(MA)、自回归移动平均模型(ARMA)；另一种是非平稳模型，如自回归积分滑动平均(ARIMA)模型。对于非平稳的变形时间序列，应采用 ARIMA(p,d,q)模型，其具体建模过程如下：

$$\phi(B)\cdot(1-B)^d X(t) = \theta(B)a(t)$$
$$\begin{cases} B = X(t-1)/X(t) \\ \phi(B) = 1-\phi_1 B-\phi_2 B^2-\cdots-\phi_{p-1}B^{p-1}-\phi_p B^p \\ \theta(B) = 1-\theta_1 B-\theta_2 B^2-\cdots-\theta_{q-1}B^{q-1}-\theta_q B^q \end{cases} \tag{5.18}$$

式中，$X(t)$——表示在时刻 $t(t=1,2,3,\cdots)$ 测量的变形值；

$a(t)$——在同一时刻的残差误差，应该满足均值为 0 的高斯白噪声过程；

θ_j——模型中需要估计的参数，$j=1,2,\cdots,q$；

B——差分算子；

p、d、q——自回归阶数、差分阶数、移动平均阶数。

由于模型依赖于这些阶数的信息，在应用中通常称为 ARIMA(p,d,q)。通常，该模型用于描述数据中隐藏的线性特征。

3. 考虑异方差性的 GARCH 模型

上述时间序列模型的应用往往隐含一个重要的假设：回归模型中残差的同方差性，即总体回归函数中的随机误差项(干扰项)在解释变量条件下具有不变的方差。该假设保证了回归系数的有效性、一致性和无偏性。然而，当回归模型中残差产生异方差性，即残差项具有不同的方差时，回归估计系数的有效性与一致性难以保证，从而导致回归系数估计偏差，模型的拟合精度降低。为解决上述问题，恩格尔(Engle)提出了自回归条件异方差模型(ARCH)。其基本思想为：残差项服从均值为零、方差为随时间变化的量的正态分布，且这个随时间变化的方差可表达为过去有限项残差平方序列的线性组合。然而，残差序列的异方差函数往往具有长期自相关性,采用 ARCH 模型拟合异方差函数所产生的过高的移动平均阶数,增加了参数估计的难度。因此，GARCH 模型应运而生，该模型将当前时刻的异方差函数值定义为过去时刻异方差函数值和过去时刻残差平方序列的加权组合，减少了模型中参数的数量，降低了参数估计难度。

GARCH 模型的结构可表示为

$$X(t) = \phi_1 X(t-1) + \cdots + \phi_p X(t-p) + a(t) + \theta_1 a(t-1) + \cdots + \theta_q a(t-q) \tag{5.19}$$

$$a(t) = \sqrt{h_t} \cdot e_t \tag{5.20}$$

$$h_t = \beta_0 + \sum_{j=1}^{m} \beta_j a_{t-j}^2 + \sum_{j=1}^{n} \alpha_j h_{t-j} \tag{5.21}$$

$$\beta_j > 0, \quad j = 0,1,\cdots,m, \quad \alpha_j > 0, \quad j = 1,2,\cdots,n$$

$$\sum_{j=1}^{m} \beta_j + \sum_{j=1}^{n} \alpha_j < 1$$

式中，式 (5.19) ——均值方程，该均值方程可由 ARIMA 模型得到；

$\{a(t)\}$ ——残差序列；

$\{e_t\}$ ——均值为 0、方差为 1 的独立同分布随机变量序列，其通常有三种分布形式，即标准正态分布、t 分布和广义误差分布。

GARCH 模型是使用残差平方序列 $\{a_t^2\}$ 的 m 阶移动平均 (ARCH) 项和序列 $\{h_t\}$ 的 n 阶自回归 (GARCH) 项，来拟合当前的异方差值。可见，ARCH(m) 模型是 GARCH(m,n) 模型的特例 $(n=0)$。特别地，当 h_t 为常数，且 $\{e_t\}$ 为正态分布时，GARCH 模型就相当于 ARMA 模型。

5.4.2 实例分析

1. 数据集介绍

重庆市某斜拉桥全长 1250m，主结构为双塔双索面混凝土斜拉桥。跨径布置为 60m+135m+250m+135m+60m=640m。该桥建立了较为全面的桥梁健康监测系统，以确保桥梁的使用安全性、耐久性和可持续性。传感器的总体布局如图 5.23 所示。

(1) 主梁。沿桥的纵向方向，振弦应变传感器安装在上层板的下边缘和下层板的上边缘，如图 5.24 所示。值得注意的是，传感器还可以测量结构的温度并修正初始温度。此外，安装基于连通器原理的静力水准仪用来监测梁的长期静态变形。同时，全球导航卫星系统 (GNSS) 用于监测跨中空间变形，位移传感器和加速度传感器分别用于测量伸缩缝的宽度和测试结构的动态特性。

(2) 斜拉索。在施工阶段，斜拉索张拉之前，嵌入智能锚索计用来监测锚固处的索力，同时测量温度。智能六弦计用于测量偏心载荷下的索力，以确保精度。

(3)主塔。倾角仪和 GNSS 安装在塔顶，并建立了一个监测站，用于监测包括风速、风向、雨量和湿度在内的气象因素。

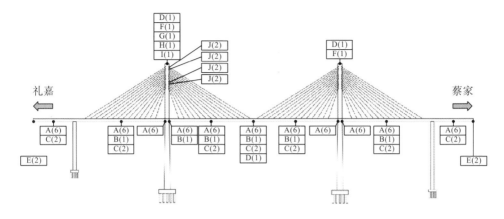

图 5.23　传感器测量点的总体布局

A.应力传感器(包括温度测量)；B.加速度传感器；C.静力水准仪；D.GNSS；E.线性可变位移传感器；F.倾角仪；
G.温湿度传感器；H.雨量计；I.风向标和风速计；J.锚索计；括号中的数字表示每种传感器的数量

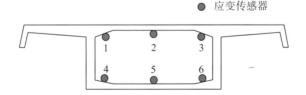

图 5.24　混凝土表面应变传感器布置图

2. 预测结果及讨论

选取跨中测得的GNSS 变形数据(包括9000 个数据点)来检验所提方法的有效性和可靠性。采样周期为 10s。由于光线、温度和传感器的随机误差影响，变形监测中常出现小幅变形的大幅波动特征。因此，使用卡尔曼滤波器对样本数据进行去噪处理。根据文献[9]的研究，测量噪声方差与滤波器的估计性能呈正相关，而系统噪声方差与滤波器性能呈负相关。在本节中，$R_k = 0.3$，$Q_k = 1.0$。卡尔曼滤波处理的时间序列称为$\{X_{1t}\}$，如图 5.25 所示。

单一预测步长设定为 1min，如直接利用 $\{X_{1t}\}$ 序列进行超前预测，每向前预测 1min，模型需超前 6 步计算，这将影响时间序列模型的预测精度。本节对$\{X_{1t}\}$序列进行 1min 平均化处理，这样超前 1min 预测模型只需要 1 步即可完成。与简单调整数据采样频率不同的是，本节在保证 GPS 解算性能的同时，保留 60s 内最大变形。处理后序列为$\{X_{2t}\}$(共 1500 个点)，其中$\{X_{2t}\}$前 1000 个数据作为训练样本，后 500 个数据用于模型验证。$\{X_{2t}\}$ 序列如图 5.26 所示。

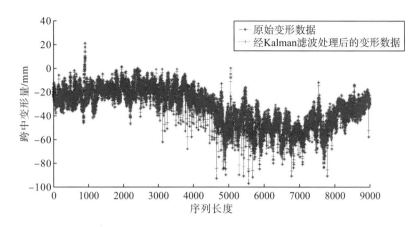

图 5.25　Kalman 滤波处理后的挠度样本序列

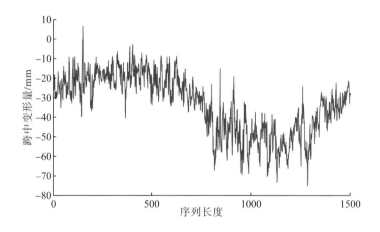

图 5.26　1min 的变形样本序列 $\{X_{2t}\}$

1) 模型建立

(1) 时间序列平稳性测试。运用游程检验法检验 $\{X_{2t}\}$ 序列，结果呈现非平稳性。由此可知，需选用 ARIMA(p,d,q) 模型拟合 $\{X_{2t}\}$ 序列。将 $\{X_{2t}\}$ 序列前 1000 个数据进行一阶差分处理，记为 $\{X_{3t}\}$ 序列，通过游程检验法检验 $\{X_{3t}\}$ 序列，结果呈现平稳性（图 5.27）。因此，ARIMA(p,d,q) 模型中差分阶次 $d=1$。

(2) 时间序列模型识别。计算 $\{X_{3t}\}$ 序列的前 20 个自相关系数和偏自相关系数，结果如图 5.28 所示。自相关系数和偏自相关系数都呈现无限振荡的拖尾性，因此对 $\{X_{3t}\}$ 序列需建立 ARMA 模型，即建立 ARIMA(p,l,q) 模型拟合 $\{X_{2t}\}$ 序列。

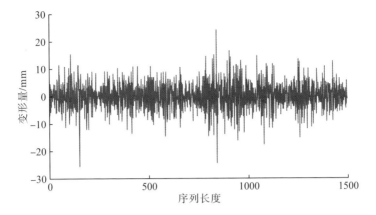

图 5.27　一阶差分后的变形样本序列$\{X_{3t}\}$

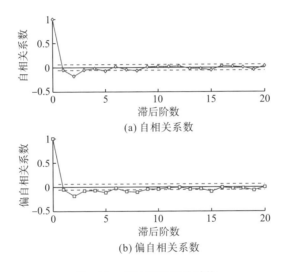

(a) 自相关系数

(b) 偏自相关系数

图 5.28　$\{X_{3t}\}$ 序列相关系数

(3) ARIMA 模型阶次确定。采用 AIC 准则函数确定 ARIMA(p, l, q) 模型中自回归阶次 p 和移动平均阶次 q 的取值。AIC 准则的一般形式如下所示:

$$\text{AIC} = -2\ln(c_1) + 2(c_2) \tag{5.22}$$

式中,　c_1——极大似然度;

　　　　c_2——独立参数个数。

通过比较可知,当 $p = 3$,$q = 3$ 时,模型拟合最合理,由此判定 $\{X_{2t}\}$ 序列训练样本最合适的非平稳 ARIMA(p, d, q) 模型为 ARIMA$(3, 1, 3)$ 模型。

(4) 参数估计。选择极大似然估计实现对 ARIMA$(3, 1, 3)$ 模型方程的参数值估计。计算后得到 ARIMA$(3, 1, 3)$ 模型的方程表达式为

$$X(t) = -0.3620X(t-1) + 0.4762X(t-2) + 0.3935X(t-3) - 0.5077X(t-4)$$
$$+a(t) + 0.2128a(t-1) - 0.4317a(t-2) - 0.6995a(t-3) \tag{5.23}$$

式 (5.23) 为均值方程。

(5) 异方差性测试。目前，检验异方差的直观方法有残差图检验法、残差平方图检验法和解析法等。本节采用残差序列图和拉格朗日乘数检验法检验残差序列的异方差性，如图 5.29 所示。由图可见，残差具有一定集聚性，表明 ARIMA(3,1,3) 模型拟合的残差可能存在异方差性。借助 MATLAB 软件检验残差序列的异方差性，若存在异方差性，则需建立 GARCH 模型；若不存在异方差性，则利用均值方程进行预测计算。

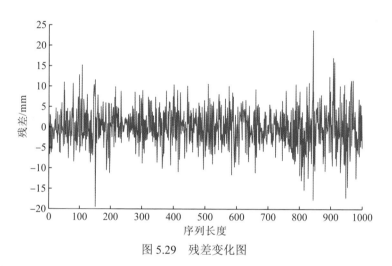

图 5.29 残差变化图

(6) GARCH 模型建立。检验结果表明，ARIMA(3,1,3) 模型的残差存在异方差性，需在 ARIMA(3,1,3) 均值方程的基础上建立 GARCH 模型。GARCH(1,1) 模型描述异方差性简洁并且拟合效果好，被认为是基准模型。因此，本节采用 GARCH(1,1) 模型，且通过最优原则比较，发现基于 t 分布的 GARCH(1,1) 模型的拟合效果最佳。利用最大似然估计，确定 ARCH 项和 GARCH 项的参数值，数学表达式如下：

$$h_t = 3.325 \times 10^{-4} + 0.7761a_{t-1}^2 + 0.2109h_{t-1} \tag{5.24}$$

式中，方差方程 (5.24) 中的 ARCH 项和 GARCH 项的系数均大于零，且满足条件 $\sum_{j=1}^{m}\beta_j + \sum_{j=1}^{n}\alpha_j < 1$。

(7) 递归时间序列模型。本方法利用时间序列模型进行多步预测时，在每次迭代得到下一时刻的预测值后，都利用预测值对模型参数进行重新估计，以得到包含预测值信息的新模型方程，然后进行下一个 1 步预测计算，具体步骤如下：

①对 $\{X_{2t}(1), X_{2t}(2), \cdots, X_{2t}(1000)\}$ 序列建模，获取模型方程。实现 1 步预测并得到预测值 $\overline{X}_{2t}(1)$。

②利用 $\{X_{2t}(2), \cdots, X_{2t}(1000), X_{2t}(1)\}$ 序列对模型方程参数进行重新估计［重复步骤 (1)~(6)］，得到包含预测值 $\overline{X}_{2t}(1)$ 信息特征的新模型方程，再进行 1 步预测；依次类推，直至完成 6 步预测。

③对 $\{X_{2t}(2), \cdots, X_{2t}(1000), \overline{X}_{2t}(1)\}$ 序列重复上述 2 个建模步骤，进行 5 步预测。依次类推，直至完成序列 $\{X_{2t}(496), X_{2t}(497), \cdots, X_{2t}(1495)\}$ 的 5 步预测。

2) 预测结果分析与讨论

对于序列 $\{X_{2t}\}$ 分别采用 Kalman-ARIMA 模型（不考虑异方差性）和 Kalman-ARIMA-GARCH 模型进行变形预测，预测结果如图 5.30 和图 5.31 所示，误差分析结果如表 5.12~表 5.15 所示。

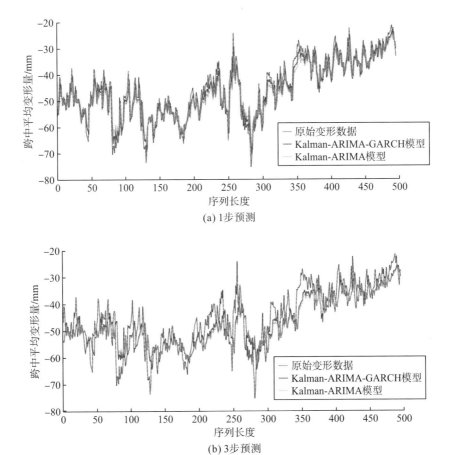

图 5.30　基于 Kalman-ARIMA、Kalman-ARIMA-GARCH 的时间序列的预测结果对比

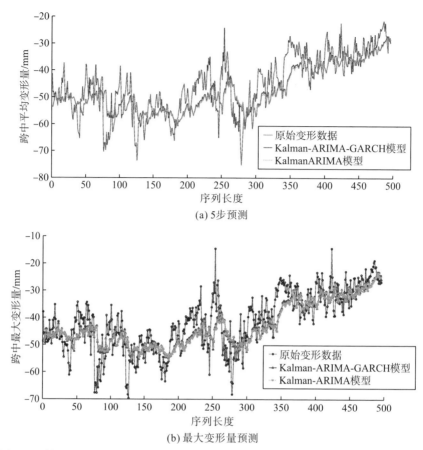

(a) 5步预测

(b) 最大变形量预测

图 5.31 基于 Kalman-ARIMA、Kalman-ARIMA-GARCH 的时间序列的预测结果对比

表 5.12 所提方法与 Kalman-ARIMA 方法的 1 步预测精度对比

评价指标	Kalman-ARIMA	Kalman-ARIMA-GARCH	比较结果	精度提高程度/%
MAE	4.407	3.402	1.005	22.80
MRPE	10.16	7.96	0.022	21.65
RMSE	5.317	4.341	0.976	18.36
RMSRE	13.20	10.59	2.610	19.77

表 5.13 所提方法与 Kalman-ARIMA 方法的 3 步预测精度对比

评价指标	Kalman-ARIMA	Kalman-ARIMA-GARCH	比较结果	精度提高程度/%
MAE	5.887	5.098	0.789	13.40
MRPE	13.99	12.02	1.970	14.08
RMSE	7.89	6.448	1.442	18.28
RMSRE	17.69	15.78	1.910	10.80

表 5.14　所提方法与 Kalman-ARIMA 方法的 5 步预测精度对比

评价指标	Kalman-ARIMA	Kalman-ARIMA-GARCH	比较结果	精度提高程度/%
MAE	6.505	5.847	0.658	10.12
MRPE	14.95	13.91	1.040	6.96
RMSE	7.885	7.293	0.592	7.51
RMSRE	20.11	18.19	1.920	9.55

表 5.15　所提方法与 Kalman-ARIMA 方法的最大变形预测精度对比

评价指标	Kalman-ARIMA	Kalman-ARIMA-GARCH	比较结果	精度提高程度/%
MAE	6.151	5.666	0.485	7.88
MRPE	16.13	14.88	1.250	7.75
RMSE	7.811	7.156	0.655	8.39
RMSRE	23.07	21.07	2.000	8.67

由表 5.12～表 5.15 可知，考虑变形序列的异方差性，建立 Kalman-ARIMA-GARCH 模型进行预测，与原始变形数据相比，1 步预测的精度较高，MAE 仅为 3.402，RMSRE 为 10.59%。随着预测步数的增大，预测精度降低。3 步预测的 MAE 为 5.098，RMSRE 15.78%。5 步预测的 MAE 为 5.847，RMSRE 为 18.19%。与 Kalman-ARIMA 模型相比，Kalman-ARIMA-GARCH 模型在所有评价指标中优异性显著，精度提高程度明显。

由图 5.30 和图 5.31 可以看出，模型预测结果具有一定的滞后特性，在变形单调变化情况下，该特性对预测结果的影响较小，但当变形出现突变时，预测结果出现较大的误差。产生该现象的主要原因在于，预测基于历史变形序列，与历史变形序列密切相关。此外，时间序列模型对变量的非线性处理简化为有限参数线性模型，简化本身与实际情况存在一定差距；在历史变形序列基础上建立递归多步预测模型时会产生累计误差，上述原因也对滞后特性的产生存在一定影响。由图 5.30 和图 5.31 还可以看出，由于 GARCH 模型为非线性模型，其在一定程度上可以解释部分非线性特性（异方差性）。由表 5.12～表 5.15 可知，与线性 Kalman-ARIMA 模型相比，Kalman-ARIMA-GARCH 的预测效果更好。

在采用 Kalman-ARIMA-GARCH 模型成功获得 5 步预测值的基础上，可以预测超前 5 步内的最大变形。计算思路如下：①基于递归时间序列模型，获得超前 5min 平均预测值；②根据最小二乘法对 $\{X_{1t}\}$ 序列计算出 60s 平均值和该时段最大值的相关系数，可得相关系数为 0.99；③根据相关系数修正步骤①获得的平均预测值，获得第 5min 最大预测值。将预测最大值与实测最大值进行比较，如图 5.31(b) 和表 5.15 所示。其预测 MAE 为 5.666，RMSRE 为 21.07%。与采用 Kalman-ARIMA 模型对最大值的预测结果相比，Kalman-ARIMA-GARCH 模型的预测精度更高。

本节采用的预测模型由线性 ARIMA 模型(解释均值部分)和非线性 GARCH 模型(解释残差部分)组成,只能解释部分非线性特性。为进一步解释该特性,对于均值部分可采用非线性模型解释,残差项则用 GARCH 模型解释。具体形式如下:

$$X(t) = f(X(t-1), \cdots X(t-p)) + a(t) + \theta(B) \times a_t \qquad (5.25)$$

式中,$X(t)$、$a(t)$、B、p、$\theta(B)$——与式(5.18)中的定义一致;

　　　　$a(t)$——采用 GARCH 模型的解释;

　　　　$f(g)$——可采用最小二乘支持向量机等非线性模型进行解释。

需要强调的是,本节以挠度数据为例,进行了预测方法有效性的验证与分析,由于本节所提预测模型仅以数据为基础,对于应力、应变等其他监测数据,该方法同样适用。

5.4.3　小结

本节介绍了一种基于 Kalman-ARIMA-GARCH 的桥梁结构响应确定性预测方法,该方法集成了卡尔曼滤波、自回归差分移动平均(ARIMA)模型和广义自回归条件异方差(GARCH)模型。通过实例分析,验证了该方法的优越性,本节主要结论如下。

(1)本节针对服役桥梁的变形预测问题,提出了一种数据驱动的变形预测方法,与强调因与果的确定性函数关系的"先验"性质的预测模式相比,该类方法能够充分利用实际结构宏观响应信息,规避复杂的桥梁行为内在机理,对于不同结构形式的桥梁均具有较好的适应性。

(2)通过对变形 Kalman-ARIMA 模型的残差序列进行检验,发现变形序列存在较明显的异方差效应,为此引入 GARCH 模型对变形进行预测;与 Kalman-ARIMA 模型的对比结果表明,Kalman-ARIMA-GARCH 模型的预测精度明显优于 Kalman-ARIMA 模型,对比两种模型的预测误差,Kalman-ARIMA-GARCH 模型在一定程度上可捕捉异方差性这一非线性信息。

(3)GARCH 模型弥补了 ARIMA 模型建模时同方差假设不满足的缺陷,从模型严密性角度来看,具有理论上的优势。

5.5　基于 IVMD-CKDE 的桥梁结构响应概率性预测方法

在 5.4 节中,介绍了桥梁结构响应概率性预测方法。本节仍以桥梁变形数据为例,介绍一种基于 IVMD-CKDE 的桥梁结构响应概率性预测方法(预测方法 4,本节"所提方法")。具体而言,该方法首先通过 IVMD 对原始变形数据进行预处理(IVMD 原理详见 4.3.1 节)。这种新开发的技术不仅能够通过希尔伯特变换和经验模态分解自适应优化分解层数，还能通过 Kullback-Leibler 散度(KLD)和 Gram-Schmidt 正交(GSO)抑制无关成分的干扰。然后，建立自回归积分滑动平均模型，以挖掘数据中隐藏的线性特征。最后，设计结合高斯分布假设的累积核密度估计(CKDE)来描述上述建模误差，从而生成点预测和区间预测。

5.5.1　预测方法步骤

所提方法是 IVMD、ARIMA(ARIMA 模型原理介绍详见 5.4.1 节)和 CKDE 的混合方法，采用"分解与重构"和"误差修正"的组合框架。其整体结构如图 5.32 所示。

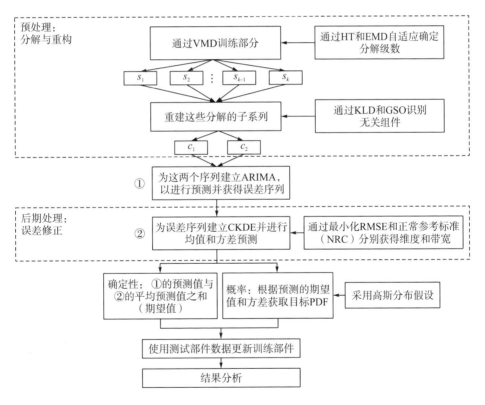

图 5.32　基于 IVMD-CKDE 的监测数据预测方法流程

显然，模拟过程包括 7 个关键步骤，这些关键步骤具体如下。

(1)将原始数据分为两部分，包括训练部分($\{x'(1),\cdots,x'(n)\}$)和预测部分($\{x'(n+1),\cdots,x'(n+N)\}$)。

(2)开发 IVMD 以自适应地将训练数据分解成有限数量的子序列，然后将其重构为两个具有更高平稳性和规律性的新序列。简要步骤如下：

①通过EMD和希尔伯特变换组合自适应确定分解级别数的VMD用来将训练数据分解成若干不同的子序列。

②从概率和线性角度使用KLD和GSO识别分解后的子序列中的不相关成分。根据分析结果，这些分解后的子序列进一步重构为两个新序列，即 c_1 和 c_2。显然，这种处理减轻了与传统的"分解与重构"预测方法相比的计算负担。

③ARIMA 用于描述重构序列中隐藏的线性特征，然后进行预测，表示为 x_{ARIMA}。相应的训练误差被聚合形成最终的误差成分。显然，这个误差成分可能包含 ARIMA 无法捕捉的其他特征(如非线性和随机性)。

④CKDE 用于进一步分析这个聚合误差成分并执行补充预测，以提高预测可靠性，同时生成方差和期望值。然而，它无法提供预测 PDF 的具体表达式。

⑤ARIMA 的预测结果和 CKDE 产生的期望值相加以生成最终的确定性预测(即 $\hat{x}_{\mathrm{ARIMA}} + \hat{\mu}$)，这也代表目标变形的期望值。根据中心极限定理，目标变量可以假定服从高斯分布。在这种情况下，确定性预测结合步骤④中获得的方差提供预测 PDF 的解析表达式，即

$$\hat{f}(y) = \frac{1}{\sqrt{2\pi}\hat{\sigma}} \exp\left(-\frac{[y - (\hat{x}_{\mathrm{ARIMA}} + \hat{\mu})]^2}{2\hat{\sigma}^2} \right) \tag{5.26}$$

⑥使用来自测试部分的新数据更新训练部分，即将训练部分更新为 $\{x(1+r), \cdots, x(n+r)\}, r = 1, 2, \cdots, M-n$。然后重复步骤②~⑤，直至完成所有任务，即

$$\begin{aligned}
\{x(1), \cdots, x(n)\} &\xrightarrow{\text{预测}} \hat{x}(n+1) \\
\{x(2), \cdots, x(n+1)\} &\xrightarrow{\text{预测}} \hat{x}(n+2) \\
\{x(M-n), \cdots, x(M-1)\} &\xrightarrow{\text{预测}} \hat{x}(M)
\end{aligned} \tag{5.27}$$

⑦进行结果分析和性能评估。

通过这种方法，可以在一定程度上解释变形数据中的多种特征(如线性、非线性、非平稳性和不确定性)。具体而言，首先使用 IVMD 弥补原始 VMD 的缺陷，以更好地解决非平稳性。然后，ARIMA 用来提取数据中的线性信息，这通常来自外部激励的长期效应。随后，建立 CKDE 以描述上述建模残差中隐藏的一些其他特征，这些特征可能来自环境中的突变和干扰。显然，该方法主要包括两个处理过程，即通过 IVMD 的预处理信号分解和通过 CKDE 的后处理误差修正。

CKDE 通常以多变量形式出现，可以直接从数据中估计 PDF，无须对分布参数做任何假设。这个模型可能在描述多模态或偏态密度方面具有巨大潜力，因为在物理世界中经常出现非线性或非高斯特性。在预测领域，可以进一步扩展为单变量形式，即目标变形的预测仅依赖于历史变形数据。建模过程如下。

对于给定信号 $x(t), t=1,2,\cdots,n$ 和 L 步预测要求，构建 d 维解释向量 $\boldsymbol{x}(\boldsymbol{x}\in R^d)$ 和一维目标变量 $y(y\in R)$，即

$$\begin{cases} \boldsymbol{x}_t = [x(t),\cdots,x(t+d-1)], & N=n-d-L+1 \\ y_t = [y(t+d+L-1)], & t=1,2,\cdots,N \end{cases} \tag{5.28}$$

式中，$\boldsymbol{x}_t$ 和 y_t ——$\boldsymbol{x}$ 和 y 的独立随机样本；

$\quad d$ ——滞后信息的维度，通过该维度可以确定解释向量。该参数通常通过最小化均方根误差(RMSE)的准则来优化，即选择其最优值以使预测误差的 RMSE 最小。

因此，目标变量 y 在解释向量 $\boldsymbol{x}$ 下的估计分布定义为

$$\hat{f}(y|\boldsymbol{x}) = \sum_{t=1}^{N} \left\{ \omega_t(\boldsymbol{x}) \cdot \frac{1}{|\boldsymbol{H}_y|} \cdot K_1\left[\boldsymbol{H}_y^{-1}(y-y_t)\right] \right\} \tag{5.29}$$

其中，

$$\omega_t(\boldsymbol{x}) = K_d\left[\boldsymbol{H}_x^{-1}(\boldsymbol{x}-\boldsymbol{x}_t)\right] \Bigg/ \sum_{t=1}^{N} K_d\left[\boldsymbol{H}_x^{-1}(\boldsymbol{x}-\boldsymbol{x}_t)\right]$$

式中，$\boldsymbol{H}_x$ 和 $\boldsymbol{H}_y$ ——x 方向和 y 方向的带宽矩阵，通常使用对角形式，即

$$\left[\begin{array}{cc} \boldsymbol{H}_{x(d\times d)} & \\ & \boldsymbol{H}_{y(1\times1)} \end{array}\right] = \left[\begin{array}{cccc} h_1 & & & \\ & \ddots & & \\ & & \underbrace{h_d}_{x} & \\ & & & \underbrace{h_{d+1}}_{y} \end{array}\right]_{(d+1)\times(d+1)} \tag{5.30}$$

它们可以通过正常参考标准(NRC)估计，即

$$\begin{cases} h_q = \left[\dfrac{4}{(d+2)N}\right]^{1/(d+4)} \sigma_q, & q=1,2,\cdots,d \\[4mm] h_{d+1} = \left[\dfrac{4}{(d+2)N}\right]^{1/(d+4)} \sigma_y \end{cases} \tag{5.31}$$

式中，σ_q ——样本 $\{x(q), x(q+1), \cdots, x(q+N-1), q=1,2,\cdots,d\}$ 的标准差；

$\quad \sigma_y$ ——样本 $\{x(d+1), x(d+L-1), \cdots, x(n)\}$ 的标准差。

然后，预测的方差和期望表示为

$$\hat{\sigma}^2 = \int (y-\hat{\mu})^2 \hat{f}(y|\boldsymbol{x})\mathrm{d}y = |\boldsymbol{H}_y|^2 \sigma_K^2 + \sum_{t=1}^{N} \omega_t(\boldsymbol{x}) \cdot (y_t-\hat{\mu})^2 \tag{5.32}$$

$$\sigma_K^2 = \int_{R^d} \boldsymbol{x}\boldsymbol{x}^{\mathrm{T}} K_d(\boldsymbol{x})\mathrm{d}\boldsymbol{x}$$

$$\hat{\mu} = \int y\hat{f}(y|\boldsymbol{x})\mathrm{d}y = \sum_{t=1}^{N} \omega_t(\boldsymbol{x}) \cdot y_t \tag{5.33}$$

通过获得最新的解释向量 $\boldsymbol{x} = \left[x(N+L), x(N+L+1), \cdots, x(n) \right]$，以及上面的方程生成相应的 L 步预测结果，其中预测期望被视为确定性预测。

5.5.2 实例分析

1. 数据集介绍

重庆市某预应力钢筋混凝土斜拉桥跨径布置为 179m+360m+179m=718m，设计车速为 80km/h。该桥建立了较为完善的结构健康监测(SHM)系统，如图 5.33 所示。在横向，变形目标和应变传感器附着在斜腹板的下边缘，如图 5.34 所示。

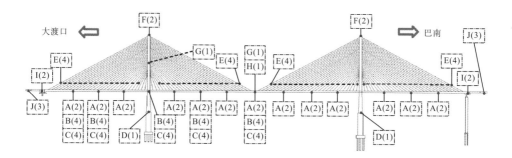

图 5.33 传感器测点总体纵向布置

A.光电目标；B.光纤配应变传感器；C.温度传感器；D.船碰撞加速度传感器；E.电缆力加速传感器；F.倾角仪；
G.环境温湿度传感器；H.风向风速传感器；I.位移传感器；J.车辆负载传感器；括号内的数字为传感器数量

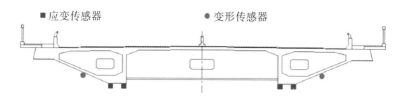

图 5.34 传感器测点的横向布置图

为了检验所提方法的可靠性，采用 SHM 系统中的三组桥梁变形数据作为实验数据，包括中跨主梁挠度数据(数据集 1)、中跨主梁应变数据(数据集 2)和巴南侧伸缩缝变形数据(数据集 3)，测量时间从 2018 年 10 月 16 日至 2018 年 10 月 20日。根据设计规范，采样频率为 1Hz。为了压缩数据量和降低存储成本，每 5min处理并保存一次数据，保留平均值、最大值和最小值。本节中的数据指的是平均值，样本量采用1200(包括1000 个训练数据和200 个测试数据)，如图5.35～图 5.37所示。相应的统计特性如图 5.38 和表 5.16 所示。

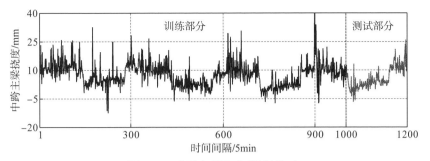

图 5.35 中跨主梁挠度(数据集 1)

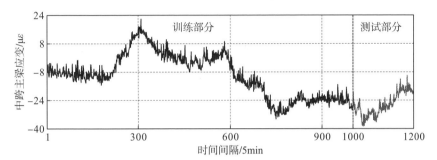

图 5.36 中跨主梁应变(数据集 2)

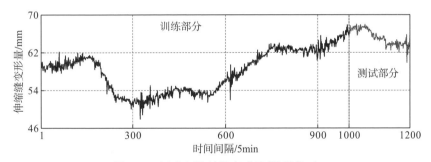

图 5.37 巴南侧伸缩缝变形量(数据集 3)

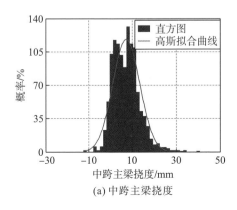

(a) 中跨主梁挠度

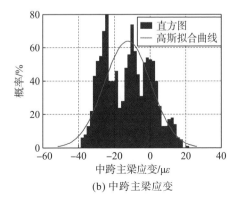

(b) 中跨主梁应变

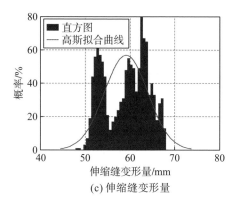

(c) 伸缩缝变形量

图 5.38   实验数据的概率密度分布

表 5.16   **数据特征描述**

参数	均值	标准差	最大值	最小值	偏度	峰度
中跨挠度/mm	7.25	6.17	40.79	−12.48	0.79	4.77
中跨应变/με	−12.57	12.98	21.82	−38.80	0.17	2.08
伸缩缝变形量/mm	59.14	4.88	68.06	47.83	−0.16	1.77

2. 预测结果及讨论

为了便于展示，将数据集 1 中初始训练数据（如前 1000 个样本 $\{x(1), x(2), \cdots, x(1000)\}$）的数值研究作为示例，说明所提方法的操作过程。基于 EMD 技术，这些数据可以分为 9 个不同的子序列 $(s_1, \cdots, s_9)$［图 5.39(a)］，其中终止参数设置为 0.2。因此，适当的参数 k 可能位于[6,12]的范围内。图 5.40 展示了不同 k 对应的 VMD 分解性能。由图 5.40 可以看出，CoV_9 具有最大值，这意味着最优分解级别数为 9。

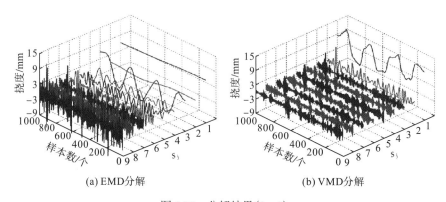

(a) EMD分解   (b) VMD分解

图 5.39   分解结果 $(k = 9)$

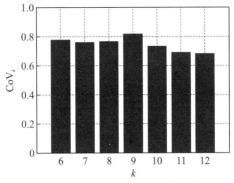

图 5.40　不同 k 值下 VMD 的性能

　　为了进一步增强分解性能，KLD 和 GSO 用来从不同的角度识别不相关的成分，如图 5.41 所示。显然，两个子序列(即 s_8 和 s_9)分别具有 GSO 和 KLD 的最大值，视为不相关的成分，由此分解的子序列被重构为两个新序列，如图 5.42 所示。在图 5.42 中，c_1 表示 s_8 和 s_9 的和，c_2 表示图 5.39(b)中其余子序列的总和。

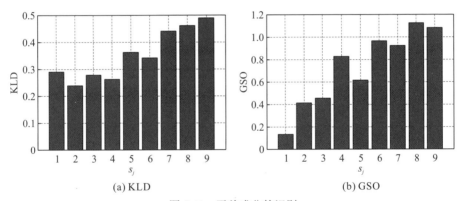

(a) KLD

(b) GSO

图 5.41　无关成分的识别

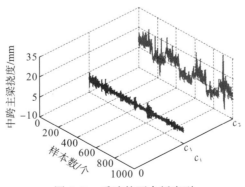

图 5.42　重建的两个新序列

随后，为 c_1 和 c_2 序列分别建立了两个线性 ARIMA 模型。使用 RSM 方法识别稳定性，然后确定差分算子的阶数。通过计算，$\Delta = 0$ 和 $\Delta = 1$ 足以确保 c_1 和 c_2 序列的稳定性。

表 5.17 和表 5.18 分别展示了 c_1 和 c_2 两个序列在自回归和移动平均阶数从 0 到 5 变化时的 BIC。可以看到，对于 c_1 序列，最小 BIC 出现在自回归阶数 $P=4$ 和移动平均阶数 $Q=4$ 时，而 c_2 序列的最小 BIC 出现在自回归阶数 $P=4$ 和移动平均阶数 $Q=3$ 时。也就是说，ARIMA(4,0,4) 和 ARIMA(4,1,3) 被建立用于分别解释 c_1 和 c_2 序列中潜在的随机模式。图 5.43 展示了为每个重构信号建立的 ARIMA 模型的训练误差(Error)，以及相应的偏自相关系数分析结果。这些重构信号 (图 5.42) 呈现出显著的差异，但它们的训练误差在大小上相似。同时，偏自相关系数几乎都位于 95%的置信区间(CL)范围内，这表明训练误差之间没有显著的相关关系。因此，这些误差成分可能传达了 ARIMA 模型无法有效解释的复杂性。图 5.44 展示了这两个 ARIMA 模型的聚合训练误差及相应的偏自相关函数分析结果。通过比较，它们更为规律，并且在与白噪声的显著差异中表现出一些特征，但也可能包含一些对预测有用的信息。为了提高预测的可靠性，有必要建立一个额外的模型。

表 5.17　c_1 序列在不同模型阶数下的 BIC

模型阶数	$Q = 0$	$Q = 1$	$Q = 2$	$Q = 3$	$Q = 4$	$Q = 5$
$P = 0$	2905.6	2128.0	1884.4	1887.0	1893.6	1887.8
$P = 1$	2206.9	1928.2	1887.1	1892.2	1891.1	1841.6
$P = 2$	2051.5	1921.2	1893.9	1854.5	1863.7	1846.7
$P = 3$	1842.4	1849.1	1850.7	1839.9	1846.2	1834.1
$P = 4$	1849.1	1855.7	1848.8	1846.2	1798.2	1837.3
$P = 5$	1851.1	1859.9	1837.5	1815.8	1834.0	1839.9

注：P 为自回归模型的阶数，Q 为移动平均模型的阶数，BIC 为贝叶斯信息准则。

表 5.18　c_2 序列在不同模型阶数下的 BIC

模型阶数	$Q = 0$	$Q = 1$	$Q = 2$	$Q = 3$	$Q = 4$	$Q = 5$
$P = 0$	6066.3	5205.8	4752.6	4753.3	4755.3	4616.0
$P = 1$	4969.1	4806.8	4752.1	4568.4	4497.5	4494.0
$P = 2$	4944.7	4809.2	4742.5	4532.1	4501.7	4485.3
$P = 3$	4567.3	4570.8	4577.3	4430.0	4426.9	4430.3
$P = 4$	4571.4	4573.2	4482.1	4425.7	4432.3	4432.3
$P = 5$	4572.8	4745.5	4468.3	4432.1	4438.0	4429.7

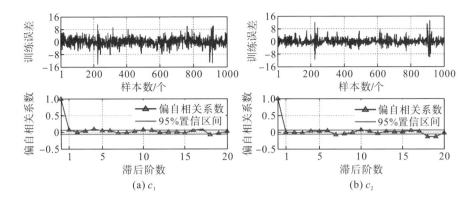

图 5.43　训练误差和偏自相关系数分析

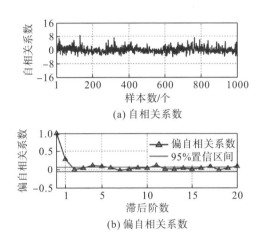

图 5.44　聚合的训练误差和偏相关分析

最后，CKDE 用于进一步分析聚合的训练误差，然后进行误差修正。具体而言，基于最小 RMSE 标准，维度参数 d 设为 5（图 5.45）即解释向量由 5 个连续变量组成，如 $\{x(t), x(t+1), \cdots, x(t+4)\}$。以 1 步预测为例（即 $L=1$），通过正常参考标准（NRC）获得的带宽参数如表 5.19 所示。在此基础上，结合目标变量的高斯分布假设，CKDE 用于生成最终的确定性和概率性预测。图 5.46 直观地展示了第 1001 个数据点的相应预测结果，包括期望值、预测 PDF 和 PI（预测区间）。显然，实际值位于预测 PI 的范围内，这验证了预测的可靠性。

表 5.19　误差分量的 CKDE 带宽参数（$L=1$）

d	h_1	h_2	h_3	h_4	h_5	h_6
5	0.309	0.309	0.311	0.308	0.309	0.308

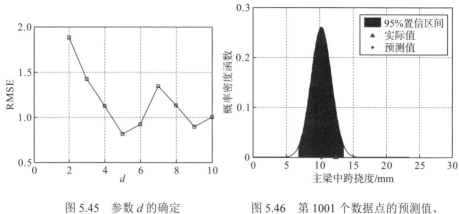

图 5.45   参数 d 的确定   图 5.46   第 1001 个数据点的预测值、
                                        概率密度函数和 95%置信区间

类似地，对其他训练部分重复实施上述程序（即初始训练部分更新为
$\{x(1+r),\cdots,x(n+r),r=1,2,\cdots,M-n\}$）。通过不断模拟，得出最终的预测结果。

为了说明所提方法的性能，采用 6 种其他模型进行比较，其中包括 5 种先前
报道的模型［即 VMD-CKDE、ARIMA-CKDE、CKDE、最小二乘支持向量机
（LSSVM）和 ARIMA］和具有相同框架的 IVMD-CKDE 模型。它们的详细信息如
表 5.20 所示。如表 5.20 所示，所有涉及的模型都可以生成确定性预测，而只有
CKDE 及其混合模型可以生成概率性预测。根据前述三组数据集实施一步预测，
最终的预测结果如下。

表 5.20   所涉及模型的细节

模型	分解技术	预测模型
所提方法	IVMD	ARIMA-CKDE
VMD-CKDE[10]	VMD（k=10）	CKDE
IVMD-CKDE	IVMD	CKDE
ARIMA-CKDE[11]	—	ARIMA-CKDE
CKDE[12]	—	CKDE
LSSVM[13]	—	LSSVM
ARIMA[14]	—	ARIMA

1）确定性预测

表 5.21～表 5.23 分别显示了上述模型在三组数据集中的误差评估结果。
表 5.24～表 5.26 中列出了所提方法相比于其他模型的改进百分比。图 5.47～

图 5.49 分别为三组数据集中 CKDE、ARIMA-CKDE 和所提方法对第 1101~1200 个样本的预测结果。

表 5.21 不同模型的误差评估(数据集 1)

模型	MAE	RMSE	MRPE	RMSR	模型排名
所提方法	1.163	1.700	0.549	1.777	1
VMD-CKDE	1.286	1.812	0.662	2.142	3
IVMD-CKDE	1.272	1.779	0.650	2.096	2
ARIMA-CKDE	1.410	2.050	0.710	2.607	4
CKDE	1.574	2.175	0.768	2.833	5
LSSVM	1.594	2.277	0.824	2.965	6
ARIMA	1.656	2.298	0.831	3.051	7

表 5.22 不同模型的误差评估(数据集 2)

模型	MAE	RMSE	MRPE	RMSRE	模型排名
所提方法	0.988	1.266	4.224	6.224	1
VMD-CKDE	1.026	1.380	4.890	6.965	3
IVMD-CKDE	1.023	1.371	4.840	6.902	2
ARIMA-CKDE	1.170	1.499	5.401	8.551	4
CKDE	1.257	1.631	5.882	9.014	5
LSSVM	1.311	1.680	6.226	9.160	6
ARIMA	1.372	1.759	6.300	9.302	7

表 5.23 不同模型的误差评估(数据集 3)

模型	MAE	RMSE	MRPE	RMSRE	模型排名
所提方法	0.248	0.398	0.384	0.630	1
VMD-CKDE	0.298	0.476	0.532	0.802	4
IVMD-CKDE	0.269	0.414	0.461	0.702	2
ARIMA-CKDE	0.278	0.438	0.514	0.741	3
CKDE	0.306	0.481	0.535	0.813	5
LSSVM	0.316	0.502	0.567	0.834	7
ARIMA	0.312	0.495	0.556	0.822	6

表 5.24   所提方法相较于对比模型在不同评价指标上的改进程度(数据集 1)

对比模型	P_{MAE}	P_{RMSE}	P_{MRPE}	P_{RMSRE}
VMD-CKDE	9.529	6.187	17.020	17.036
IVMD-CKDE	8.543	4.420	15.488	15.215
ARIMA-CKDE	17.494	17.074	22.629	31.834
CKDE	26.070	21.826	28.495	37.269
LSSVM	27.018	25.341	33.334	40.064
ARIMA	29.770	26.031	33.864	41.750

表 5.25   所提方法相较于对比模型在不同评价指标上的改进程度(数据集 2)

对比模型	P_{MAE}	P_{RMSE}	P_{MRPE}	P_{RMSRE}
VMD-CKDE	3.721	8.235	13.615	10.633
IVMD-CKDE	3.419	7.626	12.722	9.819
ARIMA-CKDE	15.553	15.513	21.788	27.212
CKDE	21.408	22.347	28.189	30.951
LSSVM	24.636	24.616	32.151	32.048
ARIMA	27.986	28.006	32.948	33.086

表 5.26   所提方法相较于对比模型在不同评价指标上的改进程度(数据集 3)

对比模型	P_{MAE}	P_{RMSE}	P_{MRPE}	P_{RMSRE}
VMD-CKDE	16.859	16.457	27.886	21.513
IVMD-CKDE	7.998	3.941	16.750	10.348
ARIMA-CKDE	10.878	9.209	25.333	15.053
CKDE	18.963	17.386	28.278	22.540
LSSVM	21.625	20.800	32.299	24.526
ARIMA	20.630	19.710	30.925	23.358

注:$P_W = \dfrac{W_{others} - W_{proposed}}{W_{others}} \times 100\%$,$W_{proposed}$ 和 W_{others} 分别表示所提方法和对比模型的误差指数,$W = $ MAE,MAPE,RMSE,RMSRE,P_W 为正值表示所提方法优于对比模型。

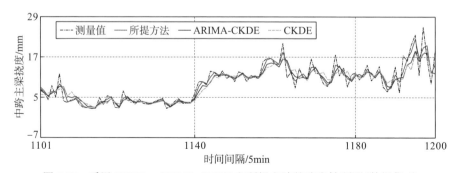

图 5.47   采用 CKDE、ARIMA-CKDE 和所提方法的确定性预测(数据集 1)

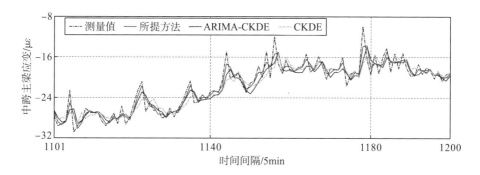

图 5.48　采用 CKDE、ARIMA-CKDE 和所提方法的确定性预测(数据集 2)

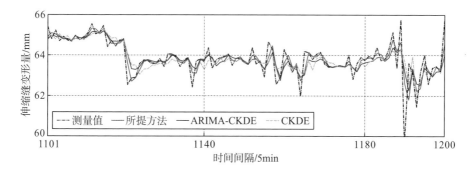

图 5.49　采用 CKDE、ARIMA-CKDE 和所提方法的确定性预测(数据集 3)

通过上述比较，总结出以下几点观察结果：

(1)与未使用分解技术的方法比较表明，ARIMA-CKDE 在每个数据集上的预测精度最高。原因可能在于该混合模型能够结合每个单一模型的优势，从而提取比单一模型更多的有用信息。例如，ARIMA-CKDE 在数据集 1 中的 RMSE 为 2.050，低于 ARIMA 的 2.298。这种现象强调了误差修正的必要性，即基于线性和平稳假设的模型(如 ARIMA)产生的残差似乎与白噪声有明显的区别。

(2)单一的 ARIMA 模型在预测精度方面表现最差，因为它通常仅用于解释数据中的线性特性。例如，在前两组数据集中，其 MAE 分别为 1.656 和 1.372，为最大。然而，在数据集 3 中，该单一模型的表现甚至优于 LSSVM。原因可能是数据集 3 中的线性信息比其他两个数据集更为显著。另外，CKDE 与 ARIMA-CKDE 的比较表明，通过引入 ARIMA，可以显著提高预测精度。以数据集 2 的结果为例，ARIMA-CKDE 的四个误差指标分别为 1.170、1.499、5.401% 和 8.551%，而 CKDE 的四个误差指标分别为 1.257、1.631、5.882% 和 9.014%。

(3)就单一模型而言，CKDE 具有较好的预测精度。例如，在数据集 2 中，单一模型的性能从高到低依次为 CKDE、LSSVM 和 ARIMA。原因可能在于，其在描述数据中嵌入的复杂特性方面表现出色，特别是对于数据集中显著的非高斯性（表 5.16）。同时，CKDE 具有避免局部极小值点问题的能力，这可能是 LSSVM 执行中的一个棘手问题。因此，应根据变形数据的特征选择合适的模型。

(4)分解基础方法的比较表明，基于 IVMD 的预测模型(即 IVMD-CKDE 和所提方法)的性能明显优于 VMD-CKDE。更具体地说，在数据集 3 中，IVMD-CKDE 的四个误差指标分别为 0.269、0.414、0.461%和 0.702%，而 VMD-CKDE 的四个误差指标分别为 0.298、0.476、0.532%和 0.802%。相比之下，VMD-CKDE 的分解层数是经验设定的，无法缓解无关成分的干扰。但这两个问题可以通过改进的 IVMD 技术有效解决。因此，IVMD 的分解结果可能比 VMD 更适合桥梁变形预测。

(5)分解技术能够有效预处理数据中的复杂特性，但它对预测精度的影响可能并不显著，这与文献[15]的结果相同。例如，在数据集 3 中，ARIMA-CKDE 超过了 VMD-CKDE，四个指标分别减少了 0.020、0.038、0.018%和 0.061%。显然，分解技术的引入增加了模型的复杂性。同时，其缺点如端点效应和模态混叠，可能会显著增加预测的难度。因此，较高的模型复杂性并不意味着更好的预测能力，在实践中使用前必须平衡模型的优缺点。

(6)与上述不同，基于 IVMD 的预测方法的精度总体上比未使用分解技术的方法更高。例如，IVMD-CKDE 在三组数据集中的 RMSE 分别为 1.779、1.371 和 0.414，而 CKDE 的 RMSE 分别为 2.175、1.631 和 0.481。显然，通过适当的修改，基于分解技术的方法在实际中可能是强大而有效的。

(7)从详细的比较可以看出，所提方法表现出最佳的预测精度和稳定性。更具体地说，它在表 5.15～表 5.17 中具有最低的评价指标。同时，表 5.24～表 5.26 中的改进百分比均为正，进一步确认了其优越性。图 5.47～图 5.49 显示了所提方法能够比其他方法更精确地描绘桥梁变形的趋势。所提方法具有最高的复杂性，但它能够充分利用每个组件模型的优势来处理数据中的复杂特性。三组数据集证明，所提方法可能对具有复杂特征的数据表现更好。然而，很难得出结论认为所提方法适用于任何类型的桥梁运行环境。

2)概率性预测

为了证明所提方法的可靠性，进一步通过概率预测模型进行区间预测，如表 5.20 所示。以 95%置信区间(预设区间覆盖率，即 PINC)的 1 步预测为例，各方法的比较结果列于表 5.27～表 5.29 中。图 5.50～图 5.52 分别展示了 CKDE、ARIMA-CKDE 和所提方法对最后 100 个数据点的预测区间(PI)。

表 5.27　涉及的概率方法之间的性能比较（数据集 1）

模型	预测区间覆盖概率（PICP）	预测区间归一化平均宽度（PINAW）	覆盖宽度准则（CWC）	平均覆盖误差（ACE）
所提方法	0.960	0.237	0.237	0.010
VMD-CKDE	0.980	0.312	0.312	0.030
IVMD-CKDE	0.960	0.282	0.282	0.010
ARIMA-CKDE	0.960	0.353	0.353	0.010
CKDE	0.990	0.451	0.451	0.040

表 5.28　涉及的概率方法之间的性能比较（数据集 2）

模型	预测区间覆盖概率（PICP）	预测区间归一化平均宽度（PINAW）	覆盖宽度准则（CWC）	平均覆盖误差（ACE）
所提方法	0.970	0.238	0.238	0.020
VMD-CKDE	0.970	0.301	0.301	0.020
IVMD-CKDE	0.955	0.290	0.290	0.005
ARIMA-CKDE	0.990	0.344	0.344	0.040
CKDE	0.990	0.370	0.370	0.040

表 5.29　涉及的概率方法之间的性能比较（数据集 3）

模型	预测区间覆盖概率（PICP）	预测区间归一化平均宽度（PINAW）	覆盖宽度准则（CWC）	平均覆盖误差（ACE）
所提方法	0.985	0.241	0.241	0.035
VMD-CKDE	0.980	0.357	0.357	0.030
IVMD-CKDE	0.970	0.276	0.276	0.020
ARIMA-CKDE	0.980	0.343	0.343	0.030
CKDE	0.985	0.362	0.362	0.035

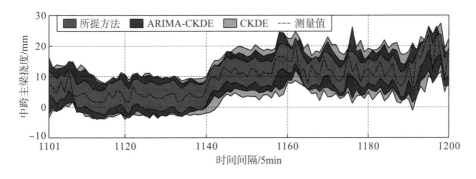

图 5.50　采用 CKDE、ARIMA-CKDE 和所提方法进行的概率预测（数据集 1）

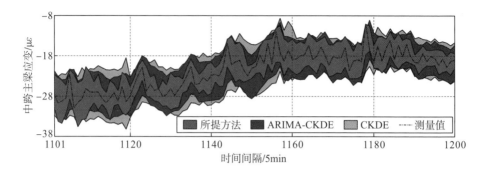

图 5.51 采用 CKDE、ARIMA-CKDE 和所提方法进行的概率预测（数据集 2）

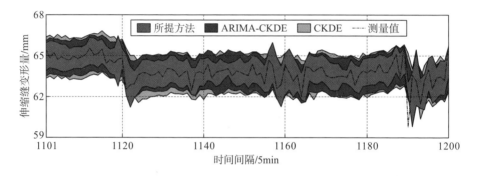

图 5.52 采用 CKDE、ARIMA-CKDE 和所提方法进行的概率预测（数据集 3）

从上述比较中，可以总结出以下几点观察结果：

（1）根据 VMD-CKDE 和 ARIMA-CKDE 的比较可得出一致的结论，其中 VMD-CKDE 在数据集 1 和数据集 2 中表现出明显优势，在数据集 3 中则相反。具体来说，VMD-CKDE 在三组数据集中的 PINAW 分别为 0.312、0.301 和 0.357。然而，ARIMA-CKDE 的相应结果分别为 0.353、0.344 和 0.343。出现这种现象的原因可能是低确定性预测能力会加剧概率预测性能的下降。类似的结论可以从 IVMD-CKDE 和 CKDE 的比较中得出。

（2）除了预测区间覆盖概率（PICP）和平均覆盖误差（ACE）指标外，所提方法在预测区间归一化平均宽度（PINAW）指标方面取得了明显改进。例如，在数据集 2 中，所提方法的 PICP、PINAW 和 ACE 指标分别为 0.970、0.238 和 0.020，而 ARIMA-CKDE 的 PICP、PINAW 和 ACE 指标分别为 0.990、0.344 和 0.040。应强调的是，较大的 PICP 并不一定表示更好的性能。一般来说，PICP 和 PINC 之间的差距越小，构建的 PI 质量越高。另外，所提方法具有最窄的宽度（即最低的 PINAW）。因此，仅依靠 ACE、PICP 和 PINAW 指标很难确定最佳模型。

（3）一般而言，预测 PDF 的高锐度意味着 PI 宽度更窄。如图 5.50～图 5.52 所示，大多数实际观测值都落在给定的 PINC 内，且所提方法的 PI 宽度比 ARIMA-CKDE 和 CKDE 更窄，这表明它们比其他替代方法构建的 PI 更具信息性和竞争力。

（4）与其他三个指标不同，CWC 可以同时考虑 PI 的覆盖概率和宽度。由表 5.25～表 5.27 可以清楚地看到，所提方法在 CWC 上占据最低值，这表明所提方法显著优于其他参与的模型。

总而言之，所提方法在每个数据集上提供了显著的预测结果，表现出更高的性能，既能够生成准确的点预测，也能够在给定的 PINC 内生成紧凑的区间预测。

5.5.3　小结

本节提出了一种基于 IVMD-CKDE 的桥梁结构响应概率性预测方法。通过实验验证，所提方法在准确性和稳定性上优于其他常见的预测方法。以下是本节的主要结论。

（1）有效性：本节所提方法结合了 IVMD、ARIMA 和 CKDE 的优势，在处理非线性、非平稳和复杂特性的数据方面表现优异。实验结果表明，该方法能够显著提高预测精度，特别是在处理具有强非平稳性的变形数据时。

（2）优越性：在三组数据集的对比中，所提方法在所有评估指标上均表现出色。具体来说，所提方法在表 5.21～表 5.23 中的最低评估指标及表 5.24～表 5.26 中的正向改善程度，均表明其具有显著的优势。

5.6　本 章 小 结

本章综合运用结构力学原理、信号处理技术、机器学习算法和统计学等相关知识，系统阐述了桥梁外部作用及桥梁结构响应的确定性预测和概率性预测方法。在桥梁外部作用预测方面，以风速为例，提出了基于 EEMD-LSSVM-KL 的桥梁外部作用确定性预测方法，基于 RVMD-LSSVM-DFS-MEM 的桥梁外部作用概率性预测方法；在桥梁结构响应预测方面，以结构变形为例，提出了基于 Kalman-ARIMA-GARCH 的桥梁结构响应确定性预测方法，基于 IVMD-CKDE 的桥梁结构响应概率性预测方法，并通过实际桥梁监测中的应用案例，分析讨论了这些预测方法的优势与局限性。主要结论如下：

(1)基于 EEMD-LSSVM-KL 的桥梁外部作用确定性预测方法，利用基于 KDE 的 KLD 方法和能量度量进行特征选择，以减轻虚假成分的影响，并采用 LSSVM-GARCH 模型处理误差的相互依赖性和异方差性。实验结果显示，与 ARIMA、LSSVM、EEMD-LSSVM、基于特征选择的 EEMD-LSSVM 和基于误差修正的 EEMD-LSSVM 相比，所提方法在准确性和稳定性方面都有令人满意的表现。

(2)基于 RVMD-LSSVM-DFS-MEM 的桥梁外部作用概率性预测方法，可以得到风速监测数据稳定可靠的概率预测区间。RVMD 有效抑制了端效应和模态混叠问题，相较于传统的 VMD 方法，在风速预测上展现出更优的性能。DFS 可以深入提取 RVMD 生成的子序列中的特征，减少分解技术本身带来的预测困难，有效提高了预测精度。此外，MEM 还可以有效捕捉数据中的复杂特性，如随机性、非高斯性及异方差性等，显示出较强的预测能力，尤其适合处理非平稳和非高斯的数据。通过四个案例的 1 步预测分析，证实了所提方法的有效性和优越性。

(3)基于 Kalman-ARIMA-GARCH 的桥梁结构响应确定性预测方法，Kalman 滤波能够有效去除桥梁变形监测数据中的噪声。与 Kalman-ARIMA 模型相比，Kalman-ARIMA-GARCH 模型能够有效捕捉数据中的非线性特征(异方差效应)。此外，GARCH 模型弥补了 ARIMA 模型建模时同方差假设不满足的缺陷。这种结合数据处理技术的结构行为预测新方法，为基于传感器数据的桥梁健康监测系统预警奠定了基础。

(4)基于 IVMD-CKDE 的桥梁结构响应概率性预测方法，可以得到确定性预测和概率性预测。相较于传统的 VMD 方法，IVMD 不仅可以通过希尔伯特变换和经验模态分解自适应地优化分解能级数，还可以抑制库尔贝克-莱布勒散度(KLD)和格拉姆-施密特正交(GSO)对不相关分量的干扰。另外，CKDE 在描述嵌入在变形数据中的复杂特征方面(特别是对于非高斯性)，可能具有突出的性能。显然，该方法避免了复杂的结构性行为进化的内部机制，并通过三个基于结构性健康监测(SHM)数据的案例研究，系统地评估了其有效性。结果表明，与其他相关模型相比，该模型具有较高的可靠性，可作为一种进行早期预警的有效替代方法。

上述四种方法，在实际应用中均展示了良好的预测性能。这些成果为进一步研究和发展奠定了坚实的基础，在未来的研究工作中应当关注以下几个方面。

(1)继续探索新的数据驱动方法和技术，以增强预测模型的适应性和泛化能力。

(2)开发适用于多场景的集成预测系统，实现不同预测方法的优势互补。

(3)加强跨学科合作，结合土木工程、统计学、机器学习等领域的最新进展，共同推动预测技术的发展。

参 考 文 献

[1] 陶天友, 邓鹏, 王浩, 等. 雷暴风作用下大跨度桥梁抖振响应智能预测研究[J]. 中国公路学报, 2023, 36(8): 87-95.

[2] 赵林, 程樾, 刘圣源, 等. 桥梁主梁颤振临界风速预测的瞬时功率平衡算法[J]. 土木工程学报, 2023, 56(9): 90-99.

[3] 方佳畅, 黄天立, 李苗, 等. 基于迁移学习和Bi-LSTM神经网络的桥梁温度-应变映射建模方法[J]. 振动与冲击, 2023, 42(12): 126-134, 186.

[4] Li D, Jiang F, Chen M, et al. Multi-step-ahead wind speed forecasting based on a hybrid decomposition method and temporal convolutional networks[J]. Energy, 2022, 238: 121981.

[5] Wang Y, Zou R, Liu F, et al. A review of wind speed and wind power forecasting with deep neural networks[J]. Applied Energy, 2021, 304: 117766.

[6] Qian Z, Pei Y, Zareipour H, et al. A review and discussion of decomposition-based hybrid models for wind energy forecasting applications[J]. Applied Energy, 2019, 235: 939-953.

[7] Hassani S, Mousavi M, Gandomi A H. Structural health monitoring in composite structures: A comprehensive review[J]. Sensors, 2021, 22(1): 153.

[8] Schoot R V D, Depaoli S, King R, et al. Bayesian statistics and modelling[J]. Nature Reviews Methods Primers, 2021, 1: 3.

[9] Li S, Xin J, Jiang Y, et al. Temperature-induced deflection separation based on bridge deflection data using the TVFEMD-PE-KLD method[J]. Journal of Civil Structural Health Monitoring, 2023, 13(2): 781-797.

[10] Nazari M, Sakhaei S M. Successive variational mode decomposition[J]. Signal Processing, 2020, 174: 107610.

[11] Luo X, Gan W, Wang L, et al. A deep learning prediction model for structural deformation based on temporal convolutional networks[J]. Computational Intelligence and Neuroscience, 2021(1): 8829639.

[12] Liu S, Luo Y, Peng L, et al. Wind pressure field reconstruction based on unbiased conditional kernel density estimation[J]. Journal of Wind Engineering and Industrial Aerodynamics, 2022, 223: 104947.

[13] Zhang C, Wei H, Zhao J, et al. Short-term wind speed forecasting using empirical mode decomposition and feature selection[J]. Renewable Energy, 2016, 96: 727-737.

[14] Kontopoulou V I, Panagopoulos A D, Kakkos I, et al. A review of ARIMA vs. machine learning approaches for time series forecasting in data driven networks[J]. Future Internet, 2023, 15(8): 255.

[15] Jiang Y, Huang G, Yang Q, et al. A novel probabilistic wind speed prediction approach using real time refined variational model decomposition and conditional kernel density estimation[J]. Energy Conversion and Management, 2019, 185: 758-773.

第6章 结论与展望

6.1 结 论

针对桥梁健康监测数据的处理分析与信息挖掘的重大需求，以多座世界级桥梁的健康监测系统为依托，围绕桥梁缺失监测数据恢复、数据效应分离及数据超前预测等科技难题，本书以信号特征分解作为数据分析的基础，将复杂的信号处理转换为单一特征成分的分析集成，提出了多种适用于桥梁实际监测系统的数据分离、恢复及预测方法，得出以下结论。

(1)首先，针对桥梁健康监测数据随机缺失问题，提出了基于 LSTM 的随机缺失数据恢复方法，对实桥健康监测数据进行实验研究。结果表明，LSTM 具有长时记忆能力，在处理长序列数据时，可有效缓解梯度爆炸与梯度消失问题，相较于传统循环神经网络展现出更优的时序建模性能。其次，针对连续数据缺失问题，按照信号分解技术和深度学习模型结合的思路，分别开发了基于 TVFEMD 与 ED-LSTM、基于 SVMD-TCN-MHA-BiGRU、基于 MVMD 和 FCN 的连续缺失数据恢复方法。实桥数据和实验数据研究表明，这些方法有效解决了单变量非平稳信号复杂数据特征提取的难题，显著提升了恢复精度。最后，为了实现对多变量信号数据的同步恢复以提高恢复效率，提出了基于时空相关性的 LSTM 多变量数据恢复方法。实桥数据分析表明，该方法充分利用多变量数据存在的时空相关性特征，能够对多变量缺失数据进行同时预测，并取得了较为满意的恢复结果。

(2)针对桥梁监测数据的效应分离与去噪问题，提出了基于 VMD-KLD 的桥梁挠度温度效应分离方法、基于 IVMD-KLD 的索力温度效应分离模型、基于 TVFEMD-PE-KLD 的桥梁挠度温度效应分离方法、基于 VNCMD-PCA-FastICA 的桥梁应变监测数据温度效应分离方法，以及一种融合 TVFEMD 与 IMF 能量熵增量的桥梁监测数据降噪的新方法。通过数值仿真和实桥监测数据分析，验证了方法的可靠性和实用性。结果表明，VMD-KLD 方法克服了传统 EMD 模态混叠等缺陷，减少了虚假分量的干扰，将二者结合使得分解及筛选特征信号分量高效可靠，温度效应分离效果良好；IVMD-KLD 通过模态中心频率变异系数和信噪比的判定，在传统 VMD 的基础上实现变分模态分解过程中参数的自适应确定；

TVFEMD 更适合于桥梁挠度时变信号中的温度效应分离，可以更好地抵抗信号中的随机噪声和解决模态混叠问题，同时可以获得更平稳和更精确的结果；VNCMD 提供了一种处理非平稳、时变、宽带信号的时频分析手段；TVFEMD 分离模型不仅弥补了 EMD 分离模型分解时要求上、下包络线相对于时间轴局部对称而易造成模态混叠等问题，还保留了信号的时变特性，结合 IMF 能量熵增量得到有效信号，实现了监测数据中的异常点和噪声精准分离与剔除。

(3)针对桥梁监测数据的精准预测问题，提出了基于 EEMD-LSSVM-KLD 的桥梁外部作用确定性预测方法、基于 RVMD-LSSVM-DFS-MEM 的桥梁外部作用概率性预测方法、基于 Kalman-ARIMA-GARCH 的桥梁结构响应确定性预测方法和基于 IVMD-CKDE 的桥梁结构响应概率性预测方法。通过实桥监测数据案例分析，验证了这些方法的有效性。结果表明，基于 KLD 和能量标准进行特征选择，可以减少子序列间虚假分量的影响，提高了预测精度；RVMD 相较于传统的 VMD 方法，有效抑制了端效应和模态混叠问题，在外部作用预测上展现出更优的性能；DFS 可以深入提取 RVMD 生成的子序列中的特征，减少分解技术本身带来的预测困难；MEM 可以有效捕捉数据中的复杂特性，如随机性、非高斯性及异方差性等，显示出较强的预测能力，尤其适合处理非平稳和非高斯的数据；GARCH 模型可以弥补 ARIMA 模型在处理数据方差变化方面的不足，提供更准确的波动性建模。

6.2　展　　望

本书围绕基于特征分解的桥梁监测数据分析，取得了一些研究成果，但限于时间和水平，仍存在诸多不足和有待进一步研究的方面，主要包括以下几点。

(1)未来需进一步提高桥梁监测数据恢复、分离及预测方法的性能。本书所提出的方法在桥梁监测数据分析方面取得了一定的效果，但是面向更加实用化、更加高性能的数据处理需求，需持续对相关方法进行优化提升。例如，有必要提高数据缺失率、极端情况、跨场景下数据恢复方法的性能，使其能广泛适用于不同场景的数据恢复任务；同时由于在实际工程环境下，某些偶然的荷载作用可能形成与温度变化尺度相近的频率成分，会对温度效应的准确分离产生干扰，需要对此进行更精细化的处理。此外，还可以探索不同算法之间的融合，进一步优化现有的预测模型，提高其计算效率和预测精度。

(2)接下来的研究中可进一步引入桥梁结构本身的物理机制，提升桥梁监测数据分析方法的精度，减少对数据的依赖。本书中涉及的方法以数据驱动为主，较少融合桥梁结构本身的力学特征，对数据依赖较大，而过大的数据依赖可能造成数据处理效果较差。因此，有必要融合结构力学层面的物理机制，降低环境干扰、数据偏差的影响。

(3)进一步拓展桥梁监测数据分析方法的任务。除了桥梁监测数据恢复、分离、预测等任务之外，在桥梁监测数据处理过程中还会面临数据异常诊断、数据质量评估及监测系统本身运行状态评估等需求。因此，可延续信号特征分解及物理机制融合的思路，开发其他桥梁监测数据处理方法，完善桥梁监测数据分析方法体系。